"Este libro responde a [...] delicada y equilibrada [...] yente se plantea en nuestros días, lo cual le ayuda a compartir su fe de forma más eficiente. Inyecta una dosis saludable de sentido común en el debate popular, con frecuencia dominado por una retórica intemperante y afirmaciones sin base histórica. Todo el que defiende una hipótesis—básicamente toda persona que afirma algo—ofrece una apología, una defensa, de su postura. La pregunta es si tal apología es buena o mala, o si la misma defiende una postura justificable o no. Este libro hace más comprensible la fe cristiana, ofreciendo una valiosa defensa de la verdad de Dios".

—Dr. Craig Keener
Profesor en el Instituto de
Estudios Bíblicos Ada Thompson
Seminario Teológico de Asbury

Sun gevity
solar city

RICE BROOCKS

HOMBRE
MITO
MESÍAS

CASA
CREACIÓN

Hombre. Mito. Mesías. por Rice Broocks
Publicado por Casa Creación
Una compañía de Charisma Media
600 Rinehart Road
Lake Mary, Florida 32746
www.casacreacion.com

Traducido por: Ernesto Giménez
Diseño de la portada: Vincent Pirozzi
Director de Diseño: Justin Evans

Copyright © 2016 by Rice Broocks
Originally published in English under the title:
Man, Myth, Messiah

Published by arrangement with Thomas Nelson a division of Harper Collins Christian Publishing, Inc.

Library of Congress Control Number: 2015959073
ISBN: 978-1-62998-880-1
E-book: 978-1-62998-888-7

Impreso en los Estados Unidos de América
16 17 18 19 20 * 5 4 3 2 1

Para los indecisos

CONTENIDO

PRÓLOGO

EL TEMA DEL JESÚS HISTÓRICO ES, SIN LUGAR A dudas, el más importante en algunos círculos teológicos y de estudio del Nuevo Testamento de nuestros días. Ha sido así durante al menos dos o tres décadas. Al menos desde la década de los ochenta, los investigadores se han dedicado a la llamada "Tercera búsqueda del Jesús histórico", comenzando con el movimiento inicial que tuvo lugar en Alemania, en el siglo XIX. 1900s

En este contexto contemporáneo, el Dr. Rice Broocks nos ofrece su libro *Hombre. Mito. Mesías.: La respuesta a la pregunta más grande de la historia.* El libro familiariza al lector con la opinión general sobre algunas preguntas clave y el interés que existe actualmente en relacionar a Jesucristo con la historia, así como con algunas de las ideas académicas y citas básicas que son objeto de discusión en la actualidad.

Para cumplir esta tarea, el Dr. Broocks comienza con los principios básicos, para luego ir abordando poco a poco los temas más profundos. En el proceso, se presentan y discuten muchas de las preguntas principales, así como los temas y puntos de vista más vanguardistas.

Todo ello se combina para hacer de este libro una valiosa guía de estudio contemporáneo. También es un manual de información adicional que puede ayudar a responder muchas de las preguntas que giran constantemente alrededor de este tema.

El Dr. Broocks nos ofrece una combinación única de características en este proyecto. Es un pastor bien conocido

Nashville, Tennessee, que además cuenta con un ministerio de talla mundial, muchos otros libros publicados y un Doctorado en Investigación del Seminario Fuller. Pero más allá de eso, Rice tiene el impulso insaciable de ayudar a construir el Reino de Dios. El evangelismo es su vida, pero a diferencia de muchos otros profesionales parecidos, él se da cuenta de que eso solo puede construirse sobre la base del conocimiento. Nada puede sustituir una verdad establecida que da como resultado una acción sistemática. Una limitación en cualquier aspecto puede perjudicar el ministerio de Cristo. ¡Es por ello que por segunda vez se ha realizado una película basada en uno de sus libros!

Por estas razones, podemos afirmar que el Dr. Broocks construye una plataforma cristiana desde la cual podemos impulsar acciones hacia el resto el mundo. Eso es evidente cuando, en los tres primeros capítulos, nos presenta los temas históricos, tales como el "Método de los hechos mínimos" y la confiabilidad de las Escrituras. En los siguientes tres capítulos, introduce algunas de las bases históricas que prueban la crucifixión y resurrección de Jesús, así como su carácter único. Los siguientes capítulos son dedicados a explorar la deidad de Jesús y la realidad del mundo sobrenatural.

Solo después de sentar esta base, el autor continúa explicando la necesidad que tiene el creyente de comprometerse tanto en el discipulado como en el evangelismo. Como se mencionó anteriormente, una base sólida es el punto de apoyo para iniciar acciones consistentes. Y ocurrió igual durante el Nuevo Testamento.

Para poner uno o dos de los muchos ejemplos citados aquí, Pablo cuenta que antes de hablarles a los corintios, predicó el mensaje del evangelio. Una vez que el aspecto objetivo del evangelio estuvo definido en el Nuevo Testamento, pasó a hablar de la deidad de Cristo, su muerte y resurrección. Luego de colocar esta base, el apóstol nos pide que nos comprometamos con Jesucristo (1 Co. 15:1–2). De la misma manera Pedro, cuando predicó su primer sermón de pentecostés en la iglesia, echó las bases del evangelio histórico, antes de llegar al mensaje práctico del evangelismo (Hch. 2:22–41).

Este es el método de este libro, ya que el Dr. Broocks desarrolla el trabajo de base antes de explicar la solución de Dios. Él es un líder calificado en estos temas que disfruta lo que hace. En el capítulo 2, por ejemplo, muestra que las bases históricas mínimas del cristianismo son tan sólidas, que incluso los investigadores más escépticos aceptan estas verdades. Con base en estos hechos, ¿qué le puede impedir a alguien dar el próximo paso y creer?

Por estas razones, recomiendo ampliamente este libro, que le ayudará a encontrar respuesta a las preguntas más difíciles, darle base al mensaje de proclamación del evangelio y prepararse para compartir estas verdades con otros; todo partiendo de un texto. ¿Qué mensaje puede ser mejor en la vida que la proclamación de que evangelio es verdadero, que responde a nuestras preguntas y necesidades más profundas, y que brinda el increíble beneficio de la vida eterna a todo aquel que crea?

—GARY HABERMAS
JEFE DEL DEPARTAMENTO DE FILOSOFÍA
UNIVERSIDAD LIBERTY

Introducción

La cosa más maravillosa

RECIENTEMENTE, ROMPÍ EL PROTOCOLO TÁCITO Y me puse a hojear una revista mientras esperaba en la fila de una tienda de víveres. No pude resistir la tentación de ver lo que *Newsweek* decía sobre Jesús en un artículo titulado: "Las cien personas que cambiaron el mundo". Debí haber presentido que no sería nada bueno. Tal y como pensaba, el artículo estaba escrito desde una perspectiva escéptica, y no hacía ningún esfuerzo en ocultar su sesgo informativo. Al parecer, se exige respeto al hablar de cualquier otra religión o figura religiosa importante, excepto con Jesucristo. Es increíble ver cómo la gente no tiene reparos en difamarlo, deformarlo y reimaginarlo de la forma que quiera. Es este intento, más bien breve, de resumir la vida y la influencia que tuvo Jesucristo, esta revista se apoyó en la idea, equivocada por demás, de que en verdad no podemos conocer mucho sobre Él desde el punto de vista histórico.

La influencia que tuvo Jesús de Nazaret, el predicador itinerante cuyas enseñanzas se convirtieron en la base de una de las religiones más practicadas en el mundo, es irrefutable. Pero la naturaleza del Jesús hombre ha sido debatida una y otra vez desde la óptica de los expertos, que siempre tienden a alejarse demasiado del período en el cual Jesús vivió.

Lo más sorprendente del artículo es que al final menciona un libro del sociólogo Reza Aslan como referencia para aquellos que quisieran saber más sobre Jesús. Entre tantos autores y libros escritos por teólogos cristianos que pudieron haber colocado como referencia, escogieron uno escrito por un musulmán que no cree que los evangelios son fidedignos y niega que Jesús es el hijo de Dios. Esto no tiene nada que ver con un periodismo veraz y balanceado.

Ocurre algo similar con la mayoría de las descripciones de Jesucristo que se hacen en los medios seculares. La metodología histórica es remplazada por la narrativa escéptica. También es muy común la extraña tendencia, cuando se habla de Jesús, de calificar a una persona como poco creíble si se hace llamar cristiana. No me imagino otra disciplina o materia en la que este aspecto pueda ser más irracional. Es como decir que si eres estadounidense no tienes credibilidad para hablar sobre la historia de Estados Unidos.

Este tipo de opiniones sesgadas han contribuido con el cambio sorprendente de las creencias religiosas que se vive actualmente en Estados Unidos, especialmente en personas menores de treinta años. Este fenómeno se conoce como el surgimiento de los irreligiosos (*nones*, en inglés), es decir aquellos que dicen no seguir ningún tipo de religión. El Pew Research Center afirma que "mientras una cohorte de mileniales sin ningún tipo de creencia se acerca ya a su edad adulta, la edad promedio de los adultos que manifiestan no practicar ninguna religión ha caído a 36 años, menos que en el 2007 cuando era de 38 años, y muchísimo menos que la edad promedio general de la población (adulta), que es de 46 años".[1]

Aunque las cifras no son tan sombrías como algunos quisieran hacernos creer, no debemos ignorar esta tendencia. Definitivamente ha habido una erosión en la confianza y en la credibilidad de la fe cristiana, especialmente entre la gente joven. En medio de esta crisis, surge una pregunta que se debe responder de forma clara para detener esta tendencia descendente: ¿Es la historia de Cristo cierta?

Motivado por estos datos estadísticos alarmantes, escribí el libro *Dios no está muerto: la evidencia de Dios en una época de incertidumbre*. El libro inspiraría una película del mismo nombre, y muchos de los que la vieron entendieron lo que significa convertirse en defensores de la fe, específicamente de la fe en la existencia de Dios. Pero la intención, tanto del libro como de la película, era establecer claramente el hecho de que la fe real no es ciega, sino que se basa en pruebas. El libro *Dios no está muerto* presentó dichas pruebas desde el punto de vista científico, filosófico, histórico y desde la experiencia personal.

Ahora en su secuela, *Hombre. Mito. Mesías.*, examinamos más de cerca las pruebas de la existencia del Jesús histórico. El tema principal es que el Jesús de la historia es el Cristo de la fe. La fe cristiana va más allá de declarar simplemente que Dios existe: afirma que Dios se hizo hombre en Jesucristo, vivió entre nosotros y sacrificó su vida para librarnos de nuestros pecados. Tres días después de morir resucitó, probando que Él era el Hijo de Dios, el Mesías prometido, y el Salvador del mundo.

El cristianismo es la única religión del mundo que apoya toda su credibilidad sobre un acontecimiento en particular: la resurrección, que de paso es un acontecimiento sobrenatural. En los siguientes capítulos se demostrará que la evidencia histórica, incluso aceptada por los escépticos, establece que la resurrección es tanto la explicación más clara, como la única explicación de unos hechos ampliamente aceptados: la ejecución de Jesús a manos de Poncio Pilato, el descubrimiento de su tumba vacía, la afirmación de sus discípulos de haberlo visto vivo después de su crucifixión, y muchos otros sucesos. Si Cristo no hubiese resucitado, el cristianismo estaría completamente desacreditado y no valdría la pena tomarlo en cuenta ni por un segundo, así como cuando el apóstol Pablo afirmó: "Y si Cristo no ha resucitado, la fe de ustedes es ilusoria y todavía están en sus pecados" (1 Co. 15:17).

La convicción en la certitud de la resurrección es el único argumento que puede enfrentar el escepticismo y la incredulidad. Es el hecho que confirma otras verdades claves, como la autoridad de las Escrituras y el rol único de Jesús como Salvador y Mesías. *Hombre. Mito. Mesías.* explica la manera en que la crucifixión y la resurrección demuestran que Jesucristo es realmente el Mesías prometido. Demostraremos que la afirmación de la cultura popular de que la historia de Jesús es solo un mito o leyenda, es el *verdadero* mito. Estas teorías especulativas abundan en una cultura que trata de alejarse de Dios a toda velocidad.

Algo que ha ayudado a refrenar ese salto suicida ha sido el renacimiento de la apologética y la filosofía cristiana. Las iglesias han comenzado a darse cuenta de que preparar a la gente para defender su fe es tan vital como enseñarles las doctrinas básicas, o predicar mensajes inspiradores o tranquilizantes los domingos.

Creo que no me equivoco al afirmar que la vida o muerte de ninguna otra persona en la historia de la humanidad ha sido más estudiada, analizada, debatida y anunciada al mundo que la de Jesús de Nazaret. Definitivamente, es una labor abrumadora responder a todas las teorías e hipótesis de los críticos. Durante el proceso de investigación y escritura, sentí profundamente cuán importante y significativo puede ser llevar a cabo una investigación para descubrir si la historia es real o, como afirman los escépticos, una simple recopilación de cuentos que tratan de expresar la fe de los primeros cristianos. Aparentemente, millones de personas están en proceso de retomar sus creencias. Si esto es cierto, necesitan tomar decisiones con base en pruebas fidedignas, no rumores ni habladurías.

Sin importar quienes seamos o donde hayamos nacido, en algún momento debemos decidir si le creemos o no a este Hombre que dijo ser el Hijo de Dios, el Salvador del mundo. Dada la seriedad del tema, al principio traté de evitar las analogías y metáforas que forman parte de mi estilo natural de comunicarme, ya que temía que ello trivializara los aspectos históricos importantes. Sin embargo, terminé por abandonar ese método. La razón principal fue porque me di cuenta de que cada seguidor de Cristo debe expresar su fe a través de su propio lenguaje y personalidad. Sea de forma hablada o escrita, les explicamos a otras personas las razones de nuestra fe, y el efecto que esta ha tenido en nuestras vidas y en el mundo que nos rodea. Esto es lo que ha pasado durante dos mil años, comenzando con los testimonios de Mateo, Marcos, Lucas y Juan, los hombres que escribieron las primeras biografías de Jesús, y que otras personas han continuado durante más de cincuenta generaciones.

La respuesta a la gran pregunta

La tarea colectiva de proclamar este mensaje se denomina la *gran comisión*, un término acuñado por teólogos y misiólogos cristianos que describe el encargo que Jesús les dio a sus discípulos de ir al mundo y hacer discípulos (Mt. 28:19). El *gran mandamiento* es el término utilizado para designar el primer mandamiento que nos dio Jesús, el de amarnos unos a otros

(Jn. 13:35). Así que quizás sea pertinente denominar lo que Jesús les preguntó a sus discípulos: "Y ustedes, ¿quién dicen que soy yo?" (Mt. 16:15) como la *gran pregunta*, sin duda, la *más importante* de la historia. La respuesta a esta pregunta lo cambia todo. Y si nos concentramos tanto en la gran comisión y en el gran mandamiento, ¿no deberíamos brindarle igual atención a la gran pregunta?

Según las Escrituras, esta gran pregunta fue planteada de manera bastante abrupta, como un examen no anunciado en el salón de clases. Fue realizada luego de una serie de hechos espectaculares e inesperados: Jesús había sanado a un ciego y a un cojo, había alimentado milagrosamente a cinco mil personas con cinco hogazas de pan y dos pescados y, después de caminar en el agua, había alimentado otra multitud de cuatro mil personas con solo siete hogazas de pan y unos cuantos pescados.

En el Evangelio de Juan, estos milagros fueron denominados "señales". Una señal indica algo. Si vemos una señal de salida, intuitivamente sabemos que debe apuntar hacia una puerta a través de la cual podremos pasar. Estas señales apuntaban al hecho de que Jesús no era un hombre común y corriente. Era el prometido, el Hijo de Dios. Luego Jesús formuló la gran pregunta: "Y ustedes, ¿quién dicen que soy yo?". La única voz que contestó de inmediato fue la del discípulo Pedro. Él respondió: "Tú eres el Cristo, el Hijo del Dios viviente" (Mt. 16:15-16). Si esta audaz declaración hubiera sido falsa, habría sido blasfemia y Jesús la habría corregido al instante. Un verdadero profeta de Dios nunca habría permitido que un malentendido tan perjudicial se perpetuara.

Pero Jesús no corrigió ni reprendió a Pedro por su asombrosa revelación, sino que lo alabó diciéndole: "Dichoso tú, Simón, hijo de Jonás, porque eso no te lo reveló ningún mortal, sino mi Padre que está en el cielo". Luego le dijo que él sería la base sobre la que se construiría la iglesia de Dios, y que "las puertas del reino de la muerte no prevalecerán contra ella" (Mt. 16:17–18). En esta conversación entre Pedro y el Señor, vemos la línea de batalla dibujada en la arena. Y esta batalla le costaría a muchos de los seguidores de Jesús su propia vida.

La lucha cósmica descendería en el conocimiento de la verdadera identidad de este hombre de Nazaret, región al norte de Galilea, en la pequeña nación de Israel. Se nos prometió que, independientemente de lo encarnizado del conflicto, los poderes de la oscuridad no prevalecerán. Al observar esta conversación, queda claro por qué ha existido tanta agitación alrededor del nombre de Jesucristo. Ningún otro nombre evoca tal debate o emociones, y es también el nombre más polarizador de la historia. Pero de la misma manera, ningún otro nombre ha inspirado tal belleza, valentía y sacrificio.

"The Voice"

Uno de los programas más populares de Estados Unidos es "The Voice" (La voz). Es un programa de talentos inspirado en el "Britain's Got Talent" y "American Idol". Para quienes no lo hayan visto, la dinámica consiste en que los jueces se pongan de espalda a los concursantes y los escuchen cantar, sin tener la posibilidad de observarlos. Cada juez escoge la voz que más le gusta, y luego gira su silla para ver al concursante que ha escogido. Esta es quizás la mejor analogía de como decidiremos qué voz escuchar y seguir en lo referente a las verdades espirituales.

Ya adentrados en el siglo XXI, parece que todas las reglas de la civilización occidental se han hecho añicos, tal y como ocurrió a principios del siglo XX con la conmoción que giró en torno a las leyes de la ciencia y la naturaleza (la relatividad y la teoría cuántica).

Parece que ahora todas las estructuras morales y sociales están en discusión, esperando ser redefinidas en nombre de la tolerancia y la libertad. Las únicas voces que se oponen a esta revolución moral y social son las que tienen motivación religiosa. Algunas de esas voces son reaccionarias, temerosas e intolerantes. No obstante, hay otra voz que no grita, pero que en cada época ha hablado con fidelidad sobre la naturaleza de Dios y la humanidad. Es la amorosa voz de nuestro Creador. No una fuerza impersonal distante, o una primera causa separada, sino un Dios amoroso y misericordioso. Este Dios fue lo suficientemente poderoso para crear el universo, pero lo suficientemente accesible para volverse parte de su creación, a través de Cristo Jesús. Es por ello que su voz es diferente a las demás. Sus palabras nos dan más que unas reglas que debemos seguir ciegamente, nos dan instrucciones amorosas de cómo podemos vivir y no morir. Es la voz que nos conduce por el camino estrecho de la bondad y la luz, una voz en la que podemos confiar gracias a la vida y el carácter que la respalda.

El objetivo de este libro es hacer que el lector confíe en que Jesucristo no solo fue una persona de carne y hueso, sino que fue el Mesías prometido (el Salvador) y el Hijo de Dios. No tengo la intención de explorar cada teoría que intenta alejarnos de esta verdad, sino hablar de los obstáculos más importantes que intentan bloquear la luz que emana esta verdad. Sin dudas, la voz que usted escoja escuchar será la decisión más importante de su vida. Si está leyendo este libro, es probable que ya sea seguidor de Cristo o que desee convertirse en uno. Eso implica que será capaz de ayudar a otros a seguirlo también. Probablemente, también se ha topado con otros que no comparten la misma pasión y búsqueda. Por lo tanto, usted quizás desee tener la capacidad de explicar las razones de su fe. Este libro fue escrito para ser una herramienta que ayude a explicar y defender las verdades y afirmaciones básicas de la fe cristiana, es decir responder la gran pregunta de forma firme y certera.

Preparar a los creyentes para explicar las razones de su fe debe ser la prioridad más importante de aquellos que están comprometidos con el ministerio cristiano. Después de todo, si se pone en duda la verdad del mensaje, la totalidad del cristianismo está en peligro. Como pastor, estoy al tanto de lo ocupados que pueden estar la mayoría de los líderes. Las exigencias a las que se enfrentan los miembros del ministerio al ocuparse de las necesidades de la gente, pueden ser abrumadoras. Muchas veces, las necesidades perentorias de nuestra congregación prevalecen sobre las dudas que las personas externas tienen sobre la verdad y la fe. Sin embargo, las grandes carencias que tienen tantas personas en cada rincón del planeta, nos han dado la oportunidad de demostrar el amor de Dios de forma práctica y compartir el evangelio con ellas. "Compórtense sabiamente con los que no creen en Cristo, aprovechando al máximo cada momento oportuno. Que su conversación sea siempre amena y de buen gusto. Así sabrán cómo responder a cada uno" (Col. 4:5–6).

De todos los derechos humanos que debemos defender, el más importante ha de ser el derecho que tiene cada ser humano a escuchar el evangelio y tener la oportunidad de conocer a Jesús. Aunque mucha gente de fe ha hecho un trabajo increíble alrededor del mundo para ayudar a los necesitados y a los que sufren, nos quedamos cortos en preparar a la gente para que desarrolle una fe que florezca en este siglo XXI, saturado por los medios y opuesto a estas creencias. Se bombardea a la gente con imágenes y mensajes que sugieren que la fe en Dios es, cuando más, irrelevante. Para completar, a cada idea falsa se les otorga el privilegio de tener su propia página en internet. El resultado final es un gran número de cristianos aturdidos y confundidos al ver la locura que se ha apoderado del mundo, unos creyentes cuyos valores y creencias no solo ya no están en línea con la corriente social predominante, sino que son considerados intolerantes e ignorantes. Quizás esto sirva para explicar por qué solo tres por ciento de las iglesias en Estados Unidos están creciendo a través del evangelismo.

La conclusión, para mí, es así de simple: si usted cree que la historia de Jesús es cierta y entiende por qué, usted la compartirá con otros. Si no lo cree, no lo hará. Los cristianos deben ser formados y entrenados, no solo reconfortados y animados. En vista de la prevalencia de este tipo de actividad superflua, ¿debería sorprendernos que las encuestas muestren una y otra vez la tendencia de los jóvenes a abandonar la iglesia, en cifras récord?

No hay zona neutra en este debate. Lo que se afirma de Jesús en las Escrituras, hace virtualmente imposible que se le considere un hombre común y corriente. Las otras dos opciones son: o fue un mito, o fue el Mesías. La opción que usted escoja tendrá un efecto en cada aspecto de su vida. Si Jesús es un mito, entonces usted debe vivir su vida a su manera. Construya su propio sistema moral, sea su propio jefe. Pero si Él es el Mesías, el Señor de la creación, entonces viva en completa santidad para Él.

Si Jesús es la fuente de toda bondad y vida, Él debe ser el centro de nuestras vidas, así como de nuestra cultura y de nuestras actividades. Para lograrlo debemos recuperar la confianza en que sus palabras son verdaderas, que no se han perdido con el paso de cientos de años o con el intento de los humanos de poner en su boca palabras que Él nunca pronunció. Nuestra búsqueda del verdadero Jesús nos ayudará a dejar atrás a todos los que fingen que Jesús forma parte de sus vidas, pero que olvidan la parte más importante de su historia, a saber: que Él es el Señor de toda la creación. Esto es crucial, porque el mensaje que Cristo ofrece es esperanza para la humanidad. ¿Puede pensar en algo que la humanidad necesite más que eso? Como dijo Jesús: "Y conocerán la verdad, y la verdad los hará libres" (Jn. 8:32).

"A veces una canción se repite una y otra vez en nuestra mente". Esa fue la confesión del ateo más famoso del mundo en un debate público en Oxford con un filósofo y un teólogo. Richard Dawkins reveló cándidamente que había estado cantando una canción en la ducha esa misma mañana, una que se sabía desde que era niño y asistía a la iglesia anglicana. Era un himno llamado: *It Is a Thing Most Wonderful* (La cosa más maravillosa). Después de mencionar el nombre y las primeras palabras del himno, continuó diciendo que, para él, el hecho de que el universo hubiera surgido de la nada y que luego produjera seres como los humanos, con conciencia, era simplemente demasiado maravilloso para ser verdad.[2] Dawkins obviamente no terminó de cantar la estrofa inicial del himno, pero esas palabras apuntaban a otra historia que fueron objeto de sorpresa de este escritor:

> *Es la cosa más maravillosa, demasiado maravilloso*
> *para ser verdad*
> *que el propio hijo de Dios viniera del cielo*
> *y muriera para salvar a un hijo como yo.*
> *Pero aun así sé que es verdad.*[3]

Qué irónico que la maravilla y la gracia que se describen en este tema fueran atribuidas por Dawkins simplemente a las fuerzas ciegas de la naturaleza. Lo que se perdió fue el mensaje de que Cristo era en realidad el objeto de tal maravilla y el merecido receptor de nuestra gratitud.

¿Sabe algo? Al igual que Richard Dawkins, también recuerdo himnos de la época de mi infancia.

Tenemos algo que contar a las naciones
Que hará volver sus corazones a la justicia
Una historia de verdad y misericordia
Una historia de paz y de luz
Porque la oscuridad se convertirá en alborada
Y la alborada en brillo de mediodía
Y el gran Reino de Cristo vendrá a la tierra
El Reino de amor y de luz.[4]

Es con esto en mente que yo escribo. Nuestra respuesta a la gran pregunta sobre Jesús: ¿Es hombre, mito o Mesías?, será la más importante de todas. Vale la pena buscar esta respuesta con todo nuestro corazón, mente, alma y fuerza. La contundencia de su verdad y su poder nos dejará exclamando: ¡En verdad es una cosa maravillosa, demasiado maravillosa para ser verdad!

1

¿HOMBRE, MITO O MESÍAS?

La pregunta más importante de la historia

No hay tarea histórica que revele tanto el verdadero ser
interior del hombre como escribir sobre la vida de Jesús.[1]
—ALBERT SCHWEITZER

UNA DE LAS CARACTERÍSTICAS MÁS EXTRAÑAS DE la naturaleza humana es que solemos creer en ideas rebuscadas y absurdas, mientras rechazamos y ponemos en duda las que son creíbles e importantes.

Esta tendencia a darle crédito a especulaciones tontas e infundadas fue satirizada en el programa de televisión estadounidense "Saturday Night Live". Es uno de mis programas de comedia favoritos de todos los tiempos. Un día, una de las sátiras trataba sobre una conversación entre un ángel y alguien que acababa de morir y llegado al cielo. El recién llegado le estaba planteando al ángel todas las preguntas sin respuestas y misterios sin resolver que había tenido en su existencia pasada. El diálogo era algo parecido a esto: "¿Qué pasó con el billete de cincuenta dólares que perdí en mi graduación?". "¿Quién se enamoró de mí y nunca lo supe?". Al final, el recién llegado preguntó: "¿Qué es lo que más me hubiese sorprendido si yo lo hubiese sabido?". El personaje del ángel hizo una pausa dramática y respondió: "La lucha libre es real".[2]

1

Me pareció muy gracioso porque en verdad he conocido personas que creen que la lucha libre que se transmite por televisión es auténtica (y no un entretenimiento completamente coreografiado). Mi abuela era una de ellas. Hay personas que piensan que son reales las cosas más tontas, como los ovnis, o que alguien en realidad ha visto a Elvis por ahí. Como escribió Blaise Pascal en sus *Pensées*: "La sensibilidad del hombre a las nimiedades y su insensibilidad a las cosas grandes, indican una inversión de lo más extraña".[3]

Esto incrementa la tendencia a negar acontecimientos que pueden ser creíbles, como el Holocausto o la llegada del hombre a la luna, o el hecho de que lo que ocurrió del 11 de septiembre fue producto de un ataque terrorista llevado a cabo por musulmanes radicales, y no una conspiración del gobierno de George Bush.

Lamentablemente, la cantidad de desinformación y rumores es rampante en una era en la que cada punto de vista descabellado tiene su propia página de Facebook. Hallar la verdad se convierte en un trabajo difícil. También requiere que nosotros estemos dispuestos a aceptarla, a pesar de nuestras propias preferencias o inclinaciones personales. Es decir, debemos estar dispuestos a seguir la evidencia a donde sea que nos lleve.

Mientras que algunas de estas falsas creencias son relativamente inofensivas y no traen mayores consecuencias, otras pueden tener consecuencias devastadoras, en especial si la historia real está oculta o es desconocida. Esto nunca fue tan obvio para mí como cuando visité los campos de concentración nazi de la II Guerra Mundial, específicamente el que está en Auschwitz, Polonia. Atravesar enormes salones llenos de zapatos, maletas y cabello, en lo que queda de este testimonio del infierno en la tierra, disipa cualquier sugerencia absurda de que el Holocausto nunca ocurrió. Millones de judíos fueron asesinados en uno de los momentos más oscuros de la humanidad.

Se puede decir lo mismo al visitar el Yad Vashem, el museo del Holocausto en Jerusalén. Es simplemente absurdo que alguien pueda negar que estos acontecimientos impensables ocurrieron hace apenas setenta años.

Este tipo de olvido es intencional, es una negativa deliberada a recordar. Es un patrón bastante común en la historia. Es así porque recordar es un trabajo arduo, que requiere de todo nuestro esfuerzo para evitar ser arrastrados por la subjetividad y las propias intenciones.

Estos hechos tan dolorosos nos recuerdan que el ser humano tiene una vergonzosa tendencia hacia la crueldad y la injusticia. Si nadie se enterara, el fuerte dominaría al débil en vez de defenderlo, especialmente cuando corremos el riesgo de perder nuestra propia vida o nuestra credibilidad.

Es debido a esta falla fatal en la naturaleza humana que Dios envió a su propio Hijo en forma humana para que habitara entre nosotros y fuera la antítesis de este tipo de enfoque egocéntrico. Jesucristo vivió una vida que se oponía a esa fuerte corriente histórica. Vivió la vida que nosotros debimos haber vivido, una vida sin mancha desde el punto de vista moral y ético. Ninguna figura en la historia de la humanidad declaró estar libre de pecado, pero Jesús lo hizo. Por esta razón fue la persona más importante de la historia, un individuo que no podemos ~~desechar~~ o ignorar.

Los escépticos consideran que algo tan valioso e increíble es imposible, pero aceptan de buena gana explicaciones absurdas e irracionales sobre nuestra existencia, sobre todo si las mismas están desprovistas de implicaciones de tipo moral. Encierran todas las creencias religiosas en un mismo saco y las desacreditan diciendo que la fe es ciega o, como les gusta decir: "Fe es creer en lo que sabemos que no es verdad".

El escritor ateo Michael Shermer afirmó: "La fe religiosa depende de factores sociales, sicológicos y emocionales que no tienen nada que ver con probabilidades, evidencias y lógica".[4]

Nada más lejos de la verdad. Existen muchos individuos que creen en Dios sin conocer todas las pruebas y la lógica que apoyan esa verdad, pero eso no significa que tales pruebas o lógica no existan. Si usted cree en Dios y es seguidor de Cristo, esa fe está bien cimentada en la historia y la razón (la verdadera fe no es ciega). Las Escrituras nos advierten:

> "Pues por falta de conocimiento mi pueblo ha sido destruido. Puesto que rechazaste el conocimiento, yo también te rechazo como mi sacerdote. Ya que te olvidaste de la ley de tu Dios, yo también me olvidaré de tus hijos" (Os. 4:6).

Si no queremos que nos arrastre el tsunami del absurdo digital, debemos hallar las bases sólidas de algo que es real y confiable. Es mucho más fácil relajarnos y fluir con lo que dice la sociedad sobre algo, que buscar la verdad con sinceridad y honestidad, sin importar a donde dicha verdad pueda llevarnos.

Toda persona tiene el derecho de saber la verdad (los hechos) y tomar sus propias decisiones. Pero debemos saber que, en definitiva, existen trampas y callejones oscuros y peligrosos en los cuales nos pueden asaltar y despojarnos de nuestra fe. Repito: las voces que usted escuche en este viaje de fe y descubrimiento son de vital importancia.

Dios no está muerto, revisado

Después de treinta años de trabajar con estudiantes universitarios alrededor del mundo, decidí escribir los argumentos que apoyan la existencia de Dios de una manera que yo esperaba fuera bastante concisa. Ese esfuerzo se concretó en el libro *Dios no está muerto,* el cual aborda el intenso debate que se ha desatado entre estas dos perspectivas opuestas: el materialismo (ateísmo) y el teísmo.

Esta discusión no es nada amigable. Aunque hay voces que desde ambos lados llaman a la razón y a la moderación, lo usual es una ronda de insultos sin argumentos y retórica sin razón. He recibido una oleada de respuestas de creyentes de todas las edades y procedencias que me cuentan historias de como las voces intolerantes han hecho todo posible para silenciar sus puntos de vista como cristianos. Ellos también han tenido que actuar ante el riesgo de perder su credibilidad, sus notas en la escuela, e incluso su trabajo.

El seguidor de Cristo enfrenta una cruenta batalla en dos frentes distintos. Por un lado está el problema que ya mencionamos relativo al materialismo y el ateísmo. El materialista cree que lo físico es todo lo que hay. El mundo y todo lo que contiene tiene una explicación física, sin necesidad de ningún tipo de "embrollos sobrenaturales", como lo definió el físico y ateo Lawrence Krauss.[5] El punto de vista teísta cree que el orden y la información que existe en el universo físico provienen de una mente inteligente. La información en sí misma es una entidad no material que no posee cualidad física o tangible. Para el materialista, esto contradice la noción de que solo las cosas físicas son reales. La naturaleza no material de la información se suma a la lista de otras realidades no físicas de las que los científicos dependen para formular sus hipótesis, observaciones, medidas y conclusiones. Estas incluyen las matemáticas, la razón y las leyes de la lógica. Hasta la ciencia se basa en la suposición de que estas cosas son reales.

Los que apoyan el punto de vista ateo esperan que no nos demos cuenta de que este no está basado en hechos fríos y lógicos, sino en un conjunto de suposiciones. Afirman que su visión está respaldada por los mejores científicos, por lo que solo las conclusiones de los letrados científicos racionales son tomadas en cuenta. La vida es solo resultado del azar y la interacción de las fuerzas naturales. Como la humanidad no tuvo un inicio real, somos solo una rama en el árbol evolutivo de la vida, no hay pecado que expiar, ni la necesidad de un Salvador. La vida es simplemente una lucha donde el más apto sobrevive. Todos los demás se enfrentan a la extinción. Somos reducidos a la condición de animales, programados por nuestro ADN para sobrevivir.

La capa de pretensión académica debe retirarse para poder ver la verdadera raíz de este ateísmo y escepticismo radical: la filosofía del naturalismo. Contrariando la afirmación de Stephen Hawking de que "la filosofía está muerta",[6] los escritos de los ateos más conocidos demuestran que la mala filosofía aún florece en la oscuridad de la mente incrédula.

Lo cierto es que no actuamos como un grupo de animales que lucha por sobrevivir. Podemos filosofar sobre el estado humano, crear maneras de solucionar las injusticias, y ayudar a los pobres y necesitados. Estos actos de ayuda a los débiles y enfermos no provienen, lógicamente, de un instinto evolucionario o del espíritu de supervivencia. De hecho, Darwin dijo que estábamos obstaculizando el proceso evolucionario con estos actos de altruismo inexplicables.[7] Pero lo cierto es que estas acciones nacen en nosotros naturalmente, porque fuimos creados con un instinto moral que nos distingue como humanos, hechos a la imagen de Dios. Al contrario de lo que dijo Darwin, Jesús afirmó que "Nadie tiene amor más grande que el dar la vida por sus amigos" (Jn. 15:13). Esto es exactamente lo que hizo Jesús en dar su propia vida en una cruz romana para pagar por nuestros pecados. Él ahora hace un llamado para que nos amemos y nos sirvamos unos a otros, en su nombre.

En el otro lado de la lucha del cristiano hay un problema que surge del hecho de que existen muchas religiones en el mundo y muchas voces contradictorias describiendo quién es Dios y qué espera Él de nosotros.

Con tantas religiones en el mundo, ¿cómo saber cuál es la correcta?

¿Es solo un problema de sinceridad? ¿Cómo pueden todos estar en lo cierto si, por lo que se ve, las verdades de cada una de las religiones son mutuamente excluyentes? Es decir, según sus propios testimonios, no todos pueden tener razón. Existen millones de personas que nunca cuestionarán lo que se les enseñó y siguen ciegamente sus creencias culturales y la fe de sus padres. Pero hay millones más que examinarán lo que se les ha enseñado a la luz de la libertad de las ideas. Preferirán saber la verdad, incluso si no está en línea con sus preferencias culturales. Lo que es verdadero puede soportar cualquier escrutinio investigativo, histórico, filosófico y racional. La mismísima esencia de la verdad es que es verdadera, independientemente de la cultura o el contexto.

Dios nos llama a seguirlo con nuestro corazón y nuestra mente. Puede ser que comencemos abrazando la fe de nuestros padres, pero debemos convertirla en nuestra. Normalmente, esto es muy difícil de hacer. Cada religión se basa en premisas que deben ser probadas a la luz de la historia, la filosofía, la ciencia y la teología. Todas alegan la ocurrencia de hechos que deben ser contrastados y comparados. Todas las declaraciones no pueden ser ciertas. Por ejemplo, el Corán afirma que Jesús no fue crucificado (Sura 4:157–158). Mientras que la Biblia afirma que no solo sí fue crucificado, sino que resucitó. Como explicaremos ampliamente en este libro, una cantidad abrumadora de pruebas (aceptadas por los historiadores) indica que Jesús fue crucificado a manos del procurador romano Poncio Pilato. No se trata de ver quién puede gritar más alto para determinar la verdad o la falsedad de las premisas principales de cada religión o filosofía.

Nosotros podemos y debemos estar en capacidad de distinguir claramente estas versiones que reclaman ser reconocidas como ciertas. La razón principal del proyecto *Dios no está muerto* fue ayudar a las personas a cumplir lo que dice 1 Pedro 3:15: "Más bien, honren en su corazón a Cristo como Señor. Estén siempre preparados para responder a todo el que les pida razón de la esperanza que hay en ustedes".

Hace unos años fui con Charlie, mi hijo menor, a un viaje de aventura que estaba catalogado como una experiencia que sacaría a sus participantes de aquello a lo que están acostumbrados. Él me decía continuamente: "Pero a mí me gusta aquello a lo que estoy acostumbrado. ¿Por qué querría salir de ello?". Había que completar una serie de difíciles retos, incluyendo una travesía descendiendo un río en canoa. Afortunadamente, pudimos contar con un experto que nos guió a través de los canales. Escuchar esa voz experimentada que nos decía cuándo debíamos inclinarnos hacia la derecha o hacia la izquierda, cuándo remar o cuándo sacar los remos del agua, nos ayudó a evitar una formación rocosa que pudo habernos hecho volcar o herirnos gravemente. Es incontable el número de personas que han sido heridas de gravedad, o han perdido totalmente su fe por escuchar las voces equivocadas.

Agradezco a mis mentores, que me han ayudado a navegar del escepticismo hacia la verdad de la fe cristiana. Espero poder ayudar al lector a evitar todo aquello que puedan hacer naufragar su confianza en Dios. Todo comienza por aceptar un hecho que está fuera de discusión: Jesús realmente existió.

¿Fe o historia?

El tema de la existencia de Jesús extrae la discusión de su figura del ámbito de la fe religiosa y lo adentra en el campo de la investigación histórica. Si alguien es honesto desde el punto de vista intelectual, debería por lo menos examinar las pruebas que dan fe de su vida, de la misma manera que lo haría con cualquier otra persona de la historia, como Sócrates, César Augusto o Napoleón. Las pruebas de su existencia no se pueden descartar antes de tiempo por la posibilidad de llegar a una conclusión extraordinaria, una que puede estar esperando ominosamente al final de la investigación.

Sin lugar a dudas, se han fijado unos patrones muy altos, a veces irracionalmente altos, cuando se trata de establecer los hechos que rodearon la vida, obra y palabras de Jesucristo. Los criterios utilizados por muchos de los investigadores modernos para verificar la autenticidad de Jesús han sido tan exigentes, que si se aplicaran a la historia antigua, muchas de las cosas que se aceptan hoy en día, caerían en el olvido. Por ejemplo, imagínese decir, como hacen los escépticos con los registros bíblicos, que solo podemos aprender sobre la Roma antigua a través de fuentes no romanas. Los investigadores que, por el contrario, utilizan métodos confiables de forma justa y constante, reconocen que las creencias sobre Jesús se apoyan en hechos históricos. Como se afirma en *Reinventing Jesus* [Reinventando a Jesús]: "Si usted no cree en el Jesús de la

Biblia, esperamos que se dé cuenta de que no necesita dejar de usar su cerebro para acercarse a Él. Si usted cree en el Cristo bíblico pero piensa que la fe no tiene nada que ver con asuntos de la mente, deseamos que entienda que creer en la encarnación (la entrada de Dios, hace dos milenios, en el mundo del espacio-tiempo, en la forma de un ser humano) le obliga a tomarse la historia en serio".[8]

Los historiadores utilizan criterios confiables para determinar las probabilidades de que un acontecimiento haya ocurrido en el pasado. Por ejemplo, es más probable que un hecho sea ciertos si muchas personas, de fuentes independientes, lo reportan. De acuerdo con este estándar, el conocimiento que tenemos de Jesús es superior al de virtualmente cualquier otra figura histórica de la antigüedad. Los investigadores han descubierto más fuentes literarias del Jesús histórico dentro del primer siglo posterior a su muerte, que de todas las fuentes literarias primarias de Sócrates, las cuales, por cierto, están mucho menos de acuerdo entre sí que los Evangelios.[9]

Cuando el proceso histórico es arbitrario e inconsistente, el pasado se convierte en algo que la gente mal intencionada puede manipular como una novela de ficción. Este tipo de mentalidad resulta en el rechazo de las descripciones milagrosas que hicieron los seguidores de Jesús en los Evangelios. Estas narraciones son remplazadas por perfiles históricos de cómo *probablemente* era alguien que vivió en la época de Jesús. Otros llegan al extremo de afirmar que los seguidores de Jesús sencillamente tomaron prestadas creencias de la mitología egipcia, griega y persa. ¿El razonamiento? Los milagros no ocurrieron, porque los milagros no ocurren. Analizaremos esto en detalle en el último capítulo. La cultura popular se ha aferrado de estas especulaciones sin base y las ha transmitido como hechos reales.

El comediante y comentarista Bill Maher habló de esto, para el deleite de su devota audiencia. Otros simplemente lo repiten una y otra vez como si formara parte de la ortodoxia de una nueva religión de escépticos. Y créalo, el ateísmo es una religión. Es un conjunto de reglas sobre la naturaleza del mundo y de nosotros como seres humanos. En el centro de este sistema antiteísta está la necesidad de rechazar lo sobrenatural, especialmente el nacimiento, vida, muerte y resurrección sobrenaturales de Jesucristo.

¿Un mentiroso, un lunático o el Señor?

En una generación pasada, el exateo, escritor legendario y filósofo C. S. Lewis formuló su famoso trilema. Dijo que, basado en la afirmación dada por Jesús en los evangelios de ser el Hijo de Dios, tuvo que haber sido un lunático (porque creía que era Dios), un mentiroso (porque sabía que eso no era verdad), o en realidad el Señor.

Con este dilema, Lewis buscaba ayudar a la gente a no quedarse atascada en la postura de que Jesús era simplemente un buen hombre y no el Mesías que Él afirmaba y demostraba ser. Por lo tanto, era un mentiroso o un lunático, y sería descartado de ser la persona que debíamos considerar como la mejor representación del Dios invisible.

Bart Erhman, un excreyente evangélico que se hizo agnóstico, profesor de la Universidad de Carolina de Norte, cuenta que añadió la palabra *leyenda* a la lista de opciones que Lewis propuso, cuando se encontraba reflexionando en la verdadera identidad de Jesús. Preguntó: "¿Y si Jesús no hubiese afirmado ser el Hijo de Dios?". Eso significaría que las historias de los milagros de Cristo y su resurrección son simples leyendas inventadas por sus seguidores mucho después de su muerte.

Esta creencia es apoyada por escritores populares, quienes rechazan la afirmación de que Jesús es el Cristo y lo relegan al rol de un fanático judío que murió por tratar de liderar una insurrección contra los romanos. Escritores como Reza Aslan, el sociólogo mencionado en la introducción que abandonó la fe cristiana para regresar a sus raíces islámicas, afirman que Jesús era un campesino analfabeto que nunca dijo la mayoría de las cosas que los Evangelios dicen que dijo, ni hizo las cosas que dicen que hizo. Pero muy poco de lo que Aslan dice son ideas originales. Él simplemente repite lo escrito por otros creyentes que lo precedieron, como S. G. F. Brandon, John Dominic Crossan y Marcus Borg. Aslan desconoce los Evangelios y opta por investigar documentos (no relacionados con Jesús) que tienen que ver con el tipo de gente de su tiempo y de la ciudad en la que Él pudo haber vivido. "Para bien o para mal, solo podemos acceder al Jesús real, no a través de las historias que se contaron sobre él después de su muerte, sino de los hechos que podemos recopilar sobre su vida como parte de una familia judía de carpinteros y constructores que luchaba por sobrevivir en la pequeña ciudad galilea de Nazaret".[10]

Es como decir que podemos tener una imagen más precisa de quién fue Abraham Lincoln estudiando cómo eran sus contemporáneos en la región de Estados Unidos donde vivió, que estudiando la historia de su vida narrada por aquellos que mejor lo conocían. Es un acto profundamente irresponsable tachar el testimonio de la gente que creía en Jesús como subjetivo y aceptar la opinión de aquellos que no creen en él como más creíble.

El creciente número de escritos que afirman este tipo de cosas, y el surgimiento de los escépticos de internet que consideran este tipo de escritos como "académicos" y "acreditados", ha provocado un nuevo esfuerzo para corregir los registros.

Es por ello que el título de este libro: *Hombre. Mito. Mesías.*, ofrece un trilema diferente para una nueva generación.

La búsqueda del Jesús histórico

Las raíces de esta corriente escéptica se remontan a los siglos XVII y XVIII. Este período, conocido como "la Era de la Ilustración", se puede describir mejor como la era del escepticismo. La mentalidad de la época fue resumida por un matemático y filósofo francés llamado René Descartes. Él comenzó con la duda con el fin de llegar a un punto de confianza en lo que podía saber con certeza. "Para buscar la verdad es necesario que, una vez en la vida, tanto como sea posible, dudemos de todas las cosas".[11]

Esta perspectiva sentó las bases de su creencia de que la realidad eran sus propios pensamientos (a pesar de las dudas) sobre el hecho de su misma existencia. Las semillas que Descartes plantó crecieron en el siglo siguiente, en la Era de la Ilustración, que proclamaba que "la razón remplazaba la revelación", en términos de la fuente de la epistemología de la cultura. Es así como sabemos lo que sabemos.

Esta tendencia filosófica floreció en el siglo XIX con el lanzamiento de *El origen de las especies*, de Charles Darwin. La teoría de la evolución por medio de la selección natural que él describió, remplazó la creencia de que la vida necesitaba un diseñador responsable de "la apariencia del diseño en la naturaleza". Esta historia alterna cambió radicalmente la forma en que la gente veía nuestros orígenes y, por extensión, nuestro destino, valor y comprensión de la realidad final. Porque, si no hacía falta un Creador sobrenatural para explicar la vida, ¿entonces por qué no rechazarlo también?

No debe sorprendernos que las dudas sobre la existencia

del Jesús histórico surgieran en el mismo período. Si usted no cree en Dios, o lo rechaza como una deidad impersonal a quien no le importan los problemas de los humanos, entonces no creerá que tuvo un Hijo que fue enviado para pagar por los pecados del mundo. Estas dudas sobre el milagroso Jesús de Nazaret tendrían su máxima expresión en el teólogo liberal David Strauss. En sus escritos expone una visión de Jesús en la cual intenta anular todos sus supuestos milagros, así como cualquier afirmación de que fue el Hijo de Dios que murió y resucitó.

La identidad de Jesús fue degradada de nuevo en 1906 en el libro *La búsqueda del Jesús histórico*, de Albert Schweitzer. Él argumentó que Jesús ni siquiera era el gran instructor moral que visualizaron los investigadores liberales, sino simplemente un profesor bien intencionado, cuya teoría del inminente fin del mundo fue malinterpretada. Schweitzer también negó la mayoría de las versiones del Nuevo Testamento sobre la vida, enseñanzas y milagros de Jesús.

> El Jesús de Nazaret que salió a la luz pública como el Mesías, que predicó la ética del Reino de Dios, que fundó el Reino del cielo en la tierra y murió para consagrar su obra, nunca existió. Es una figura diseñada por el racionalismo, traído a la vida por el liberalismo, y vestido por la teología moderna con un atuendo histórico. Esta imagen no ha sido destruida desde afuera, se ha roto en pedazos.[12]

La influencia de estos investigadores se siente aún en nuestros días. En el siglo XX, los teólogos e historiadores escépticos siguieron construyendo sobre estas bases y convirtieron a Jesús en cualquier cosa, desde un campesino analfabeto que lideró una revuelta contra Roma, a un gurú de la Nueva Era que promovía el misticismo esotérico de oriente. En los años 80 y 90, "un grupo autoseleccionado de investigadores afines" crearon *El seminario de Jesús*, una especie de tribunal moderno en el cual se realizan votaciones sobre cuáles palabras de la Biblia ellos creen que Jesús dijo y cuales fueron inventadas posteriormente por los cristianos.[13] Cómo se imaginará, no quedó nada después de la barrida editorial a los Evangelios, aparte de algunas de las enseñanzas éticas de Jesús. Esta labor fue similar a la de Thomas Jefferson, quien literalmente cortó los pasajes de los Evangelios que contenían cualquier cosa sobrenatural, dejando solo las enseñanzas éticas de Jesús en su propia versión de la Biblia. Al final, la mayoría de los investigadores del Nuevo Testamento reconoció que el seminario no representaba en lo absoluto a la mayoría de los peritos en el área, sino solo la opinión de una facción extremista, muchos de los cuales tenían la intención de desacreditar el cristianismo histórico.

La resurrección lo cambia todo

La afirmación de que Jesús resucitó tres días después de morir no es solo una afirmación de fe, sino una declaración que puede ser examinada históricamente. El filósofo Stephen Davis afirmó: "Sin embargo, sostengo que el significado de la resurrección depende del hecho de la resurrección. Es decir, si Jesús en realidad no fue levantado de entre los muertos, su resurrección no tiene ningún significado interesante en particular".[14]

El cristianismo se basa en esta afirmación central y por ello está abierto a la investigación histórica. Podemos analizar este acontecimiento de la misma manera que lo hizo Charles Darwin en su libro *El origen de las especies*; es decir, tratando de determinar la historia pasada de los seres vivos a través de un método llamado *inferencia de la mejor explicación*. De hecho, el apóstol Pablo escribió que si no hubiera existido la resurrección, la fe cristiana sería falsa. Los críticos han sostenido por mucho tiempo que lo que alegan las religiones son solo declaraciones de fe, sin ninguna prueba o sustancia. Dicen que lo que la ciencia afirma es más creíble, porque se puede demostrar que es falso. Pero esto es exactamente lo que el cristianismo declara. No existe ninguna otra religión que base todo el peso de su credibilidad en un solo acontecimiento o milagro. Como afirmó Michael Grant: "El cristianismo es la única religión que se sostiene o se viene abajo dependiendo de supuestos sucesos históricos".[15]

Fue esta convicción lo que sacó a un pequeño grupo de seguidores de Cristo de las sombras del miedo y la incredulidad para colocarlos en el escenario principal de la historia. Se convirtió en la fuente de un poder y una sabiduría sobrenaturales, que confundiría a sus oponentes. En última instancia derrocaría un imperio, no por medio del poderío militar, sino por medio de un amor cautivador e incesante. El mundo no ha presenciado nada como eso antes o después. El historiador Will Durant concluye:

"No hay un drama más grande en los registros de la humanidad que la visión de unos pocos cristianos despreciados y oprimidos por una sucesión de emperadores, soportando todos los juicios con una tenacidad feroz, multiplicándose en silencio, creando orden donde sus enemigos generaban caos, combatiendo la espada con la palabra, la brutalidad con la esperanza y derrotando finalmente al estado más fuerte conocido de la historia. César y Cristo se habían enfrentado en la arena, y Cristo había ganado".[16]

Fue la creencia de que Jesús había sido levantado de entre los muertos lo que provocó tal dedicación y sacrificio por parte de sus creyentes para obedecer sus mandamientos. De primero en la lista está el mandamiento de amar a sus enemigos. Es muy poco probable que sus seguidores hubiesen sido fieles a esas palabras habiendo terminado la vida de Jesús en la cruz. De hecho, el investigador del Nuevo Testamento N. T. Wright señala que ninguno de los autoproclamados Mesías del mundo antiguo seguía teniendo seguidores o algún tipo de influencia después de morir.

Uno pudiera añadir en dado acaso a los seguidores no solo de Juan el Bautista, sino de Judas de Galilea, Simón, Athrongeo, Eleazar ben Deinaus y Alexander, Menajem, Simón Bar Giora, y el mismísimo Bar-Kojba. Al enfrentar la derrota de su líder, los seguidores de estas figuras fueron acorralados o simplemente se dispersaron. La otra posibilidad era aferrarse a un nuevo líder. En el caso de la supuesta dinastía que fue conocida como los Sicarii, cuando moría un líder, simplemente escogían a otro líder de la misma familia. En ningún caso escuchamos a ningún grupo que, después de la muerte de su líder, afirmara que dicho líder estaba nuevamente vivo, y que por lo tanto la espera de Israel se había hecho realidad de alguna extraña manera. La historia, sin embargo, destaca esta pregunta: ¿Qué ocurrió para que los seguidores de Jesús expresaran desde el principio semejante afirmación y enfrentaran sus implicaciones?[17] Hoy necesitamos desesperadamente recuperar la misma convicción que tenían los primeros discípulos sobre la veracidad de este acontecimiento.

Más que una lección histórica

Los discípulos de Jesús se preguntaron: "¿Quién es este?" cuando lo vieron calmar la tormenta en el mar de Galilea con las palabras: "¡Silencio! ¡Cálmate!". Las multitudes se preguntaron lo mismo cuando cabalgó hasta Jerusalén una semana antes de ser crucificado, a la voz de "Hosanna" al rey. ¿La respuesta? Él es el Cristo, el Mesías.

Esta creencia ciertamente se basaba en las pruebas del poder de sus palabras y sus obras. Él sanó a los enfermos, alimentó a las multitudes, caminó sobre el agua e incluso resucitó a Lázaro. No era un hombre común y corriente. Se dijo que ningún hombre hablaba de la manera en que Él hablaba (Jn. 7:46). A pesar de que asistieron en primera fila para observar los tres años más asombrosos de la historia humana, los discípulos de Jesús aún tenían dudas. Si ellos lidiaban con la duda, habiendo visto los milagros ocurrir ante sus propios ojos, ¿cuáles son las probabilidades de que nosotros creamos estas cosas, dos mil años después de que ocurrieron? Esta pregunta destaca una verdad clave cuando se trata de nuestra relación con Dios: la fe es mucho más que solo creer la versión correcta de la historia. Aunque la muerte y resurrección de Jesús son definitivamente acontecimientos que se pueden juzgar históricamente, permanece una invitación que requiere dar un paso de fe.

Jesús le dijo a Pedro, luego de su asombrosa revelación de que Él era el Cristo: "Dichoso tú, Simón, hijo de Jonás[...], porque eso no te lo reveló ningún mortal, sino mi Padre que está en el cielo" (Mt. 16:17). Como los otros discípulos, Pedro había visto quien era Jesús en primera fila. Todos observaron los mismos milagros y escucharon las mismas palabras, pero fueron incapaces de llegar a la misma conclusión.

Se necesitaba algo más. La razón es que Dios no es un objeto que se pueda estudiar o una fuerza que se pueda medir, sino algo personal, es decir, relacional. Como en cualquier relación personal, no podemos forzar a alguien a hablar con nosotros, mucho menos a darnos información íntima. Piense en su propia vida. La gente puede saber de nuestra existencia, pero eso no significa que pueden forzarnos a decirles nuestros pensamientos, sentimientos o preferencias. En esencia, es imposible tener algún tipo de relación con alguien sin ser invitado. Pasa lo mismo con Dios. Su Espíritu le comunica a nuestros corazones el significado de estos hechos y luego nos extiende una invitación por medio de sus promesas. Si creemos en sus palabras, aceptaremos su invitación.

Dos mil años después de su resurrección esa invitación sigue en pie, y podemos aceptarla. Podemos tener un encuentro con el Señor tan real como el que tuvieron aquellos que caminaron con Él físicamente por las costas de Galilea y lo vieron después de su resurrección. De hecho Jesús les dijo a sus discípulos: "Les conviene que me vaya porque, si no lo hago, el Consolador no vendrá a ustedes; en cambio, si me voy, se lo enviaré a ustedes" (Jn. 16:7). Por supuesto, sugerir que Dios se comunica directamente con los seres humanos significa arriesgarse a sufrir el escarnio de los incrédulos. Es verdad, se ha abusado muchísimo en esto de que "Dios me dijo" algo. Sin embargo, esa presunción no significa que Dios no puede o no se comunica con nosotros. Con todo lo poderosas que puedan ser las pruebas que apoyen la verdad de la fe cristiana, el mayor privilegio que está a disposición de la humanidad es, sin duda, el de tener una relación personal con el Creador. Como escribió San Agustín: "Nuestros corazones no tienen descanso, hasta que encuentran descanso en ti".[18] Las Escrituras hablan del amor de Dios que "sobrepasa todo entendimiento". Saber algo sobre alguien es una cosa; conocer a ese alguien personalmente es algo muy diferente.

La evidencia histórica puede ayudar mucho a la gente en su viaje hacia Dios, pero no garantiza por sí sola que la persona entregue su vida completamente a Él. Los historiadores no pueden hacer afirmaciones sobre el pasado antiguo con certeza absoluta, sino que se apoyan en varios niveles de confianza. Es decir, los historiadores casi nunca hablan en términos *absolutos* sobre lo que ocurrió, sino de lo que *probablemente* ocurrió, como se puede observar en la siguiente cita: "Los historiadores no creen en la verdad absoluta de lo que escriben, solo en la verdad probable. No obstante, la imposibilidad de obtener una certeza absoluta no impide que los historiadores tengan algún grado de certeza".[19]

En otras palabras, la certeza absoluta solo es posible en ámbitos tales como las matemáticas. Pero las matemáticas no hablan directamente de hechos históricos. Sin embargo, algunos acontecimientos están apoyados por tantas pruebas, que las probabilidades de que hayan ocurrido son tan altas, que podemos, a efectos prácticos, decir con certeza que en verdad ocurrieron. "Los cálculos matemáticos no pueden demostrar la existencia y la vida de Alejandro Magno en siglo IV a. C. Pero las pruebas históricas que coinciden con ese hecho, hacen absurdo el negar que él vivió y cambió el rostro político y cultural del Medio Oriente",[20] comenta el autor e historiador Gerald O'Collins.

Las pruebas de la resurrección caen en esta categoría. Son tan abrumadoras según los patrones históricos más confiables, que negar tal acontecimiento es irracional si abordamos la evidencia de forma abierta y objetiva. Y ese es el verdadero reto. Nadie es realmente objetivo, ya que cada uno percibe el mundo a través de presunciones inconscientes y sesgadas. Las tendencias pueden ser el resultado de la crianza o la influencia de otros entornos culturales. Por ejemplo, una persona que fue criada para negar la existencia de lo sobrenatural, simplemente rechazará las pruebas que apoyan la resurrección, incluso antes de examinarlas. Las tendencias también pueden provenir de personas que viven en rebelión contra el Dios verdadero, y que entregan sus corazones a ídolos como el dinero, el poder y el estatus. Como afirmó el apóstol Pablo: "El dios de este mundo ha cegado la mente de estos incrédulos, para que no vean la luz del glorioso evangelio de Cristo, el cual es la imagen de Dios" (2 Co. 4:4).

El paso de confianza

La gran frecuencia del último caso ha ocasionado que muchas iglesias se concentren principalmente en el tema, ¿Cómo una persona puede creer en Jesús con todo su corazón? La pregunta en sí misma podría sugerir que hay una diferencia entre mente y corazón, que en ocasiones se le llama el espíritu. Sin embargo, enfatizar esta diferencia en exceso puede destruir la fe. El mandamiento más grande que Dios nos dio fue el de amarlo con todo nuestro corazón, toda nuestra mente, toda nuestra alma y todas nuestras fuerzas. Y Jesús enseñó que "Dios es espíritu, y quienes lo adoran deben hacerlo en espíritu y en verdad" (Jn. 4:24).

Si adoráramos a Dios solo con nuestras mentes, realizaríamos un simple ejercicio intelectual, limitado por nuestras habilidades y capacidades intelectuales. El verdadero amor, por el contrario, sobrepasa el aspecto meramente intelectual. Cualquier persona casada o enamorada puede dar fe de la naturaleza trascendental de amar a otra persona. Es una experiencia que incluye análisis y conocimiento, pero ese es solo una de sus dimensiones. Somos seres espirituales, no solo físicos, y sin embargo, la mente sigue siendo un aspecto esencial. La dimensión intelectual actúa como juez y árbitro de los hechos que tenemos a nuestra disposición. Necesitamos creer en nuestros corazones, pero sin despreciar nuestras mentes, ya que no se trata de elegir el uno o la otra. Esa elección fraudulenta es el freno que los escépticos aplican constantemente de que la fe y la razón son irreconciliables. Pero la verdad es que no solo ambos son compatibles, sino que están inseparablemente conectados.

Dios nos ha creado de tal manera que podemos entender algo en nuestro corazón (espíritu), aunque nuestra mente no pueda comprenderlo totalmente. ¿Cómo puede lo finito captar completamente lo infinito? Si las Escrituras, desde el principio hasta el fin, tienen un mensaje central, es el de la confianza. Dios nos da suficientes pruebas en el campo de las cosas que comprendemos, de que podemos confiar en Él en el campo de las cosas que no comprendemos.

Como padre de cinco hijos, he invertido mucho tiempo tratando de enseñarles a confiar en mí. Cuando estaban aprendiendo a nadar, les pedía que saltaran a mis brazos desde la orilla de la piscina, mientras yo estaba de pie dentro del agua. Ellos no entendían todas las razones por las que debían confiar en mí cuando yo les decía que dieran "un salto de fe", pero tenían pruebas suficientes para confiar en mis palabras y saltar. Yo en realidad les estaba pidiendo que dieran un paso de confianza. Lo que yo les pedía a mis hijos es similar a lo que Dios nos pide a todos. Él nos llama a que creamos en Él, no basados en una fe ciega, sino en las verdades que Él nos ha demostrado sobre su existencia, tanto en nuestras vidas como a lo largo de la historia.

Resumen

La disputa normalmente no es contra los hechos históricos, sino contra las presuposiciones y los puntos de vista de quienes interpretan tales hechos. Cuando escuchemos y sopesemos las pruebas de la existencia de Jesús, seremos capaces de saber con certeza que Él es el Hijo de Dios. Del capítulo 2 al 5 se demostrará que hay pruebas abrumadoras de que Jesús fue un personaje histórico, que fue crucificado, que murió, fue enterrado y resucitó. Además, estos capítulos comprobarán que los Evangelios son una versión confiable de la vida, el ministerio y las enseñanzas de Jesús. En el capítulo 6, se desechará la noción absurda de que la vida de Jesús tuvo su origen en la mitología pagana. En el capítulo 7, se demostrará que Jesús era el Mesías prometido, que vino a salvar al mundo. En el capítulo 8 se profundizará en este tema, comprobando que Jesús sí hizo milagros y que sus seguidores continuaron realizando milagros en su nombre después de su muerte hasta nuestros días. Finalmente, en los capítulos 9 y 10 se explica cómo usted puede llegar a conocer a Jesús personalmente y cumplir el propósito de Él en su vida.

2

LOS HECHOS MÍNIMOS

Que hasta los escépticos creen

*Habermas ha compilado una lista de más de 2200
recursos en fracés, alemán, e inglés en la cual los
eruditos escribieron sobre la resurrección desde el 1975
hasta el presente. Él ha identificado hechos mínimos
que son prueba contundente y que se considera histórica
por una mayoría de expertos, incluyendo escépticos.[1]*

—MICHAEL LICONA

SIENDO UN JOVEN ESTUDIANTE DE DOCTORADO EN
la Universidad Estatal de Míchigan, Gary Habermas estaba en
un punto crítico de su fe cristiana. No es poco común escuchar este tipo de historias en la marea de debates y especulación que rodea la creencia de que las Escrituras son la Palabra
de Dios revelada a la humanidad. Gary estaba tan abatido y
exhausto por esto, que consideró la idea de hacerse budista.
Había leído en la Biblia que el apóstol Pablo dijo que si Cristo
no había resucitado, el cristianismo era falso o, como dijo en
1 Corintios 15:17: "La fe de ustedes es ilusoria". De esto con-
cluyó que si confiaba en que la resurrección realmente había
ocurrido, podría salvar su fe. Le propuso a su comité doctoral su deseo de escribir sobre la resurrección de Jesús. El comité estaba compuesto de un investigador judío y otras dos
personas que no creían que la Biblia fue inspirada por Dios.

El jefe del comité le dijo: "Está bien, solo te pedimos que no vengas a decirnos que Jesús resucitó porque la Biblia lo dice".

Mientras investigaba sobre las pruebas históricas de la resurrección, reunió un conjunto de hechos que la mayoría de historiadores aceptarían independientemente de si eran cristianos, agnósticos o ateos. Llamaría a este procedimiento el Método de los "hechos mínimos".[2] Está diseñado para discutir la fe con escépticos e incrédulos, ya que demuestra que las creencias bíblicas, particularmente la resurrección, no son un asunto de fe, sino que se basa en hechos históricos.

El Dr. Michael Licona, un historiador y defensor del método de los hechos mínimos, afirma que "existen tantas pruebas de que algunos hechos ocurrieron, que son virtualmente innegables. Estos hechos se denominan 'bases históricas' [...]. Las bases históricas incluyen aquellos hechos que cumplen con dos criterios: Uno, existen tantas pruebas de que ocurrieron, que los historiadores pueden considerarlos de forma justa como hechos históricos. Dos, la mayoría de los investigadores modernos los consideran hechos históricos".[3] Los tipos de pruebas específicas que conducen a la designación de un hecho histórico pueden clasificarse en varias categorías. Como se mencionó anteriormente, se considera que es altamente probable que un hecho histórico haya ocurrido si fue reportado por múltiples fuentes independientes. Paul Maier afirma que "muchos acontecimientos de la Era Antigua se basan en una sola fuente, mientras un acontecimiento certificado por dos o tres fuentes generalmente se considera indiscutible".[4]

Además, las fuentes se consideran más confiables si se originan poco tiempo después de que los acontecimientos ocurrieron. Tercero, los textos se consideran más confiables si registran detalles que provocarían vergüenza en los autores. Cuanto más de estos criterios reúnan los datos históricos, más probable será que una afirmación histórica sea reconocida como un hecho.

El proceso de evaluar una demanda histórica por medio de estos criterios es, en esencia, el método científico aplicado a la historia. El método de los hechos mínimos proporciona una base común para iniciar una discusión significativa. Para mí, que creo firmemente en la confiabilidad de las Escrituras, este método representó una verdadera salida para comunicarle la verdad del evangelio a los no creyentes que dudaban de la credibilidad de la Palabra.

También sirve como herramienta para debatir con los escépticos radicales que no toman en cuenta las pruebas reales que sustentan la fe cristiana y solo afirman cosas absurdas como que Jesús no existió. Su enfoque podría llamarse "duda ciega". Este escepticismo nunca podría ser usado por los historiadores de la era antigua sin afectar la disciplina entera, "si se aplicara el mismo escepticismo que algunos investigadores aplican a los Evangelios a otras fuentes de la era antigua, sabríamos muy poco sobre esa época".[5]

Los hechos son un asunto muy problemático. Suelen presentarse bajo la forma de un oponente que afirma que no existen pruebas de que el cristianismo es real. En este capítulo examinaremos algunos de los muchos hechos que investigadores como Habermas han determinado como hechos mínimos. Los hechos mínimos incluyen acontecimientos que se mencionan tanto fuera como dentro de las Escrituras. Recuerde que incluso el escéptico más radical acepta que algunas cosas en la Biblia son ciertas.

Antes de entrar en el tema de los hechos mínimos, examinaremos la premisa más obvia de la fe cristiana y que algunos han puesto en duda: "¿Realmente existió Jesús?". La existencia de Jesús no está en la lista de los hechos mínimos por una razón obvia: por supuesto que existió.

Sin embargo, como estamos al tanto de que habrá muchos que querrán rebatir este hecho para trivializar lo que Él realmente dijo, hizo, y fue, comenzaremos nuestra discusión en este nivel básico.

¿Cuál es la mejor explicación de los hechos?

Mientras establecemos cuales son los hechos históricos que rodean la vida y muerte de Jesús, podemos evaluar la resurrección desde un punto de vista histórico, no solo desde una posición basada en la fe. Este método se denomina "la inferencia de la mejor explicación" o "el razonamiento abductivo". Cuando observamos los hechos, podemos ver que la tesis de la resurrección de Jesús cumple con los hechos mínimos de forma perfecta y única. El obstáculo principal para llegar a esta conclusión es tener un compromiso predeterminado con el naturalismo, la filosofía que niega la posibilidad de lo sobrenatural. Evaluaremos con más detalle el fracaso de las explicaciones naturalistas en el capítulo 5. Utilizando este método, nos embarcaremos en el estudio de los hechos que nos llevan a la conclusión final de que Jesús fue levantado de entre los muertos físicamente, con lo cual validó su identidad como el Hijo de Dios.

Noticia de última hora: ¡Jesús vive!

Hasta hace algunos años, la opinión de los historiadores había sido casi unánime al afirmar que Jesús fue un personaje histórico. El surgimiento del ateísmo en la última década ha conllevado el surgimiento de escépticos prominentes, quienes simplemente expresan sus "dudas" sobre la existencia de

Jesús, sin dar ningún tipo de pruebas creíbles. He escuchado a ciertos ateos destacados como Richard Dawkins y otros decir cosas como: "Jesús, si es que alguna vez existió...". Es importante notar que estos hombres no son historiadores y que simplemente sostienen estas hipótesis en contra, aparentemente con la esperanza de que nadie los contradiga por el hecho de que son científicos. Desde entonces Dawkins se ha retractado y admite que Jesús existió.[6]

Esta actitud arrogante se ha inoculado en el centro mismo de la cultura popular, así como en la blogósfera y en páginas de Internet ateas. Es como leer las noticias en los tabloides amarillistas de la tienda de víveres, que tienen titulares como: "Fui secuestrado por los extraterrestres". Como puntualizó uno de las voces escépticas más importantes, Bart Erhman: "Jesús existió, y las personas que lo niegan lo hacen no porque han tomado en cuenta las pruebas desde el punto de vista imparcial de los historiadores, sino porque tal negación sirve a otros intereses ocultos".[7]

Este hecho histórico es aceptado por los historiadores serios, independientemente de sus creencias religiosas. La vida de Jesús, que duró aproximadamente treinta y tres años, es aún la más importante en toda la historia de la humanidad. Sus enseñanzas son la base de la civilización, dos mil años después.

El hecho de tener que discutir constantemente que Jesús fue una persona real demuestra lo difícil que es vivir en una era donde la información muta rápidamente en desinformación. Los escépticos radicales negarán cualquier hecho que no concuerde con su narración favorita. Para los escépticos que tratan desesperadamente de negar cualquier prueba histórica que apoye la credibilidad de la fe cristiana, es imposible aceptar la existencia real de Jesús.

Es un poco irónico que yo me encuentre escribiendo este capítulo en Jerusalén. Es muy difícil encontrar a alguna persona que habite estas tierras en la actualidad que pueda negar que Jesús existió. La influencia que su vida tuvo en este lugar es innegable. Las multitudes llegan desde todos los rincones del mundo para recorrer los lugares donde Jesús vivió, predicó e hizo milagros. Desde hace mucho tiempo creo que cualquier persona que dude de que Jesús existió solo debería venir a Israel y hacer un recorrido de una semana. No hay necesidad de un historiador o investigador; cualquier guía turístico puede corregirlo. Pero para algunos individuos, especialmente menores de treinta años en Estados Unidos, este hecho ha venido a ser algo incierto.

Hace poco estaba reunido con Heath Adamson, uno de los comunicadores jóvenes más importantes de Estados Unidos. Luego de escuchar mi intervención sobre un libro de mi autoría que habla sobre la existencia de Jesús, hizo una pausa y dijo: "Esta es la pregunta más importante que le podemos responder a los jóvenes que luchan por encontrar su fe: ¿Realmente existió Jesús? Si Jesús nunca vivió, entonces todo esto de la fe en Él es una farsa".

A nivel superficial, la motivación de esa duda ciega es obvia. Si Jesús nunca existió, no tenemos que molestarnos en llevar a cabo la difícil labor de buscar evidencias de sus palabras o sus obras, ni ninguno de los demás hechos históricos que requieren ser estudiados.

Tal y como ocurre con el debate que rodea la existencia de Dios, los escépticos piensan que repitiendo la frase mágica una y otra vez: "No hay pruebas de la existencia de Dios…No hay pruebas de la existencia de Dios", todo simplemente desaparecerá. Parece que intentan realizar el mismo truco con la existencia de Jesucristo.

En la película *Dios no está muerto 2*, la discusión gira sobre el tema de que si un profesor debe o no mencionar el nombre de Jesús en el salón de clases. Si Jesús vivió, ¿por qué no se puede estudiar su vida? Especialmente debido a la influencia que tuvo, que aún se siente en nuestros días. Incluso quienes lo adversan admiten que sus palabras cambiaron al mundo y nos dieron unas normas éticas sin igual en la historia. William Lecky no era amigo de los cristianos, todo lo contrario, sin embargo escribió:

> Ese cristianismo que sigue a su líder ha demostrado ser capaz de operar en todas las edades, naciones y situaciones; no ha sido solo el patrón más alto de virtud, sino el incentivo más fuerte para practicarla, y ha ejercido una influencia tan fuerte que en verdad se puede decir que en un lapso de tiempo tan corto como tres años de vida activa, ha hecho más por regenerar y sensibilizar a la humanidad que todas las reflexiones de los filósofos y todas las exhortaciones de los moralistas.[8]

La motivación real que los escépticos tienen para negar que Jesús vivió, no son las pruebas. Con frecuencia quieren atacar al cristianismo de cualquier manera debido a los actos de maldad que han perpetrado los autodenominados cristianos. Lamentablemente, esta perspectiva representa un trágico malentendido de la historia. Los actos de maldad realizados en nombre de Jesús, las atrocidades que se llevaron a cabo durante las Cruzadas, la Inquisición, los ataques contra los judíos, todo esto se opone directamente a sus palabras. Él incluso predijo que muchos lo llamarían "Señor, Señor", pero no harían lo que Él les dijo (Lc. 6:46).

Además, muchos de los seguidores de Jesús terminarían siendo asesinados por proclamar que Él vivió, murió y resucitó.

¿Quién podría beneficiarse inventando una enseñanza que incluya ideas como "ama a tus enemigos" y "el más grande entre ustedes será su servidor"?

Los líderes religiosos, ciertamente, no inventarían un personaje que los exhortara a abandonar la hipocresía. Las autoridades romanas no pudieron tampoco haber inventado esta historia, ya que no les convenía que su autoridad fuera cuestionada. No, las pruebas son abrumadoramente claras. El Jesús de la historia es realmente el Cristo de la fe que registran las Escrituras. El primer paso, y el más importante, es saber lo que representan estas pruebas históricas. Al hacerlo, estaremos preparados para manejar las hipótesis sin fundamento que circulan en nuestra cultura, con el fin de minar la fe en la credibilidad de la historia cristiana.

Recuerde, buscamos pruebas históricas aceptadas incluso por aquellos que no crean en lo absoluto en las veracidad de las Escrituras. Como veremos claramente en el capítulo 3, los Evangelios son creíbles y una fuente excelente de información para determinar que pasó, desde el punto de vista histórico, en la vida de Jesús. No obstante, para debatir con los escépticos en su propio campo y esgrimir pruebas aceptadas por los historiadores, podemos afirmar que los siguientes acontecimientos fueron reales.

Él fue crucificado

El hecho mínimo es que Jesús murió crucificado. La cruz es el símbolo de la fe cristiana, e indudablemente el emblema religioso más reconocido en el mundo. Casi dos mil millones de personas creen que la crucifixión de Jesús tuvo algo que ver con la absolución de sus pecados. En el próximo capítulo analizaremos en profundidad las razones que llevaron a su crucifixión y el efecto que tuvo su muerte en nuestra relación

31

con Dios. Aquí demostraremos el hecho de que su ejecución ocurrió realmente. No solo está registrada en los cuatro Evangelios, sino que virtualmente todos los documentos de la iglesia primitiva hacen alusión a este acontecimiento.

Las pruebas más importantes son los registros de historiadores y escritores que no creían en la causa cristiana. Cuando un enemigo u oponente se refiere a un acontecimiento, los historiadores consideran este hecho una prueba de autenticidad. La fuente judía más reconocida es Flavio Josefo, un historiador judío que era empleado de los romanos y escribía en los días de Cristo. Él escribiría: "Cuando Pilato, después de haber escuchado que los hombres más importantes entre nosotros lo acusaban, lo había condenado a ser crucificado...".[9]

Una segunda fuente es Tácito, considerado por muchos el historiador romano más importante, procónsul de Asia en el 112–113 d. C. Su última obra, *Anales*, fue escrita alrededor de 116–117 d. C., y en ella afirmaba que "Nerón le echó la culpa [del incendio de Roma] y le infligió las torturas más sofisticadas a una clase odiada por sus abominaciones, a quienes el populacho denominaba los cristianos. Cristus, quien dio nombre al movimiento, sufrió la pena máxima durante el reino de Tiberio, a manos de uno de sus procuradores, Poncio Pilato".[10]

Otra fuente romana fue Luciano. Fue un escritor del siglo II, que escribió: "Los cristianos, ustedes saben, adoran a un hombre hasta el día de hoy; el distinguido personaje que introdujo sus ritos innovadores, y que en esa narración fue crucificado".[11]

Como ejemplo final, la recopilación de enseñanzas judías conocida como el Talmud, reporta que "en la víspera de la Pascua, *Yeshu* fue colgado".[12] *Yeshu* es "Yoshua" en hebreo y su equivalente en griego es "Jesús". En la era antigua, la crucifixión se describía como ser colgado de un árbol.

El recuento total del juicio y la ejecución de Jesús, así como la persecución de sus discípulos, dejó una huella en la historia que da testimonio de la veracidad de estos acontecimientos fatídicos. La muerte de Jesús por crucifixión es un hecho histórico respaldado por una cantidad considerable de pruebas. De hecho, en el espectro de las probabilidades históricas, la crucifixión de Jesús "durante el mandato de Poncio Pilato", es la afirmación más verídica de todas aquellas que se relacionan con Jesús.[13]

Su tumba fue hallada vacía

Otro hecho histórico es que, después de la crucifixión de Jesús, un grupo de seguidoras halló su tumba vacía. Habermas no incluye técnicamente la tumba vacía en los hechos mínimos, ya que el número de investigadores que lo acepta es de setenta y cinco por ciento[14] (en comparación con más del noventa por ciento para los demás hechos mínimos[15]). Este descenso probablemente se debe a las profundas implicaciones que tiene una tumba vacía. Si Jesús fue enterrado después de su muerte, la tumba vacía sería una prueba adicional decisiva de que los discípulos vieron a un Jesús físico.

A pesar de la poca aceptación, la cantidad de pruebas de que la tumba estaba vacía es enorme. Primero, los cuatro Evangelios mencionan que las mujeres fueron las primeras testigos presenciales. Este hecho es importante porque el testimonio de las mujeres, en líneas generales, era rechazado en los juicios de la era antigua.[16] Así que ningún escritor del siglo I pudo haber inventado esta historia. Los cuatro Evangelios también mencionan específicamente que José de Arimatea le reclamó el cuerpo de Jesús a Pilato inmediatamente y lo colocó dentro de la tumba. Además, el primer credo que Pablo menciona en 1 Corintios 15:4 dice: "Él fue sepultado". Si Él fue sepultado, la tumba debió haber sido un marcador tanto geográfico como histórico. Lo único que las autoridades romanas y judías habrían tenido que hacer era mostrar el cuerpo sin vida de Jesús y la historia cristiana se habría acabado súbitamente.

Los escépticos tratan de negar esta evidencia afirmando que Jesús no habría recibido un entierro como es debido, sino que los romanos habrían lanzado su cuerpo a las bestias salvajes. En primer lugar, tal acción habría violado las leyes romanas, que establecían que las costumbres de las naciones ocupadas por ellos debían respetarse tanto como fuera posible.[17] Dichas leyes fueron promulgadas con el fin de mantener la paz.[18] Además, la ley judía ordenaba expresamente que los cuerpos de los condenados fuesen enterrados para que la tierra no se contaminara. "Si alguien, por ser culpable de un delito, es condenado a la horca, no dejarás el cuerpo colgado del árbol durante la noche sino que lo sepultarás ese mismo día. Porque cualquiera que es colgado de un árbol está bajo la maldición de Dios. No contaminarás la tierra que el Señor tu Dios te da como herencia" (Dt. 21:22–23).

Craig Evans, investigador del Nuevo Testamento, afirma: "Dadas las costumbres y usos de los judíos, se esperaría que hubiese ocurrido, que incluso se hubiese exigido, un entierro".[19] También es importante tomar en cuenta que la tradición de la primera Iglesia es unánime sobre la ubicación del lugar de la tumba. Y dicho lugar se encuentra dentro de los muros de Jerusalén, luego de que estos fueran reposicionados más hacia el exterior entre los años 41 y 43 d. C. La costumbre exigía que Jesús fuera enterrado fuera de los muros, así que la tradición sobre la ubicación del lugar tiene que remontarse hasta los primeros diez años después de la resurrección. Las probabilidades de que la historia de una tumba fuera inventada tan poco tiempo después de ocurrir los acontecimientos reales, es remota.[20] Una evidencia tan abrumadora indica que el escepticismo de quienes niegan la sepultura y la tumba vacía, no tiene ningún tipo de base histórica sólida.

Sus discípulos creían que Él se les apareció

El segundo hecho mínimo son las experiencias de los discípulos relacionadas con el Jesús resucitado. Las pruebas que respaldan este hecho son iguales a las de la crucifixión. Cómo los historiadores estarían dispuestos a explicar tales apariciones, es un asunto diferente. Aunque los escépticos no reconocen una verdadera resurrección ni una aparición de cuerpo presente, aceptan que es un hecho que sus discípulos y escépticos, como Pablo (que era un perseguidor) y Santiago (el hermano de Jesús) creyeron que Él se les apareció después de su muerte. Luke Timothy Johnson, en su libro *The Writing of the New Testament*, afirma:

> "*Algo ocurrió* en las vidas de hombres y mujeres reales, que ocasionó que percibieran sus vidas de una manera nueva y radicalmente diferente.[...]Si aceptamos que algo pasó, entonces, debemos enfrentarnos a la pregunta aún más difícil: ¿Qué fue lo que pasó? ¿Qué pudo haber sido tan profundo y poderoso como para transformar a seguidores timoratos en audaces líderes proféticos? ¿Qué poder pudo transformar a un perseguidor fanático en un ferviente apóstol?" (en itálicas en el original).[21]

Una de las pruebas más poderosas de esta conclusión viene del recuento de Pablo de lo que escuchó de los testigos de las apariciones. Los investigadores aceptan en gran medida que Pablo fue el autor del libro de Gálatas, donde describe como vio al Señor en el camino de Damasco, y tres años después fue a Jerusalén y habló con Pedro y Santiago. De estos encuentros, Pablo detalla en 1 de Corintios las apariciones:

"Porque ante todo les transmití a ustedes lo que yo mismo recibí: que Cristo murió por nuestros pecados según las Escrituras, que fue sepultado, que resucitó al tercer día según las Escrituras, y que se apareció a Cefas, y luego a los doce. Después se apareció a más de quinientos hermanos a la vez, la mayoría de los cuales vive todavía, aunque algunos han muerto. Luego se apareció a Jacobo, más tarde a todos los apóstoles, y por último, como a uno nacido fuera de tiempo, se me apareció también a mí" (1 Co. 15:3–8).

Pablo escribe una lista de los testigos clave que dieron testimonio de la resurrección de Jesús.

Otro indicador importante del hecho de que los discípulos creyeron haber visto a Jesús resucitado fue la transformación de sus vidas y sus caracteres. Santiago, el medio hermano de Jesús, por ejemplo, no era su seguidor al principio de su ministerio. De hecho, era un escéptico y un crítico, al igual que el resto de la familia de Jesús (Mc. 3:21; Jn. 7:5). Pero después de ver a Jesús vivo, se convirtió en un líder de la Iglesia primitiva en Jerusalén, y murió apedreado, según los registros del historiador Josefo.[22] Los otros discípulos también pasaron de ser incrédulos desilusionados a audaces proclamadores de la resurrección. Muchos de ellos fueron martirizados por afirmar que Cristo se había levantado de entre los muertos. Tenemos buena evidencia de que algunos fueron martirizados.[23]

Hay historias de otros individuos que se proclamaron como el Mesías, pero luego de sus muertes sus seguidores rápidamente se dispersaron y el movimiento desapareció. Se habla de este ejemplo en el libro de Hechos (5:34–39) cuando los líderes religiosos se enfrentaron con la noticia de que Jesús estaba vivo. El hecho de que el movimiento creció con base en el testimonio de cientos de personas de que Jesús estaba vivo, demostraba que la conclusión más lógica era que las proclamadas apariciones eran genuinas.

Los Evangelios nos proporcionan un respaldo adicional. Mateo y Lucas escribieron que Jesús se les apareció a los discípulos después de su resurrección en Galilea:

> "Los once discípulos fueron a Galilea, a la montaña que Jesús les había indicado. Cuando lo vieron, lo adoraron; pero algunos dudaban. Jesús se acercó entonces a ellos y les dijo: 'Se me ha dado toda autoridad en el cielo y en la tierra. Por tanto, vayan y hagan discípulos de todas las naciones, bautizándolos en el nombre del Padre y del Hijo y del Espíritu Santo'" (Mt. 28:16–19).

Juan también describe algunas apariciones, y el probablemente original final de Marcos menciona que estas pronto habrían de ocurrir (Mc. 16:7). Los escépticos no aceptan todos los detalles exactos de las narraciones sobre las apariciones. Ni aceptan que Jesús en realidad estuvo de cuerpo presente. Sin embargo, la mayoría de los investigadores más importantes reconocen que tales apariciones, al ser reportadas por múltiples fuentes independientes, incluyendo las de los Evangelios y la del apóstol Pablo, de alguna manera realmente ocurrieron.

Los resúmenes de los sermones y las prédicas que se encuentran en el libro de Hechos, nos ofrecen pruebas adicionales. Se advierte que muchos investigadores no aceptarán el libro de Hechos como una fuente histórica confiable, así que esto técnicamente no forma parte del argumento de los hechos mínimos. No obstante, el capítulo siguiente demostrará que una evaluación honesta del libro demostrará contundentemente que es una fuente confiable. En particular, un historiador del calibre de Lucas, representaría fielmente el contenido original de los hablantes.[24] Y Lucas (el autor) tenía acceso a los testigos presenciales y otras fuentes muy cercanas. El libro de Hechos menciona expresamente que Lucas era uno de los compañeros de viaje de Pablo, y que lo acompañó a Jerusalén cuando se encontró con Santiago y los ancianos (Hch. 21:18). Por lo tanto, los resúmenes representan una evidencia sólida de los testimonios de los apóstoles sobre las apariciones.

Por ejemplo, Pedro los menciona en su mensaje a los primeros creyentes gentiles:

"Nosotros somos testigos de todo lo que hizo en la tierra de los judíos y en Jerusalén. Lo mataron, colgándolo de un madero, pero Dios lo resucitó al tercer día y dispuso que se apareciera, no a todo el pueblo, sino a nosotros, testigos previamente escogidos por Dios, que comimos y bebimos con él después de su resurrección" (Hch. 10:39–41).

También se les describe en el mensaje que Pablo dio en su primer viaje misionero a una sinagoga judía:

"Aunque no encontraron ninguna causa digna de muerte, le pidieron a Pilato que lo mandara a ejecutar. Después de llevar a cabo todas las cosas que estaban escritas acerca de Él, lo bajaron del madero y lo sepultaron. Pero Dios lo levantó de entre los muertos. Durante muchos días lo vieron los que habían subido con Él de Galilea a Jerusalén, y ellos son ahora sus testigos ante el pueblo" (Hch. 13:28–31).

Se podrían añadir algunos otros ejemplos para demostrar que las apariciones eran un aspecto clave en los testimonios de los apóstoles.

La rápida proclamación

El tercer hecho mínimo es la prontitud con la que se proclamó la resurrección. El cristianismo nació en el lugar donde menos se esperaba que ocurriera, donde era más fácil desmentirlo: en Jerusalén, tres días después de su muerte. Aunque los investigadores más importantes admiten que la resurrección de Jesús se proclamó rápidamente, los escépticos profesionales frecuentemente intentan oscurecer, incluso negar este hecho (obviamente, por las implicaciones que tiene). En vez de enredarse en debates, ciertas obras de ficción populares, como *El código Da Vinci,* afirman que el cristianismo se fortaleció gracias a Constantino, en el año 325 d. C. La verdad es que la prédica de la resurrección puso al mundo de cabeza desde el principio. Como se mencionó anteriormente, 1 Corintios 15:3-8 representa un primer credo, el cual Pablo recibió de Pedro *menos de cinco años después* de la muerte de Jesús, durante su visita a Jerusalén. Como los credos requieren de tiempo para convertirse en estándares, la enseñanza original tuvo que haberse originado algunos años antes.[25]

Además, también se menciona en el libro de Hechos que la muerte, sepultura y resurrección de Jesús formaban parte de los primeros sermones. Las pruebas del libro de Hechos son significativas, pero para mantenernos dentro de los criterios de los hechos mínimos, se las clasificará como pruebas complementarias por las mismas razones que se mencionaron anteriormente. Además, los padres de la iglesia primitiva como Policarpo, Ignacio y Papías escribieron sobre el rápido comienzo de la fe y la importancia central que tiene la resurrección. Estas fuentes se discutirán con mayor profundidad en el capítulo 3.

Estas pruebas hacen de la rápida proclamación del evangelio un hecho histórico, el cual es aceptado por virtualmente todos los investigadores del Nuevo Testamento. Incluso Bart Ehrman ubica la prédica de la resurrección dentro de los primeros dos años posteriores al acontecimiento. James D. G., uno de los investigadores más renombrados del mundo, lo ubica dentro de los primeros meses posteriores a la resurrección. Y Larry Hurtado, un pionero en el estudio de la iglesia primitiva, ubica la prédica dentro de los primeros días posteriores al acontecimiento.[26] Por lo tanto, el mensaje cristiano no está basado en un mito que se desarrolló con el paso de los años dentro de la Iglesia. No se basa en algún tipo de delirio colectivo desencadenado por el dolor que sentían los discípulos por haber perdido a su amado líder; un escenario como ese habría tardado un período de tiempo más extenso para desarrollarse. La rápida proclamación de la resurrección de Jesús de Nazaret y, en consecuencia, su proclamación como el Mesías prometido, comenzó poquísimo tiempo después de su muerte, y solo este mensaje pudo haber producido tales congregaciones de fieles creyentes por todo el mundo mediterráneo en tan poco tiempo.

Saúl de Tarso

Como un hecho mínimo final, los historiadores están virtualmente de acuerdo en afirmar que Saúl de Tarso, también conocido como Pablo, era un opositor ferviente a la nueva secta del judaísmo llamada cristianismo, pero fue transformado en un defensor de la fe después de creer que se había encontrado con Jesús resucitado. Los investigadores también aceptan que él escribió al menos siete de las epístolas (cartas) del Nuevo Testamento donde aparece su nombre. Una de sus mayores contribuciones fue interactuar con los testigos del ministerio de Jesús y transmitirnos sus testimonios (1 Co. 15; Gal. 1 y 2). Él describe cómo conoció a Santiago, el hermano de Jesús, a Juan, y a Pedro: "Fui en obediencia a una revelación, y me reuní en privado con los que eran reconocidos como dirigentes, y les expliqué el evangelio que predico entre los gentiles, para que todo mi esfuerzo no fuera en vano" (Gal. 2:2). Bart Ehrman habla de que Pablo pasó quince días con Pedro (Gal. 1:18). Ehrman, como cualquier otra persona interesada en el cristianismo, dice que le hubiese encantado pasar quince días con Pedro.

¿Por qué entonces los historiadores aceptan el testimonio de Pablo como parte de las bases históricas? Primero, como ya hemos mencionado, Pablo nos proporciona su propio testimonio. El acontecimiento de su visión del Cristo resucitado no solo fue narrado por el propio Pablo, sino por Lucas, un historiador y su compañero de viajes, que también escribió sobre el espectacular encuentro en el libro de Hechos (Hch. 9:27). Segundo, él inicialmente fue un enemigo acérrimo del movimiento cristiano, así que los historiadores le dan más peso a sus afirmaciones sobre los acontecimientos que registró. No había un oponente más grande del naciente movimiento que él. Imagínese que alguien como Richard Dawkins se convierta y termine siendo el mayor defensor de Cristo. Así fue la magnitud de la salvación de Saulo. Tercero, proporcionó testimonios vergonzosos sobre sí mismo y un arrepentimiento total por sus acciones. Admitir que estaba equivocado en sus esfuerzos incansables por desacreditar y destruir el cristianismo, es considerada una prueba muy creíble. Cuarto, tenía una buena educación, y escribió con el mayor detalle su encuentro con el Cristo resucitado y su consiguiente transformación (Gal. 1–2). Finalmente, estuvo dispuesto a sufrir y morir por el movimiento cristiano al que anteriormente perseguía. Fue martirizado por Nerón en el año 64 d. C.[27] Gary Habermas afirma:

"Imaginemos a Saulo, un ciudadano romano, renunciando voluntariamente a las ventajas que ese estatus le otorgaba, y sometiéndose voluntariamente al castigo de la pena de muerte, todo porque se rehusó a negar que Jesús en realidad había sido levantado de entre los muertos, y que por lo tanto era el Mesías prometido. Este punto está bien documentado, y fue reportado por el propio Pablo, así como también por Lucas, Clemente de Roma, Policarpo, Tertuliano, Dionisio de Corinto y Orígen. Por lo tanto, tenemos un testimonio rápido, múltiple y de primera mano de que Pablo pasó de ser un oponente acérrimo del cristianismo a uno de sus defensores más apasionados".[28]

Todas las pruebas llevan a la conclusión de que la transformación de Saulo ocurrió porque creyó haber visto a Jesús resucitado.

Otros hechos mínimos

Hemos incluido los cinco (técnicamente, uno más cuatro) hechos mínimos más comúnmente utilizados para defender la resurrección. Sin embargo, existen muchos más que la mayoría de los investigadores aceptaría. Mencionaré brevemente dos hechos mínimos adicionales y un acontecimiento fuertemente respaldado, que trataré con mayor detalle en los siguientes capítulos.

Santiago, el escéptico, se convirtió en discípulo de Jesús

El primer hecho mínimo adicional es que Santiago, el medio hermano de Jesús fue en principio un escéptico y crítico del ministerio de su hermano (Mc. 3:20–21; Jn. 7:1–5). Sin embargo, más tarde llegó a creer que Jesús era el Hijo de Dios, cuando lo vio vivo después de su muerte. La aparición de Jesús a Santiago se menciona en el credo de 1 Corintios 15. Santiago también sería luego el líder de la iglesia en Jerusalén (Hch. 15:13-21). Y fue martirizado por los líderes religiosos de Jerusalén, como lo registraron Eusebio y Josefo.[29] Algo extraordinario tuvo que haber ocurrido para convencer a un escéptico de que su hermano era el salvador del mundo.

Fundación y crecimiento de la Iglesia cristiana

El segundo hecho mínimo adicional tiene que ver con el súbito nacimiento y crecimiento de la Iglesia cristiana. Virtualmente, todos los investigadores están de acuerdo en que la Iglesia fue fundada inmediatamente en Jerusalén y tuvo una rápida expansión. Las cartas de Pablo evidencian que se plantó una cantidad sustancial de iglesias por todo el Imperio Romano, desde Judea, pasando por Grecia y Roma, unas pocas décadas después de la resurrección. La rápida expansión fue confirmada también por los escritos de líderes e historiadores romanos como Plinio el Joven, Suetonio, Tácito, e incluso el Talmud judío. Los autores no habían tomado en cuenta a los primeros cristianos hasta que el número de ellos fue significativo.

Juan el Bautista bautizó a Jesús

El acontecimiento final, respaldado por pruebas históricas significativas, es que Juan el Bautista bautizó a Jesús.[30] Se menciona a Juan en los cuatro Evangelios. El bautismo como tal se menciona en los Evangelios de Marcos, Mateo y Lucas (Mc. 1:9-11; Mt. 3:13-17; Lc. 3:21-22), y el Evangelio de Juan sugiere que ocurrió (Jn. 1:29-34). Todos los Evangelios describen los aspectos sobrenaturales del ministerio de Jesús. Además, Juan bautizaba a la gente para el perdón de los pecados. Así que el hecho de que bautizara a Jesús podía implicar que Jesús era inferior a Juan, lo que debió haber sido vergonzoso para la primera Iglesia. Como tal, es poco probable que esta historia haya sido inventada. Estos hechos han convencido incluso a los investigadores liberales de que este acontecimiento es histórico.[31]

Resumen

Recuerdo haber escuchado que ciertos acontecimientos de la vida y muerte de Jesús, así como otros acontecimientos subsiguientes, eran considerados hechos históricos incluso por los escépticos. Aunque yo creía en la veracidad de las historias bíblicas, no sabía cómo comunicar estos hechos de forma efectiva a los demás. Al utilizar el método de los hechos mínimos, como lo propone el Dr. Gary Habermas, fui capaz de hacer confluir esos acontecimientos clave y presentárselos claramente a los demás. Este método me ayudó a acrecentar mi propia fe, y espero que a usted pueda ayudarle a fortalecer su propia fe y su manera de comunicarla de manera efectiva a otras personas.

3

PODEMOS CONFIAR EN LOS EVANGELIOS

Por qué la Biblia es confiable

"Es probable que un hombre, cuya precisión pueda ser demostrada con cosas que seamos capaces de probar, sea igualmente preciso cuando no contemos con los medios para probar tal precisión. La precisión es un hábito de la mente, y sabemos gracias a la experiencia acumulada, que algunas personas normalmente son precisas y que otras pueden no serlo tanto. Los registros de Lucas hacen que lo consideremos como un autor poseedor de una precisión habitual".[1]

—F. F. BRUCE

MUCHOS HIJOS PIENSAN QUE SUS PADRES SON sus héroes. Yo soy uno de ellos. Mi padre sirvió en la Marina durante la II Guerra Mundial, en un submarino llamado USS Barb. Gracias a sus acciones valerosas durante numerosos conflictos en el mar, el Almirante de la nave recibió la Medalla de Honor del Congreso. Toda su tripulación recibió el mismo reconocimiento.

Mi padre aún puede recordar vívidamente muchos de los acontecimientos que ocurrieron hace setenta años. Para él fue un período inolvidable que duró unos tres años y medio.

Cuando estaba cerca de cumplir noventa años, me contó la historia de algunas de las hazañas en la que participaron y los grandes retos que enfrentaron. Su hermano mayor había sido Marine y fue asesinado en la isla de Saipán, cuando un atacante suicida saltó dentro de su búnker, matándolo a él y a otros a su alrededor. Mi padre recibió la noticia cuando el Barb estaba en el puerto de Pearl Harbor. El Almirante llevó a mi padre a la isla de Saipán, donde el conflicto continuaba, y le indicó a él y a dos amigos que remaran en un pequeño bote hasta la orilla y que pasaran desapercibidos hasta un oscuro cementerio. Allí debían ubicar la tumba de su hermano para poder llevar su cuerpo de regreso a Estados Unidos y permitirle tener un entierro digno. Solo contaban con la luz de la luna, que brillaba de forma intermitente a través de las nubes. Lo que me sorprendió de la historia fue que él hubiese esperado tanto para contarnos los detalles. Su generación fue una generación diferente, llamada por muchos la generación más grandiosa.

Cuando escucho estas historias que sucedieron hace setenta años, recuerdo al apóstol Juan, que formó parte de otra campaña inolvidable que también duró tres años y medio. Él fue testigo de los actos heroicos y del ministerio de Jesús de Nazaret. Él escribiría su versión de estos acontecimientos unos sesenta y cinco a setenta años después. Escuchar la claridad mental con la que hablaba mi padre sobre los incidentes notables de la guerra, me demostró que es posible revivir el pasado con mucho realismo, especialmente los acontecimientos que tuvieron un impacto dramático en tantas personas.

Los escritores de los otros Evangelios, Marcos, Lucas y Mateo, escribieron mucho antes, como explicaremos brevemente. Marcos escribió su Evangelio unos treinta, máximo cuarenta años después de la muerte y resurrección de Jesús.

Eso sería como que yo estuviera tratando de recordar los acontecimientos de 1981, el día en que ocurrió el atentado contra Ronald Reagan. Mateo y Lucas los escribirían unos cincuenta años después, que sería como tratar de recordar los tiempos turbulentos de los años 60.

Sin embargo, los escritores de los Evangelios no estaban simplemente escribiendo los acontecimientos que habían ocurrido en un tiempo lejano. Ellos conocían a otros líderes y miembros de la Iglesia que habían repetido la historia una y otra vez durante décadas, a partir de otros manuscritos. Cada uno de los autores escribió una compilación personal, con estilo propio, sobre la vida, enseñanza y ministerio de Jesús, que ha sido recordada y transmitida con fidelidad desde el principio.

Los Evangelios bajo el microscopio

Las cuatro narraciones sobre la vida, muerte y resurrección de Jesús son probablemente las historias más leídas, estudiadas, escrutadas y amadas de la historia. Han sido el tema central de incontables historias, libros, documentos, e incluso películas revisionistas. Los marcos temporales y las analogías descritas son muy importantes en la discusión sobre la confiabilidad de estos testimonios sobre Jesucristo. Los escépticos afirman que los Evangelios fueron escritos demasiado tiempo después de que los acontecimientos ocurrieron para ser creíbles, y que fueron meras expresiones de fe de la naciente comunidad de creyentes. Sin embargo, tales afirmaciones niegan muchas de las evidencias históricas y arqueológicas.

La razón principal por la que muchos individuos rechazan los Evangelios es porque niegan la posibilidad de cualquier acontecimiento sobrenatural o milagro. Esta mentalidad está enraizada en el liberalismo y escepticismo alemán del siglo XIX, que alentó este tipo de filosofía naturalista. Si usted rechaza todas las cosas sobrenaturales *a priori*, y las considera mitos o leyendas, estará rechazando todos los acontecimientos de este tipo que ocurren en el Nuevo Testamento. Estos ataques no son el producto de conclusiones objetivas de investigadores que examinan cuidadosamente los hechos, sino que casi siempre son la manera en que hombres y mujeres intentan deslindarse de las consecuencias de reconocer la autoridad que las enseñanzas de Jesús deberían tener en sus vidas. Es decir, comienzan sus estudios asumiendo que los Evangelios son falsos y luego tergiversan las pruebas para que concuerden con sus conclusiones predeterminadas.

Otros no tienen conocimiento del estilo de escritura de la época, así que no logran percibir la flexibilidad que tenían los autores del siglo I para registrar los acontecimientos y enseñanzas en sus propias palabras, o reordenar los datos. Luego consideran las diferencias entre las historias paralelas de los Evangelios como "contradicciones" o "errores", lo que socava su credibilidad. Este capítulo demostrará que, si examinamos las pruebas correctamente, con el conocimiento adecuado de la literatura del siglo I, podemos llegar a la conclusión de que los Evangelios son confiables.

Para fortalecer esa confianza, responderemos varias preguntas clave, cuyas respuestas esperamos nos ayuden a demostrar la confiabilidad de las Escrituras.

¿Qué son los Evangelios?

Los Evangelios son reconocidos en la actualidad como biografías históricas, del mismo tipo de las que eran comunes en el mundo griego y romano de hace dos mil años. Este estilo de escritura no se hacía como una narración cronológica diaria de la vida de alguien, sino como un recuento de los detalles

48

que se consideraban más importantes para hacer más clara la lección moral. El hecho de que sean biografías desecha la especulación de que fueron escritos en la forma de leyendas o mitos. El historiador Michael Licona reafirma la importancia de esta conclusión: "El mismo hecho de que ellos decidieran adoptar las convenciones biográficas grecorromanas para contar la historia de Jesús indica que su preocupación principal era comunicar que lo que escribían sucedió en la vida real".[2]

Los escépticos tratan desesperadamente de negar que los Evangelios proporcionan datos históricos. ¿La razón? Lo que está en juego es la autoridad de Jesús en nuestras vidas y en nuestra cultura. Ellos atacan su veracidad, tratando de reducirlos a simples expresiones de fe de los cristianos, mucho tiempo después de que los acontecimientos sucedieron. Un ejemplo claro es el de Reza Aslan, quien escribió: "Independientemente, los Evangelios no son, ni nunca han querido ser, un documento histórico de la vida de Jesús. No son recuentos presenciales de las palabras de Jesús, ni fueron escritos por gente que lo conocía. Son testimonios de fe, creados por comunidades de fe y escritos muchos años después de los acontecimientos que en ellos se describen. En pocas palabras, los Evangelios describen a Jesús el Cristo, no a Jesús el hombre".[3]

Este tipo de afirmaciones son simples repeticiones de la misma aserción vacía de otros escépticos anteriores, desesperados por reducir a Jesús al nivel de otro individuo que reprobó el examen de quijotería. Si desechamos los Evangelios, somos libres de interpretar lo que realmente significan desde un punto de vista cuasi histórico, crearnos una imagen de Jesús basada en nuestra idea de cómo pudo haber sido alguien que vivió en su época. Este es el error fatal de la mentalidad escéptica, tanto en el aspecto historiográfico como en el aspecto lógico. Pero los investigadores que, por el contrario, comparan con honestidad los Evangelios con los documentos de la época, reconocen que estos escritos representan biografías basadas en testimonios de testigos presenciales, que documentan fielmente la vida, el ministerio y, lo más importante, la resurrección de Jesús.

¿Quiénes escribieron los evangelios, y cuándo?

Los nombres Mateo, Marcos, Lucas y Juan son probablemente el cuarteto de autores más famoso de la historia. Sabemos que alguien es famoso cuando no necesitamos saber su apellido para saber quién es. El hecho de que fueron los verdaderos autores de estas biografías de Jesús, ha sido aceptado desde los inicios de la fe cristiana. Sin embargo, durante los últimos siglos, los escépticos han cuestionado su autoría como una estrategia para desacreditar la autoridad de su contenido. Los escépticos argumentan que los verdaderos autores no tuvieron acceso a los testigos presenciales, por los que sus narraciones no son creíbles. Pero las pruebas de la autoría tradicional son muy contundentes.[4]

Se han escritos muchas obras importantes sobre este tema. Nuestro objetivo es dar un breve resumen de las pruebas de la autoría tradicional de estos libros tan importantes. Las pruebas más fuertes de este punto de vista tradicional es que el testimonio de los líderes de la iglesia primitiva es prácticamente uniforme en cuanto a quién es el autor de cada libro. Por ejemplo, un arzobispo renombrado del siglo II llamado Ireneo citó varios detalles importantes sobre los autores de los Evangelios, a partir de una fuente del siglo II, un arzobispo llamado Papías, que estudió al apóstol Juan:

"Mateo también escribió un Evangelio entre los hebreos, en su propio dialecto, mientras que Pedro y Pablo estaban predicando en Roma, y sentando las bases de la Iglesia. Después de su partida, Marcos, el discípulo e intérprete de Pedro, también nos escribió lo que Pedro había predicado. Lucas, el compañero de Pablo, también registró en un libro el evangelio que él predicó. Posteriormente Juan, el discípulo del Señor, el que se apoyó sobre su pecho, publicó un Evangelio cuando vivía en Éfeso, Asia".[5]

Marcos

El primer Evangelio que se escribió fue el de Marcos, que normalmente se fecha entre el 60 y 70 d. C. Todos los miembros de la primera Iglesia reconocen a Marcos unánimemente como el mismo Juan Marcos que acompañaba a Pedro (1 P. 5:13), primo de Barnabás (Col. 4:10). En algún momento también acompañó a Pablo (Hch. 12:25). Se dice que Marcos registró las memorias de Pedro antes de morir en Roma, en la época de la persecución de Nerón, en el año 64 d. C. Eusebio, historiador de la Iglesia primitiva, reporta que Papías dijo que: "Siendo Marcos el intérprete de Pedro, escribió de forma precisa, aunque no ordenada, todo lo que recordaba de todas las cosas que Cristo dijo e hizo".[6]

La autoría de Marcos también está respaldada por varias pruebas internas. Por ejemplo, el estilo de escritura sugiere que el autor hablaba arameo, el idioma común en Israel. Este Evangelio también menciona a Pedro con mayor frecuencia que a los demás, desde el principio hasta el fin. Y al parecer, desde la perspectiva de uno de los doce.[7] Particularmente, incluye muchos detalles que solo podrían ser del conocimiento de la comunidad de Jesús, como referirse a "Rufo y Alejandro" (Mc. 15:21) como los hijos de Simón y Cirene. Igualmente importante es que el nombre de Marcos estaba escrito en manuscritos que datan del siglo II. Marcos no era una figura importante en la primera Iglesia, así que probablemente su nombre no estaría asociado con los Evangelios, a menos que fuera el verdadero autor. Estos hechos concuerdan perfectamente con la afirmación tradicional de que este Evangelio son las memorias de Pedro que registró Juan Marcos.

Mateo

Mateo es el segundo Evangelio registrado en el Nuevo Testamento. La fecha se ubica desde finales de los 70 a los 80, ya que su énfasis en las profecías de Jesús sobre la destrucción de Jerusalén corresponde a los recuerdos de los cristianos después de que la ciudad fue destruida en el año 70 d. C. Este rango de fechas también concuerda con los hechos de que utiliza el Evangelio de Marcos como una de sus fuentes primarias y de que Mateo se convirtió en el Evangelio favorito del mundo cristiano en el siglo II. Todos los fundadores de la Iglesia le atribuyen su autoría al apóstol Mateo. Ireneo, por ejemplo, reporta que Papías afirmó: "Entonces Mateo escribió los oráculos en idioma hebreo, y todos lo interpretaron según su capacidad".[8]

El Evangelio de Mateo en realidad está escrito en griego, pero Mateo pudo haberse basado en palabras de Jesús que fueron transmitidas en arameo o hebreo. De allí la referencia de Papías al idioma hebreo. Sin embargo, el griego fue el idioma escogido para la versión final de los Evangelios, ya que era el idioma más común de la región.

Su autoría también se apoya en evidencia interna. En la historia de un publicano que fue llamado a seguir a Jesús, al publicano se le llama Leví en los Evangelios de Marcos y Lucas, pero *Mateo* en el de Mateo. El autor de Mateo probablemente no habría cambiado el nombre utilizado en Marcos a menos que fuera el suyo propio. La gente en aquella época usualmente utilizaba dos nombres. Siguiendo con este tema, Marcos y Lucas se refieren a "la casa de él"; mientras que Mateo se refiere a "la casa", como cualquier persona haría al escribir sobre su propia casa en el contexto de una narración en tercera persona. Los escritos de Mateo también demuestran conocimiento de la religión judía, y un excelente manejo del idioma griego. Estos detalles concuerdan bien con la descripción de los Evangelios de Mateo/Levi como levita y recaudador de impuestos.[9]

Lucas

El autor del Evangelio de Lucas es el doctor que acompañaba a Pablo en sus viajes. Pablo menciona su nombre en varias de sus cartas (Col. 4:14; 2 Tim. 4:11; Flp. 24). Lucas explícitamente se presenta como uno de los que acompañaban a Pablo en sus últimos viajes en los pasajes escritos en términos de "nosotros" a partir de Hechos 16:10. Además, la autoría de Lucas es apoyada unánimemente por los líderes de la primera Iglesia. Por ejemplo, Ireneo escribe: "Lucas escribió las enseñanzas de Pablo después de la muerte de Pedro y Pablo. Escribió después de Mateo el hebreo, más o menos en la misma época que Marcos, y antes que Juan".[10] Ireneo también dice que Lucas escribió Hechos y viajó con Pablo.[11] La autoría de Lucas también está confirmada por los líderes de la primera Iglesia Clemente,[12] Tertuliano[13] y Orígenes.[14]

Algunas evidencias internas ubican la fecha de la escritura del Evangelio y el libro de Hechos en los 70. Por ejemplo, Hechos cuenta detalladamente ciertas revueltas que no hubiese sido prudente reproducir a menos que estuvieran frescos en la mente de la población y que fuese necesario tratarlas. La acusación que pesaba sobre Pablo por su supuesta responsabilidad de haber iniciado las revueltas tuvo que ser explicada durante su detención. Además, Lucas parafrasea las profecías de los últimos tiempos de Marcos de tal manera que lo conecta claramente con la destrucción del templo de Jerusalén en el año 70 d. C. Reforzar esta asociación debió haber sido importante si el libro fue escrito cuando estos acontecimientos traumáticos estaban frescos en la mente del lector. Sin embargo, algunos investigadores fechan los escritos de Lucas incluso antes, porque estas obras concluyen antes de la muerte de Pablo. Evidentemente, este argumento no debilita sino que refuerza mucho más su credibilidad.

Juan

La tradición eclesiástica es consistente en afirmar que el Evangelio de Juan fue escrito por el apóstol Juan. Por ejemplo Ireneo, en el siglo II, citó a su conocido contemporáneo Policarpo, un alumno de apóstoles como Juan, como diciendo:

> "Juan, el discípulo del Señor, el que también se apoyó sobre su pecho, publicó un evangelio cuando vivía en Éfeso, Asia [...]; quienes conocieron a Juan, el discípulo del Señor, en Asia [afirman] que Juan les transmitió esa información. Y él vivió entre ellos hasta la época de Trajano. [...] Nuevamente, la iglesia de Éfeso, fundada por Pablo, estando Juan entre ellos de forma permanente hasta los tiempos de Trajano, es un verdadero testigo de la tradición de los apóstoles".[15]

Juan también se incluye directamente entre los testigos presenciales (Jn. 19:35), y se refiere a sí mismo como el discípulo "a quien Jesús amó" (13:23; 19:26; 20:2; 21:7; 21:20). Es de notar que el nombre de Juan no aparece, a pesar de que él es descrito en los demás Evangelios como uno de los tres apóstoles más cercanos a Jesús. Si Juan fuese el autor, esta notable omisión sería comprensible. Y la perspectiva es la de alguien que estaba en el círculo más íntimo. Estos hechos también concuerdan con la designación tradicional.

El Evangelio de Juan fue escrito hacia finales del siglo I. La fecha no pudo haber sido posterior, ya que uno de los manuscritos más antiguos descubiertos es un trozo del Evangelio de Juan. Se le conoce como el fragmento John Ryland, y data de principios del siglo II.[16] El fragmento fue descubierto en Egipto, así que el Evangelio debió haberse escrito décadas antes, ya que se necesita tiempo para que una copia pueda migrar tan lejos de su ubicación original.

¿Por qué existen solo cuatro Evangelios?

Los cuatro Evangelios del Nuevo Testamento son los únicos que forman parte de la recopilación oficial aceptada por los líderes de la Iglesia primitiva, la cual es conocida como el canon del Nuevo Testamento. Estos escritos canónicos fueron escogidos con base en un sistema de criterios muy estricto. Primero, los escritores tenían que haber visto a Jesús o ser personas muy cercanas a estos testigos. Los escritos tenían que haber sido reconocidos rápidamente como auténticos en todas las regiones del mundo cristiano. Y debían estar conforme con las enseñanzas de los apóstoles. Todos los Evangelios cumplieron con esos criterios. En el siglo II, los cuatro Evangelios fueron reconocidos en toda la iglesia cristiana como auténticos. Los fundadores de la Iglesia realizaron muchas citas a partir de ellos. De hecho, el Nuevo Testamento en su totalidad se pudo reconstruir a partir de sus escritos.

Existen otros evangelios, como el Evangelio de la Verdad, el Evangelio de María, y el Evangelio de Pedro. Sin embargo, ninguno de estos escritos no canónicos cumplió con los criterios mencionados anteriormente. Fueron realizados más de un siglo después de que el Nuevo Testamento fue terminado. No fueron escritos por nadie ni remotamente asociado con los apóstoles, y no fueron ampliamente conocidos. Sus enseñanzas diferían drásticamente de las de los apóstoles. Como tales, su credibilidad y significancia palidecen en comparación con las de los cuatro auténticos.

A pesar de estos hechos, un escrito en particular conocido como el Evangelio de Tomás, se ha hecho muy popular gracias al grupo de escépticos extremistas e investigadores del Nuevo Testamento mencionado al principio de este libro, conocido como el Seminario de Jesús. Ellos promovieron al Evangelio de Tomás al rango de los canónicos. Aunque su opinión no representaba la del resto de los investigadores, obtuvieron la atención de los medios. Uno de los objetivos de muchos de los miembros era minar la credibilidad del Nuevo Testamento, y tuvieron éxito en plantar semillas de duda en los cristianos que no están familiarizados con las pruebas actuales.

El Evangelio de Tomás es un simple recopilatorio de dichos, derivados en parte de los Evangelios canónicos. El resto de su contenido no ha podido ser verificado ni histórica ni arqueológicamente, y probablemente fue escrito a mediados del siglo II. Lo más sorprendente es que muchas de las enseñanzas no tienen nada que ver con lo que sabemos del Jesús histórico. Por ejemplo, Jesús honraba y elevaba a las mujeres, tomándolas como discípulas, lo que era poco común en esa época. Pero Tomás incluye textos como el siguiente: "Simón Pedro les dijo: 'Qué María se vaya, porque las mujeres no merecen vivir'. Jesús dijo: 'Mirad, le daré instrucciones para que se vuelva hombre, para que también se pueda convertir en un espíritu viviente, similar a ustedes. Porque cada mujer que se vuelva hombre entrará en el Reino de los cielos'". A pesar de los elogios del seminario, comparar los Evangelios auténticos con el Evangelio de Tomás es como comparar la biografía de Abraham Lincoln escrita por los distinguidos investigadores de la Ivy League Lincoln con el libro *Abraham Lincoln: Cazador de vampiros.*

¿Lo que tenemos ahora es lo que ellos escribieron?

Uno de los obstáculos que enfrentan algunos escépticos es que los Evangelios no fueron copiados de los documentos originales escritos por los autores, sino de copias posteriores (manuscritos). Esta preocupación no tiene ninguna base, ya que virtualmente ningún otro documento que se haya descubierto es original, a menos que haya sido cincelado sobre roca.

Los Evangelios, como muchas fuentes antiguas, fueron escritos en papiros, que normalmente se descomponen después de unos pocos cientos de años. Sin embargo, el número extraordinario de manuscritos, muchos de los cuales se escribieron poquísimo tiempo después de los hechos, garantizan que conocemos la sustancia de lo que estaba escrito originalmente en la vasta mayoría de los textos de los Evangelios.

De hecho, los Evangelios son unos de los registros históricos de ese período que poseen la más alta calidad. El destacado erudito Dr. Dan Wallace describe la enorme cantidad de datos del Nuevo Testamento como "un exceso de riquezas".[17] La mayoría de las biografías e historias antiguas fueron escritas mucho después de los acontecimientos que describen. La biografía más antigua de Alejandro Magno, por ejemplo, fue escrita más de tres siglos después de los acontecimientos registrados y la información muchas veces surgió de recuentos de tercera mano.[18] Solo uno de los registros más valiosos sobre el emperador Tiberio Cesar, un contemporáneo de Jesús, fue escrito ochenta o más años después de que los acontecimientos descritos ocurrieron.[19] Los cuatro Evangelios, al contrario, fueron escritos entre treinta y setenta años después del ministerio de Jesús. Por ello, contamos con más y mejores fuentes de Jesús que de las figuras antiguas más famosas, como lo son Sócrates y Alejandro Magno.

Además, el número de copias de los libros originales de los escritos del Nuevo Testamento es muchísimo más grande que ninguna otra pieza de literatura antigua, totalizando cerca de cinco mil ochocientos manuscritos griegos. En segundo lugar está la *Ilíada* de Homero, del que se han descubierto un poco menos mil ochocientos manuscritos. Además, las primeras copias de los escritos del Nuevo Testamento están mucho más cerca de las originales. La diferencia de tiempo entre la copia original de la *Ilíada* y la primera copia descubierta es de trescientos cincuenta a cuatrocientos años. Normalmente, las copias más antiguas de otros textos antiguos datan de más de mil años después. En contraste, se encontraron numerosas copias del Nuevo Testamento, cuyas fechas se ubicaron dentro de los primeros trescientos años después de su redacción, y el fragmento más antiguo es de menos de cincuenta años después.

La riqueza y calidad de los datos ha permitido a los investigadores reconstruir los originales de forma precisa, con una fidelidad de noventa y nueve por ciento. Además, la mayoría del uno por ciento restante, representa solo diferencias de deletreo u otras insignificancias. Las dudas que pueden afectan el significado real de ciertos pasajes es de alrededor 0,1 por ciento del total. Y ninguno de ellos hace que se cuestione ninguna doctrina o práctica cristiana importante. Por lo tanto, podemos descansar en la seguridad de saber que los textos en nuestras Biblias actuales son, a todos los efectos prácticos, los mismos que escribieron los autores originales.[20]

Las primeras décadas

Como los discutimos en el último capítulo, los historiadores están de acuerdo en que el evangelio fue proclamado rápidamente, apenas días después de que encontraron la tumba vacía. El mensaje de los apóstoles se centró en la creencia de que Jesús era el cumplimiento del Tanaj (Antiguo Testamento). Los primeros libros del Nuevo Testamento fueron escritos diecinueve años después de la resurrección. Durante el tiempo que transcurrió antes de su escritura, los primeros cristianos pudieron haber utilizado las Escrituras del Antiguo Testamento, su testimonio de resurrección y las palabras de Jesús que los discípulos recordaban y trasmitían. Observo un patrón similar en mi familia. Mis hijos son capaces de repetir las líneas de su película favorita *Nacho Libre*, o de mi favorita, *It's a Wonderful Life*. También se saben de memoria las letras de las canciones que escuchan. Afortunadamente, los discípulos vivieron en una cultura oral, así que tenían una mayor habilidad para recordar y transmitir información de boca en boca de forma precisa.[21] Por ejemplo: los rabíes recopilaron y transmitieron la Torá a sus discípulos oralmente, quienes transmitieron fielmente el mensaje de generación en generación. Los discípulos de Jesús sin duda siguieron la misma práctica.

La confiabilidad de la transmisión precisa de la vida y enseñanzas de Jesús fue corroborada por investigaciones sobre tradiciones orales relacionadas con los textos evangélicos. La mayoría de la gente en el siglo I no sabía leer, así que las comunidades habían desarrollado herramientas para transmitir las historias oralmente. Las enseñanzas de Jesús concuerdan con estos patrones. Como puntualiza Mark Roberts, investigador del Nuevo Testamento:

"La tradición de tipo oral de Jesús también garantizó la transmisión de las historias sobre Él a otras generaciones. Tome en cuenta el ejemplo de los recuentos de los milagros que están en los Evangelios. Casi siempre incluyen los siguientes elementos: planteamiento del problema, una breve descripción del milagro, planteamiento de la respuesta. Todo esto tiene un sentido lógico, por supuesto, pero también condiciona la mente para que recuerde y relate las historias de los milagros de forma fidedigna. Es como cuando los chistes tienen un esquema predeterminado, que nos ayuda a recordarlos: "Una vez un sacerdote, un rabino y un pastor [...]" o: "Toc, toc [...]".[22]

Jesús y sus discípulos estructuraron sus enseñanzas para garantizar que las mismas fuesen bien recordadas y retransmitidas. Este tipo de tradición oral no dejaría de funcionar en el corto intervalo que transcurrió entre los acontecimientos y la escritura de los Evangelios. Así que ni siquiera hay que creer en el punto de vista de las autorías tradicionales para confiar en la veracidad de los Evangelios.

El juego del texto

Existen pruebas más contundentes que corroboran nuestra confianza en los Evangelios. Me imagino que usted se ha dado cuenta de que todos sus mensajes de texto aún se encuentran en "la nube". En un tribunal, estos mensajes se pueden recuperar para comparar lo que usted dijo con lo que en verdad escribió en esos textos, que usted pensó que nadie más leería jamás. Este ejemplo es una excelente forma de ver como el "texto" de la Biblia también se puede recuperar y comparar.

Así como pasa con los mensajes de texto, podemos probar la precisión de los autores de los Evangelios comparándolos unos con otros, así como con los escritos de Pablo. Los Evangelios claramente relatan la misma historia básica, aunque todos se superponen en muchos aspectos, incluyendo la naturaleza sobrenatural del ministerio de Jesús, sus enseñanzas básicas, la oposición de los líderes religiosos que debió enfrentar, y su muerte, sepultura y resurrección. El libro de Hechos también tiene muchos detalles en común con los escritos de Pablo, incluyendo su visita a varias ciudades, los azotes que sufrió, y sus discusiones con los líderes de Jerusalén. Además, tanto Lucas como Mateo usaron a Marcos como la fuente principal, además de una segunda fuente a la que se le denomina Q. Las grandes similitudes entre pasajes paralelos de Mateo y Lucas (Por ejemplo: Mt. 3:7–10; Lc. 3:7–9) y entre los tres Evangelios (Mt. 14:3–4; Marcos 6:17–18; Lucas 3:19–20) indican que Lucas y Mateo utilizaron sus fuentes de forma muy precisa. Las diferencias entre los relatos evangélicos no van más allá de la libertad literaria que normalmente tenían los biógrafos e historiadores del siglo I.

Igualmente importante es que el autor del Evangelio de Lucas y de Hechos claramente afirma que su fuente de información fueron testigos presenciales y otros registros confiables:

"Muchos han intentado hacer un relato de las cosas que se han cumplido entre nosotros, tal y como nos las transmitieron los que desde el principio fueron testigos presenciales y servidores de la palabra. Por lo tanto, yo también, excelentísimo Teófilo, habiendo investigado todo esto con esmero desde su origen, he decidido escribírtelo ordenadamente, para que llegues a tener plena seguridad de lo que te enseñaron" (Lc. 1:1–4).

Esta introducción era la típica introducción de un documento histórico del siglo I, el cual intentaba recrear los acontecimientos fielmente. El autor menciona la existencia de muchos otros registros escritos a los cuales podía tener acceso. Además, menciona como fuentes a "los que desde el principio fueron testigos presenciales y servidores de la palabra". Es decir, pudo recibir la información de los verdaderos testigos oculares de los acontecimientos, que se convirtieron en líderes oficiales de la Iglesia. Estos líderes, sin lugar a dudas, se aseguraron de que las enseñanzas y el ministerio de Jesús fueran transmitidos de forma fidedigna a la próxima generación. Como se mencionó anteriormente, Lucas incluso pudo conocer a Pedro y a Santiago.

Testimonios vergonzosos

Otro tipo de pruebas que apoyan la veracidad de los Evangelios es que en ellos hay testimonios vergonzosos. Los escritores no inventarían intencionalmente hechos que los hicieran lucir mal. En los Evangelios aparecen muchos testimonios de este tipo. Por ejemplo, se dice que los discípulos que con el tiempo llegarían a ser los líderes de la iglesia, abandonaron a Jesús después de que fue arrestado. He afirmado en incontables campus universitarios de todo el mundo que si el evangelio hubiese sido escrito solo por sus autores, estos hubiesen hecho lo posible por lucir mucho mejor. Mark Roberts llega a la misma conclusión en su libro *Can We Trust the Gospels* [Podemos confiar en los evangelios]: "Al leer los cuatro Evangelios bíblicos, encontramos que los discípulos casi nunca aparecen como ejemplos de fe o sabiduría. Una y otra vez se les describe negativamente. Opino que este hecho, por sí solo, rebate la hipótesis del afán de poder. Si la motivación de los escritores, editores y compiladores de los Evangelios hubiese sido tener el poder, con toda seguridad hubiesen pulido los registros".[23]

¿Ha confirmado la arqueología la narrativa?

La veracidad de los Evangelios y del libro de Hechos también ha sido confirmada por pruebas arqueológicas. Los investigadores escépticos durante mucho tiempo han afirmado que muchas de las personas, lugares y otros detalles que se mencionan en los Evangelios fueron inventados por los autores. Pero esta creencia ha sido rebatida con una enorme cantidad de pruebas. Por ejemplo, se descubrieron los restos de las ciudades de Belén y Nazaret. Y los arqueólogos descubrieron los restos de la sinagoga en la ciudad de Capernaúm. También se encontraron las monedas con la imagen de César que se mencionan en Mateo (Mt. 22:19) y el frasco de alabastro que se utilizaba para guardar el perfume que se ungió en los pies de Jesús (Mt. 14:3). Además, también se descubrieron los estanques de Siloé y Betesda, y concuerdan con la descripción de los Evangelios.

Algunos descubrimientos adicionales confirman la descripción de lugares, topografía y personas que aparece en los Evangelios. Roberts comenta:

> "La geografía de los Evangelios describe claramente la Palestina del siglo I, no una especie de Narnia del siglo I. Nuevamente, los evangelistas pusieron las marcas importantes en los lugares correctos. Cuando ubicaron a Capernaúm cerca del mar de Galilea, por ejemplo, lo hicieron correctamente. Y cuando decían que Jesús "subía" a Jerusalén, aunque viajara al sur, acertaron en la elevación, ya que un viaje a Jerusalén significaba, literalmente, ir hacia arriba. La gran mayoría de las referencias geográficas que aparecen en el evangelio concuerda con lo

que otras fuentes informan sobre la región en la cual ministró Jesús".[24]

El libro de Hechos tiene igualmente gran cantidad de detalles que han sido verificados, incluyendo los nombres y posiciones de sus líderes, así como costumbres locales y acontecimientos históricos. Tales pruebas convencieron a muchos expertos de que Lucas fue uno de los historiadores más grandes de su tiempo. Eduard Meyer, el historiador de la era antigua grecorromana más famoso del siglo XX, opinaba que Lucas fue un gran historiador y que el libro de Hechos, "a pesar de su contenido más restringido, posee el mismo carácter de aquellos de los mejores historiadores como Polibio, Livio y muchos otros".[25]

Cualquier historiador objetivo concluiría que los Evangelios contienen relatos confiables de la vida y enseñanzas de Jesús. Quienes no lo creen así lo hacen no por la falta de pruebas, sino a pesar de ellas. Permiten que sus opiniones personales contra el cristianismo cierren sus ojos a la conclusión más evidente.

A pesar de la abrumadora carga de pruebas que se ha mencionado anteriormente, los escépticos continúan atacando los Evangelios basándose en las diferencias que existen entre ellos. A continuación discutiremos los obstáculos más comunes. Sus argumentos, que en principio parecieran ser muy buenos, al poco tiempo se deshacen como un espejismo en el desierto.

¿Contradicciones o relatos diferentes?

Cada uno de los escépticos tiene sus dichos o frases favoritas, muy parecido a los candidatos de una campaña política. Más que argumentos "demoledores" en contra de la fe, estos dichos son solo herramientas retóricas. El argumento favorito de Bart Ehrman es leer una lista de lo que él llama discrepancias en los Evangelios y siempre añadir la frase *eso depende de cuál Evangelio lea usted*. Después de leer como una docena de comparaciones entre incidentes similares que se registraron en diferentes Evangelios y resaltar el supuesto conflicto entre los dos relatos, trata de ir más allá para convencer a su audiencia de que las pruebas de que los relatos son irreconciliables son abrumadoras. Por lo tanto, concluye con que el testimonio debe ser rechazado en su totalidad.[26] Simplemente es irracional rechazar o considerar un acontecimiento como no histórico porque los relatos de los testigos parecen diferir. Un ejemplo clásico es el hundimiento del Titanic. Algunos testigos dijeron que el barco se partió en dos antes de hundirse, otros dijeron que se hundió entero. Aunque los relatos puedan ser diferentes, nadie puede llegar a la conclusión de que el Titanic no se hundió.[27]

Cuando examinamos detalladamente los Evangelios, se pueden resolver muchas de estas llamadas discrepancias si distinguimos una contradicción real de un relato diferente. Por ejemplo, cuando los periodistas reportan un hecho, los acontecimientos pueden ser explicados de muchas maneras, sin que se pueda decir que las historias son contradictorias. Si una fuente menciona a una persona en específico y otra fuente menciona a varias, simplemente significa que los escritores tienen sus propias razones para mencionarlas. Lo mismo ocurre con los Evangelios (por ejemplo: Mateo 20:30 vs. Lucas 18:35).

Irónicamente, tales diferencias en los relatos de los Evangelios apoyan su veracidad histórica, ya que destacan el hecho de que la misma historia está siendo narrada por testigos separados, así que los detalles que se superponen, con toda seguridad son auténticos. De hecho, un detective llamado J. Warner Wallace examinó los Evangelios cuidadosamente, como si estuviera examinando los testimonios de los testigos en una investigación criminal que había ocurrido unas décadas atrás. Determinó que la cantidad de similitudes y diferencias concordaba perfectamente con lo que podría esperarse, siempre que la historia básica fuera cierta. Además, los hechos no tendrían sentido si las historias hubieran sido inventadas. Cuando comenzó su investigación, era agnóstico, pero las pruebas lo llevaron a convertirse al cristianismo.[28]

Como ejemplo de una clase de pruebas, los hechos descritos en un evangelio se "complementan" con descripciones paralelas en otros evangelios. Por ejemplo, Jesús le preguntó a Felipe dónde podrían conseguir alimento en el recuento del milagro de la multiplicación de los panes de Juan 6:5, pero no se explica por qué le hizo esta pregunta a Felipe. En Lucas leemos que este milagro ocurrió cerca de Betsaida (9:10), que era la ciudad natal de Felipe (Jn. 12:21). El que Jesús, como lo describió Juan, le preguntara a Felipe, tiene sentido y concuerda con la información adicional que ofrece Lucas. Estas conexiones y otros ejemplos similares nos demuestran que las historias del Evangelio estuvieron basadas en acontecimientos reales históricos.[29]

Algunos detalles que aparecen en los Evangelios no han podido ser reconciliados en su totalidad con otros evangelios o con otras fuentes históricas. Un ejemplo clásico es el que se refiere al censo que se menciona en Lucas (2:1-3). Sin embargo, ningún historiador competente rechazaría la veracidad general de un autor de la era antigua basándose en unas pocas inconsistencias con otros documentos históricos, particularmente cuando el autor ha demostrado ser acertado en tantos otros detalles, como en el caso de Lucas. Además, los errores o inconsistencias aparentes de la Biblia han sido ampliamente reivindicados con descubrimientos arqueológicos. Incluso con lo del censo de Lucas, los investigadores del Nuevo Testamento han propuesto explicaciones lógicas de cómo todos los detalles en la narración del nacimiento son correctos desde el punto de vista histórico.[30] En resumen, no existen inconsistencias en los Evangelios que puedan, de alguna manera, perjudicar su credibilidad.

¿Errores de traducción?

Otro de los errores que cometen los escépticos, e incluso los cristianos, es que esperan que los autores de los Evangelios les escriban a sus lectores como si estuvieran escribiéndole a los occidentales modernos. Debemos admitir que es un error suponer que el estilo de escritura de los autores del evangelio es el mismo que el de la actualidad. Es decir, así como la moda ha cambiado desde hace dos mil años, también lo ha hecho el estilo discursivo. ¿Usted cree que es válido comparar la forma de vestir actual con la de hace cien años? ¿Y con la de hace dos mil años? Evaluar a los autores de los Evangelios bajo los mismos patrones de los escritores modernos es como juzgar hoy la forma de vestir de alguien de hace un siglo. Esta rigidez poco realista en la manera en que los estudiantes perciben la Biblia ha causado que muchos se cuestionen su fe.

Los historiadores antiguos, por ejemplo, no se preocupaban tanto con la cronología, y frecuentemente parafraseaban y resumían. Este patrón explica muchas de las diferencias relativas al orden discursivo, el orden cronológico de los acontecimientos, etcétera, que existen entre los Evangelios paralelos. Por ejemplo: Marcos menciona que Santiago y Juan le pidieron a Jesús que los colocara en una posición de autoridad en su Reino (Mc. 1:35–37), mientras que Mateo dice que fue su madre quien se los pidió (Mt. 20:20–21). Esta diferencia se entiende fácilmente, en razón de las diferentes audiencias originales. Mateo le escribía a una comunidad judía, así que su audiencia habría entendido que Santiago y Juan estaban utilizando a su madre como intermediaria para hacer la solicitud. Marcos le escribía a una audiencia no judía, así que mencionar lo de la madre habría sido confuso. Los dos autores describieron el acontecimiento de forma diferente a sus diferentes audiencias como una forma de comunicar mejor el punto principal de Jesús.

Los cristianos han visto tales diferencias como problemas graves relacionados con la fuente de inspiración de la Biblia, pero esta afirmación es infundada. Dios inspiró a los autores bíblicos para comunicar perfectamente su verdad, pero lo hizo utilizando sus propios patrones de escritura y contextos culturales. De la misma manera que Jesús representa la encarnación de Dios en forma humana, los diferentes libros de la Biblia representan la verdad divina encarnada en contextos culturales y literarios específicos.

Otro de los problemas tiene que ver con el asunto de la traducción. Jesús hablaba en arameo, pero la mayoría de los lectores de los autores de los Evangelios hablaban griego, que era considerado, como el inglés de hoy en día, el idioma global. Así que las palabras de Jesús tuvieron que ser traducidas. Cuando se traducen oraciones de un idioma al otro, es importante transmitir el significado de la oración, no solo las palabras exactas. Por ejemplo, si yo digo: "Haber perdido el juego en verdad me devastó", y esta expresión debe ser traducida al coreano o chino, la misma debe ser transmitida de tal manera que exprese mi voz, no mis palabras exactas. Para mí siempre es divertido decir algo en inglés que me toma unos quince segundos, y que el traductor se demore un minuto tratando de transmitir lo que pienso. He escuchado historias donde algo se pierde con la traducción, o es parafraseado por el traductor para hacer entender la idea.

De la misma manera, los escritores del Nuevo Testamento tuvieron que traducir las enseñanzas en arameo de Jesús al griego koiné, que era el idioma más común de la época. Por lo tanto, los textos del Nuevo Testamento no reproducen las palabras exactas de Jesús, sino una representación fiel de su significado. Como se demostró en los ejemplos anteriores, cada autor presentó las enseñanzas de Jesús de forma diferente, haciendo énfasis en diferentes aspectos, para satisfacer de la mejor manera las necesidades de sus respectivas audiencias. Puede que las presentaciones no correspondan en detalle a los patrones de los historiadores modernos, pero tales diferencias no afectan su precisión ni su inspiración.

Resumen

El peso de las evidencias históricas demuestra que los Evangelios son muy confiables. Muchos historiadores han llegado a reconocer este hecho, incluso si originalmente no aceptaban que estaban libre de errores. De hecho, los Evangelios sobrepasan a la mayoría de los textos antiguos en términos de evidencia manuscrita y precisión histórica probada.

Cuando tenemos esta información podemos estudiar la vida y enseñanzas de Jesús con la plena confianza de que son verdaderas. A diferencia de los escépticos que creen que pueden crear una imagen de Jesús a partir de acontecimientos históricos no conectados, nosotros podemos ver una imagen clara del Jesús histórico y su misión de salvar al mundo.

4

LA CRUCIFIXIÓN

Por qué Jesús debía morir

*Me explico: El mensaje de la cruz es una locura para
los que se pierden; en cambio, para los que se salvan, es
decir, para nosotros, este mensaje es el poder de Dios.*
—1 CORINTIOS 1:18

EL NOVELISTA RUSO FIÓDOR DOSTOYEVSKI ESCRIBIÓ
sus obras en el turbulento siglo XIX, cuando las bases morales
cambiaban radicalmente en toda la nación. En uno de sus clásicos, *Crimen y castigo*, explora el tormento psicológico de un
joven que comete un doble homicidio y trata de evitar que el
crimen sea descubierto, y sufre la angustia mental y espiritual
que esto le ocasiona. Al final no puede escapar de las acusaciones de su propia conciencia y se entrega a las autoridades.
El mensaje de este libro, y otras obras como *Los hermanos
Karamazov*, es que ciertamente existe un código moral en el
mundo que emana de Dios, y del cual no podemos escapar.
Por lo tanto, hay un principio moral en el que todos podemos
estar de acuerdo: un crimen merece un castigo.

Durante los miles de años de la historia de la humanidad,
se ha aceptado el principio de que quien comete un crimen
merece un castigo. Los seres humanos poseemos una moralidad innata con un código de conducta que exige que su violación sea castigada. Ese deseo es lo que llamamos justicia. Si

alguien resulta perjudicado, la justicia grita que se haga algo al respecto. Por otro lado, la injusticia permite que las acciones malvadas continúen sin ninguna consecuencia para el perpetrador. Sin castigo, la injusticia crece y florece.

Lo que sigue, lógicamente, es que *cuanto mayor sea el crimen, más severo debe ser el castigo*. Algunos actos de violencia son tan graves, que se ha hecho necesario implementar en algunos casos la pena de muerte. Incluso las sociedades que están en contra de la pena capital sentencian a los delincuentes a estar encerrados de por vida. Llevarse lo que queda de la vida del criminal es el único castigo que puede merecer el crimen.

Estos ejemplos se refieren a crímenes contra la humanidad. Pero, ¿y los actos que van más allá de los agravios a nuestros semejantes? ¿Y los crímenes contra Dios? ¿No merecerían estos actos los castigos más severos de todos? En realidad son crímenes del corazón en contra de nuestro Creador. Los Diez Mandamientos comienzan con aquellos que tienen que ver con nuestra relación con Dios: no tener otros dioses aparte de Él; no fabricar ídolos ni adorarlos; no tomar el nombre de Dios en vano. Después, vienen los mandamientos que hablan de nuestra relación con nuestros semejantes. Pero la pregunta es: ¿Cómo deben juzgarse los pecados que cometemos en contra de Dios?

El Dios de amor también es el Dios del juicio. ¿La razón? Si Él no juzga el pecado, entonces a la final no sería un Dios de amor. ¿Se imagina que sus padres no impidieran que sus hermanos lo atacaran a usted, bajo el pretexto de que son unos padres amorosos? Si en verdad fuesen amorosos, detendrían a la parte que atacó y la castigarían por sus actos. Los castigos sirven para desestimular la comisión de nuevos delitos.

La gente quiere que Dios detenga la maldad, pero la manera en que Él lo hace es a través del juicio.

Sí, los seres humanos tenemos libre albedrío, pero Dios también. La gente puede actuar como quiera, pero al final Dios responderá. Irónicamente, cuando se dice que Dios juzga a los malvados, los críticos lo acusan de ser duro y nada amoroso. Sin embargo, solo Dios castiga a la gente y a las naciones debido al amor que siente por el mundo entero, y sus juicios, incluso los más severos, siempre son justos. Desafortunadamente, todos hemos violado la ley de Dios y hemos actuado de formas que agravian a los demás y perjudican su creación. Por lo tanto, todos merecemos juicio, incluso la muerte. Este es el dilema: ¿Cómo puede Dios ser amoroso y a la vez justo, sin comprometer una de las dos cosas?

La respuesta a esta pregunta está conectada con su muerte en la cruz, la cual, como vimos en el capítulo 2, es un hecho aceptado por la historia. En esencia, Jesús murió en la cruz para sufrir las consecuencias del pecado de la humanidad (llenando la necesidad de justicia), extendiendo su misericordia sobre nosotros, que merecíamos el castigo. Cristo fue el que los profetas anunciaron que debía venir para sufrir y morir. Dio su vida voluntariamente por nosotros (Jn. 10:15), para que pudiéramos ser liberados del poder y el juicio del pecado. Aunque la cruz se ha convertido en el símbolo universal de la fe cristiana, su poder ha sido ocultado y su horror, ampliamente subestimado.

Dios no está interesado en que *nos ocurran* cosas malas; Él quiere evitar que el mal llegue *a través de nosotros*.

¿Por qué la crucifixión?

Dios escogió un momento específico de la historia para venir a morir en manos de aquellos individuos que eran los mejores, más eficientes, más crueles y más implacables cuando se trataba de asesinar a alguien, de manera que el hecho de su muerte nunca se pudiera poner en duda.

Era público. Hacer que Jesús muriera de una forma privada o humanitaria, habría significado que el mundo podría poner en duda el hecho de que Él en realidad murió, o de que sus seguidores fingieron una ejecución, como lo haría un grupo de ilusionistas. Pero la forma en la que realmente se llevó a cabo la ejecución dejó una huella en el corazón de la historia de la humanidad.

Los detalles médicos de la crucifixión se han estudiado ampliamente en los Evangelios, la evidencia histórica y el sudario de Jesús (ver capítulo 5). Como se describe en los Evangelios, quienes eran condenados a la crucifixión eran previamente azotados con un látigo con cuerdas de cuero y pedazos de metal y huesos atados a ellas. Este instrumento penetraba profundamente la piel de la víctima, ocasionando un sangramiento masivo. Jesús también llevaba una corona de espinas que había sido presionada sobre su cabeza, lo que ocasionó mucho más sangrado. La víctima cargaba su cruz, que pesaba unas cien libras, hasta el lugar de la crucifixión. En ese punto, se debían clavar las muñecas[1] y los pies en la cruz. Los clavos eran del tamaño de clavos de ferrocarril, y afectaban un nervio importante, lo que causaba un dolor atroz. Luego de que los soldados colocaban a la víctima en la cruz, normalmente se mofaban de ella y se repartían sus ropas.

Estos detalles se mencionan en los Evangelios, y concuerdan con total precisión con las características de las ejecuciones romanas. Tales coincidencias confirman que los autores estaban registrando acontecimientos reales, que provenían de testigos presenciales.

La posición en la que estaban los individuos crucificados les impedía respirar, así que tenían que impulsarse hacia arriba con los brazos y los pies para poder respirar. Las víctimas normalmente dejaban de respirar por el cansancio o el dolor y morían por falta de oxígeno. Otros morían de deshidratación o hemorragia. Si los soldados deseaban acelerar la muerte, les rompían las piernas, como se menciona en el Evangelio de Juan. Jesús parecía estar casi muerto, así que le clavaron una lanza en un costado para asegurarse de que así era. Los soldados romanos siempre se aseguraban de que sus víctimas habían muerto antes de permitir que se les bajara de la cruz porque, de no ser así, podían ser ejecutados también.[2]

Solo saber que Jesús murió no es suficiente; hay que entender el significado de su muerte. Miles de personas mueren todos los días. No creemos que sus muertes tengan algún tipo de efecto en nosotros, más allá de la tristeza que pueda ocasionarnos la muerte de alguien que conocíamos o queríamos. Pero la muerte de Jesús tiene todo que ver con nosotros. Conocer los detalles de su crucifixión no debe producir emoción o tristeza en nosotros, sino la convicción de lo que se cumplió en nuestro beneficio. Su misión de salvarnos fue lo que lo hizo soportar el dolor y el tormento. "Fijemos la mirada en Jesús, el iniciador y perfeccionador de nuestra fe, quien por el gozo que le esperaba, soportó la cruz, menospreciando la vergüenza que ella significaba, y ahora está sentado a la derecha del trono de Dios" (Heb. 12:2).

Este gozo inexplicable es el secreto de cómo Jesús soportó ese momento. Era el gozo de saber lo que su sacrificio haría por toda la humanidad. Ahora intentamos entender la grandeza de lo que se lograba a través de su muerte en la cruz, comenzando con que Él pagó por las acusaciones en nuestra contra debido a nuestras transgresiones.

El plan de Dios para acabar con la injusticia

Al examinar detalladamente este acto supremo de justicia divina, deberíamos temblar por las implicaciones que tiene para nosotros y nuestra salvación. Dios inicialmente creó un mundo libre de maldad y sufrimiento. La primera pareja vivía una relación perfecta con Dios, entre ellos y con la creación. Solo debían creer que Dios era la fuente de su identidad, su seguridad y su propósito. Pero Adán y Eva escogieron rebelarse contra Dios y ser independientes. Su rebelión trajo como resultado su separación de Dios, la fuente de la vida verdadera. Luego experimentaron dolor y sufrimiento, lo que se esparció por todo el mundo. Pero Dios no abandonó a la humanidad. En vez de eso, puso en marcha su plan de salvación para salvarnos tanto de las consecuencias del pecado, como de su poder de destrucción.

El plan de salvación comenzó con el primer sacrificio: la muerte de un animal en el jardín para crear algo que cubriera los pecados de Adán y Eva. Eso se extendió a la formación de la nación de Israel con su sistema de sacrificios que cubrían los pecados del pueblo hebreo. El plan culminó con el sacrificio de Jesús en la cruz por los pecados del mundo entero. Y será decretado totalmente con la segunda venida de Jesús cuando todo el mal haya sido eliminado y la humanidad experimente la presencia de Dios para siempre en la creación restaurada.

Me permito divagar por un momento para decir que los críticos se oponen a la noción de que Adán y Eva fueron personas reales, pero varios factores apuntan a su autenticidad. La ciencia afirma que los registros fósiles sugieren que las características distintivas de los humanos aparecieron repentinamente y que no evolucionaron gradualmente con el tiempo.[3] Además, la evidencia genética es consistente con que todas las personas proceden de una sola pareja.[4] Lo siguiente es que Jesús habló de la creación del hombre y la mujer en el principio (Mt. 19:4). Como ya hemos mencionado y discutiremos con mayor detalle en el próximo capítulo, la resurrección de Jesús confirma su identidad y le otorga credibilidad a sus palabras por encima de todas las demás. Si Jesús dijo que Adán y Eva fueron reales, podemos aceptar confiadamente que tal afirmación es cierta. Finalmente, no existe una premisa teológica más respaldada empíricamente que la condición pecaminosa de la humanidad. La gente tiene un sentido innato de que los principios morales absolutos existen, pero tenemos una tendencia incontrolable a violar dichas verdades, con frecuencia, a través de los actos más horrendos.[5] Estas realidades han sido confirmadas incluso por los estudios más básicos de historia, la psicología, e incluso las noticias. Y todos apuntan al hecho de que fuimos creados por Dios a su imagen, pero la humanidad se volvió corrupta y se alejó del Creador.

El castigo del pecado

El primer tema con el que Cristo tuvo que lidiar fue con el castigo por el pecado. Como el pecado está, en esencia, quebrantando la ley de Dios al rebelarse en su contra, debe recibir su debido castigo. Imagine que un asesino comete un terrible crimen, y que simplemente solicita ser perdonado y librado de prisión. Se le puede conceder el perdón, pero hace falta un castigo justo.

El trauma físico y emocional de lo que Cristo sufrió y soportó es difícil de entender, incluso cuando se refleja de forma tan gráfica en películas como *La pasión de Cristo*. Se dice que Cristo sufrió esta tortura y este dolor para demostrarnos cuanto nos ama. Esto es cierto, pero no por la razón que muchos podrían pensar. Ciertamente fue el resultado de un amor incomprensible, pero lo más importante es que Él llevó nuestros pecados. Ese fue el castigo por los pecados del mundo.

El profeta Isaías predijo que este remplazo de Jesús en la cruz ocurriría, y que Él recibiría el castigo por los pecados del mundo entero.

"Ciertamente él cargó con nuestras enfermedades
y soportó nuestros dolores,
pero nosotros lo consideramos herido,
golpeado por Dios, y humillado.
Él fue traspasado por nuestras rebeliones,
y molido por nuestras iniquidades;
sobre Él recayó el castigo, precio de nuestra paz,
y gracias a sus heridas fuimos sanados.
Todos andábamos perdidos, como ovejas;
cada uno seguía su propio camino,
pero el Señor hizo recaer sobre Él
la iniquidad de todos nosotros" (Is. 53:4-6).

Esta imagen profética tan gráfica fue dada casi seiscientos años antes de ocurrir, y describe las exigencias de justicia divina que aparecen a lo largo de las Escrituras.

Desde el principio, la manera de Dios de tratar con los pecados de la humanidad (el quebrantamiento de la ley de Dios) fue costosa. Sin embargo, Dios constantemente nos proporcionó ayuda. El primer acto de desobediencia produjo la entrada de la muerte en la humanidad. Inmediatamente, se sacrificó un animal inocente para cubrir la primera transgresión de la primera pareja y su consiguiente vergüenza. La liberación de los hebreos de los lazos de la esclavitud en Egipto ocurrió cuando se les concedió una protección contra el juicio que venía sobre la tierra, por medio de la sangre de un cordero. La premisa de Dios era que la sangre los protegería de la plaga final. La plaga no tocaría los hogares de aquellos que aplicaran la sangre en los postes de sus puertas. Por eso se llama *Pascua*. A través del sacrificio del cordero, los hebreos fueron protegidos de la muerte de los primogénitos.

El tema del derramamiento de sangre como precio del pecado es constante a lo largo de las Escrituras. Jesús apuntaría a esto simbólicamente en su última cena con sus discípulos, antes de morir. Él tomó la copa de vino utilizada en el séder de la pascua y declaró: "Esta copa es el nuevo pacto en mi sangre, que es derramada por ustedes" (Lc. 22:20).

Entendiendo la gravedad del pecado y el castigo extremo que se aplica, deberíamos temblar ante la grandeza de su enorme sacrificio, y el regalo que Dios nos hizo al sufrir tanto tormento y agonía en nuestro lugar.

La gran misericordia supera el castigo severo

Lo que se pierde con frecuencia cuando se mencionan los castigos severos en el Antiguo Testamento es la enorme misericordia que está disponible para todos. En pocas palabras, cuando nos damos cuenta de las graves consecuencias de una transgresión, nos sorprendemos de la gracia que se nos ofrece. Igualmente, si el castigo por el pecado fuera insignificante, el valor del perdón también disminuiría.

El mejor ejemplo de las consecuencias del pecado se encuentra en el libro de Levítico. Los críticos frecuentemente atacan este pasaje de las Escrituras y lo catalogan como el mejor ejemplo de la ira de Dios excesiva. Sin embargo, un análisis más profundo revela precisamente lo contrario. Antes de que se mencionen las leyes y los castigos en el libro de Levítico, existen dieciséis capítulos que explican las reglas que hay que seguir para la expiación de los pecados, así como la manera de recibir perdón y ser limpiados. En el capítulo 16, las instrucciones para el Día de la Expiación son una gran muestra de cuan abundante es y cuan disponible está y siempre ha estado la misericordia de Dios.

Este Día de la Expiación se observa aún en nuestros días, tres mil quinientos años después. Una vez al año se celebra en todo el mundo el Día de la Expiación ("Yom Kipur" en hebreo). Virtualmente, cada sinagoga judía lee el libro de Jonás durante la ceremonia. La elección de esta lectura puede parecer extraña a primera vista. ¿Por qué despierta tanta atención un libro donde la historia principal es la de un hombre que fue tragado por una criatura marina? La elección no es simplemente una peculiaridad de la fe judía. Si miramos con atención, no es la historia del pez la que genera mayor interés, sino el regalo de la misericordia que se traga el juicio que se merecía la ciudad de Nínive.

En la historia, Jonás no le hace caso a Dios cuando le ordena llevar un mensaje sobre la destrucción de la ciudad. Muchos asumen que Jonás se escapó porque tenía miedo de dar este terrible mensaje de advertencia en una ciudad tan hostil. Pero la verdadera razón por la que Jonás escapó fue porque sabía que Dios era misericordioso. Al final, le dijo a Dios que no quería dar el mensaje porque sabía que Dios los perdonaría y no los destruiría.

"Pero esto disgustó mucho a Jonás, y lo hizo enfurecerse. Así que oró al Señor de esta manera: ¡Oh Señor! ¿No era esto lo que yo decía cuando todavía estaba en mi tierra? Por eso me anticipé a huir a Tarsis, pues bien sabía que tú eres un Dios bondadoso y compasivo, lento para la ira y lleno de amor, que cambias de parecer y no destruyes.

Así que ahora, Señor, te suplico que me quites la vida. ¡Prefiero morir que seguir viviendo!" (Jon. 4:1-3).

Muchas veces nosotros, como seres humanos, queremos que la gente reciba lo que se merece. Cuando Dios le dijo a Jonás que anunciara la gran desgracia que se cernía sobre la ciudad, él conocía muy bien la gran misericordia de Dios; tanto, que corrió tan lejos como pudo. Afortunadamente, no podemos escapar del amor de Dios. "Pero Dios demuestra su amor por nosotros en esto: en que cuando todavía éramos pecadores, Cristo murió por nosotros" (Ro. 5:8).

El Cordero de Dios

Dios demostró su amor y su abundante misericordia a través de muchos otros personajes del Antiguo Testamento, además de Jonás. Pero estas figuras eran solo una sombra de lo que sería el pleno cumplimiento de las promesas de Dios con la llegada de Jesús de Nazaret a la historia humana. Su venida fue anunciada posteriormente por Juan el Bautista, un personaje clave, a quien incluso los críticos le conceden el rango de personaje histórico. Juan predicó el arrepentimiento para el perdón de los pecados en el desierto de Judea, y bautizó a las multitudes. Al ver a Jesús en la distancia, anunció: "¡Aquí tienen al Cordero de Dios, que quita el pecado del mundo!" (Jn. 1:29).

Al llamarlo el Cordero de Dios, hacía referencia a las imágenes de los corderos sacrificiales, que evitaban que todos los que decidieran recibir esa gracia recibieran su castigo. También revelaba que Jesús sacrificaría su vida impoluta para limpiar los pecados del mundo. Jesús reconocía que su sacrificio era la culminación de su misión en la tierra: "Yo soy el pan vivo que bajó del cielo. Si alguno come de este pan, vivirá para siempre. Este pan es mi carne, que daré para que el mundo viva" (Jn. 6:51). Esto apunta nuevamente al precio final del pecado, que se paga con derramamiento de sangre.

Elevados

El apóstol Juan, en su Evangelio nos da detalles de otro momento en el que el juicio divino fue superado por la misericordia de Dios. Fue durante una plaga que se desató en medio del pueblo hebreo cuando estaban en el desierto, después de haber experimentado una liberación milagrosa en Egipto. En uno de los momentos más extraños de la historia, Dios le indicó a Moisés lo que debía hacer para detener la plaga.

"Y comenzaron a hablar contra Dios y contra Moisés: '¿Para qué nos trajeron ustedes de Egipto a morir en este desierto? ¡Aquí no hay pan ni agua! ¡Ya estamos hartos de esta pésima comida!'. Por eso el Señor mandó contra ellos serpientes venenosas, para que los mordieran, y muchos israelitas murieron. El pueblo se acercó entonces a Moisés, y le dijo: 'Hemos pecado al hablar contra el Señor y contra ti. Ruégale al Señor que nos quite esas serpientes'. Moisés intercedió por el pueblo, y el Señor le dijo: 'Hazte una serpiente, y ponla en un asta. Todos los que sean mordidos y la miren, vivirán'. Moisés hizo una serpiente de bronce y la puso en un asta. Los que eran mordidos, miraban a la serpiente de bronce y vivían" (Núm. 21:5-9).

En realidad, este es uno de esos extraños momentos en los que no podemos rechazar el mensaje debido a la naturaleza inusual y única de su narrativa. La historia se puede resumir por el patrón común que hemos visto a lo largo del Antiguo Testamento: el pecado trajo juicio, pero luego Dios tuvo misericordia.

La solución que Dios les prescribió fue fabricar un símbolo

del pecado del pueblo y levantarlo en un lugar donde todos tuvieran la oportunidad de verlo y ser perdonados. Se les indicó que vieran y vivieran. ¿Se imagina cuán difícil era para la gente ver la solución de Dios en medio de todo el caos que los rodeaba? Cuando nos encontramos llenos de pánico y temor, dejar de observar el problema y ver la solución de Dios requiere dar un paso de fe.

Jesús puede usar esta imagen para describir su misión: "Como levantó Moisés la serpiente en el desierto, así también tiene que ser levantado el Hijo del hombre, para que todo el que crea en Él tenga vida eterna. Porque tanto amó Dios al mundo, que dio a su Hijo unigénito, para que todo el que cree en Él no se pierda, sino que tenga vida eterna" (Jn. 3:14–16).

Jesús prometió que quienes lo miraran mientras estuviera colgado en la cruz, recibirían vida eterna. Al igual que con las serpientes, su sacrificio representó el juicio que merecíamos por nuestros pecados. Y colocar nuestra fe en Él puede librarnos de la maldición de la muerte. El apóstol Pablo hablaría de este tema con más profundidad cuando escribió: "Al que no cometió pecado alguno, por nosotros Dios lo trató como pecador, para que en Él recibiéramos la justicia de Dios" (2 Co. 5:21).

La razón por la que usó una serpiente probablemente está conectada con el momento en el que Jesús tomó nuestros pecados en la cruz. El versículo que mencionamos anteriormente dice que Él se transformó en "pecado por nosotros". Como afirmó el apóstol Pablo: "Él mismo, en su cuerpo, llevó al madero nuestros pecados, para que muramos al pecado y vivamos para la justicia. Por sus heridas ustedes han sido sanados" (1 P. 2:24).

El profeta Isaías habló de cómo estos pecados habrían de ser cargados, con cientos de años de antelación.

"Ciertamente Él cargó con nuestras enfermedades
y soportó nuestros dolores,
pero nosotros lo consideramos herido,
golpeado por Dios, y humillado.
Él fue traspasado por nuestras rebeliones,
y molido por nuestras iniquidades;
sobre Él recayó el castigo, precio de nuestra paz,
y gracias a sus heridas fuimos sanados.
Todos andábamos perdidos, como ovejas;
cada uno seguía su propio camino,
pero el Señor hizo recaer sobre Él
la iniquidad de todos nosotros" (53:4-6).

Esta dimensión de salvación no era lo que los judíos anticipaban cuando esperaban al Mesías. Tenían la esperanza de una liberación nacional y militarista, no la salvación espiritual que tan desesperadamente necesitaban.

Redimidos de la esclavitud

Jesús también vino a enfrentar el poder que el pecado tiene sobre nosotros. Cuando los ángeles anunciaron el nacimiento de Cristo, el anuncio vino acompañado de la siguiente profecía: "Él salvará a su pueblo de sus pecados" (Mt. 1:21). Este regalo tan increíble no es solo el perdón, sino el poder de superar nuestra tendencia innata al mal. Los profetas del Antiguo Testamento prometieron que Dios le daría a su pueblo un corazón nuevo (Jer. 31:31-33). Esta promesa fue cumplida con el Espíritu Santo, quien les dio una naturaleza nueva a los creyentes, un nuevo nacimiento espiritual. Los autores del Nuevo Testamento conectan el proceso de Dios para librarnos del poder del pecado con la liberación de los hebreos de la esclavitud en Egipto.

Muchas de las cosas que los escépticos traen a colación para desacreditar las Escrituras, en realidad apuntan a la misericordia y amor de Dios cuando las examinamos abierta y cuidadosamente. La esclavitud es ciertamente una de las mayores transgresiones de la humanidad. Desde el principio de la historia registrada, diversas formas de esclavitud han formado parte de la vida. Algunos afirman que la Biblia apoya la esclavitud porque da instrucciones de cómo se debe tratar a los esclavos. Aunque no es el momento de extendernos en explicaciones sobre la forma correcta de interpretar este asunto, y cuan justo y bueno fue Dios con aquellos que se encontraban en ese estado, es importante que notemos que la esclavitud era la imagen divina que mejor describía el estado de la humanidad.[6] Éramos esclavos del pecado.

Los Diez Mandamientos que Dios le dio personalmente a Moisés, dicen: "Yo soy el Señor tu Dios. Yo te saqué de Egipto, del país donde eras esclavo" (Ex. 20:2). Luego se citan los mandamientos. Dios no es el autor de la esclavitud, sino quien nos libera de ella.

Es imposible entender lo que Cristo logró a través de su crucifixión si no entendemos el hecho de que Él vino a librarnos de este estado de atadura espiritual. Eso es lo que significa el término *redimido*, comprar o pagar el rescate de alguien que se encuentra en un estado de esclavitud para liberarlo. "Porque ni aun el Hijo del hombre vino para que le sirvan, sino para servir y para dar su vida en rescate por muchos" (Mc. 10:45). El pago de un rescate sugiere que fuimos hechos rehenes en nuestro estado de pecadores. Los profetas predecirían esta redención y Cristo la cumpliría con su muerte y resurrección.

La crucifixión es el tema central del evangelio

Estamos llamados a proclamar el evangelio (las buenas nuevas) a todas las naciones. Para obtener una mejor comprensión de cuál es el mensaje, aquí le ofrezco una definición sucinta: el evangelio es la buena noticia de que Dios se hizo hombre en Cristo Jesús. Él vivió la vida que cualquiera de nosotros pudo haber vivido y murió de la forma que cualquiera de nosotros pudo haber muerto, en nuestro lugar. A los tres días resucitó de entre los muertos, probando que Él es el Hijo de Dios, y ofreciendo el regalo de la salvación a todo aquel que se arrepiente y cree en Él.

La frase más importante de este mensaje es: "Él vivió la vida que cualquiera de nosotros pudo haber vivido y murió de la forma en que cualquiera de nosotros pudo haber muerto, en nuestro lugar". Analicemos en detalle esta idea (en los próximos capítulos analizaremos el resto del mensaje de proclamación del evangelio).

Él vivió la vida que nosotros merecíamos

Cristo tenía que estar libre de pecado. No fue solo un hombre de extraordinaria rectitud, sino que fue perfecto. En toda la historia de la humanidad no ha habido ninguna afirmación de perfección de alguien, especialmente en el sentido moral. El comediante británico Stephen Fry despotricó en contra de Dios por toda la maldad y el sufrimiento que hay en el mundo, y llegó a la conclusión de que Dios no podía ser real y permitir tanto dolor. Continuó diciendo que sería mejor que los dioses griegos fueran reales porque eran más como los humanos, con los mismos apetitos e imperfecciones morales. ¿De verdad quisiéramos tener un Dios imperfecto?

Después de probar una y otra vez su renuencia a cometer pecado, la prueba final de Jesús fue rendirse a Dios y estar dispuesto a hacer su voluntad, incluso si eso lo llevaba a la muerte. Jesús en su ministerio dio una variedad de mensajes que señalaban a su misión más importante de dar su vida por los demás. Una antítesis total de la mentalidad de la supervivencia del más apto. Fue un punto de vista revolucionario, que sería el llamado radical para sus seguidores. Si Él no vino para que le sirvieran sino para servir a otros, entonces sus seguidores deben seguir su ejemplo, un amor radical basado en acciones, no en palabras. El sacrificio propio remplaza a la realización propia en el camino a la paz y a la vida.

Gracias a su vida libre de pecado, Él pudo ofrecerse en nuestro lugar como reemplazo. El único sacrificio apropiado para cubrir los pecados del mundo entero, era uno perfecto. Solo Jesús pudo haber cumplido este requisito. No solo era un hombre de una rectitud extraordinaria, sino que estaba totalmente libre de pecado y obedeció cada palabra y ley de Dios. Todos nuestros héroes, incluso los mejores, tienen defectos. Pero Jesús siguió a la perfección la ley de Dios y su voluntad. Demostró una compasión y misericordia sin paralelo. También mostró una autoridad total sobre los poderes del mal, la enfermedad, e incluso la muerte. Rechazó la hipocresía religiosa y llamó a la gente a volverse del mal. Al final, se rindió totalmente a la voluntad de Dios, ofreciéndose como sacrificio en la cruz. La vida de Jesús cumplió la ley de Dios, así que con su muerte pudo cubrir todos nuestros pecados.

Además, a través de nuestra fe en Jesús, el poder del Espíritu Santo une nuestra vida con la suya. Así que diariamente nos transformamos en su imagen. Con el tiempo, experimentamos un cada vez mayor poder sobre nuestros pecados y nuestros propios pensamientos, conforme a la voluntad de Dios. También experimentamos paz y gozo, sabiendo que Dios no nos usa a la luz de nuestras propias imperfecciones sino a la luz de la vida de Jesús.

Él sufrió la muerte que nosotros merecíamos

La idea de morir por los pecados de alguien más es para muchos algo que no tiene sentido. El mundo musulmán rechaza este concepto y establece que cada persona debe ser juzgada por sus propias acciones. La mayoría de los sistemas religiosos establecen que nuestro destino eterno es determinado por lo bien o lo mal que sigamos ciertos códigos morales o conjunto de enseñanzas. Por desgracia, todas estas afirmaciones lucen tontas cuando reconocemos que nadie puede llenar los estándares perfectos de Dios. Como afirma el apóstol Pablo: "Pues todos han pecado y están privados de la gloria de Dios" (Ro. 3:23).

Todo aquel que comete un crimen contra la humanidad debe pagar por ese crimen. ¿Pero cómo debemos pagar por nuestros crímenes contra Dios? ¿Qué tipo de castigo sería adecuado para cubrir la rebelión contra el Creador del universo? Si algunos actos merecen la muerte o una sentencia de por vida aquí en la tierra, ¿no tendría sentido que el castigo por los pecados en contra de Dios fuera aún más severo? ¿No continuarían las consecuencias del pecado contra el Dios eterno por toda la eternidad? La verdad es que todos merecemos el juicio de muerte eterna, ya que ninguno es digno de entrar en la presencia de Dios. Solo a la luz de esto se puede entender el sacrificio de Jesús. Todos merecemos castigo, pero la vida perfecta de Jesús pagó la deuda inimaginable que le debíamos a Dios. A través de la fe en Él, recibimos perdón de nuestros pecados y el poder de una nueva vida. El apóstol Pablo les escribió a los romanos:

> "Esta justicia de Dios llega, mediante la fe en Jesucristo,
> a todos los que creen. De hecho, no hay distinción, pues
> todos han pecado y están privados de la gloria de Dios,

pero por su gracia son justificados gratuitamente
mediante la redención que Cristo Jesús efectuó. Dios
lo ofreció como un sacrificio de expiación que se recibe
por la fe en su sangre, para así demostrar su justicia.
Anteriormente, en su paciencia, Dios había pasado por
alto los pecados; pero en el tiempo presente ha ofrecido
a Jesucristo para manifestar su justicia. De este modo
Dios es justo y, a la vez, el que justifica a los que tienen
fe en Jesús" (Ro. 3:22–26).

En realidad fue una misión de rescate divino. Cristo vino a
rescatarnos de las garras del pecado y de la muerte. No había
otra manera de ayudarnos sino a través de su muerte, rem-
plazándonos a nosotros. Si hubiese habido otro camino, ciertamente Jesús lo habría tomado. De hecho, antes de morir, Él
oró en el jardín de Getsemaní: "Si es tu voluntad, hazme pasar
de esta copa". Al final, no había otra manera. El Hijo de Dios
sin pecado se ofreció a sí mismo al padre en nuestro lugar
para pagar por nuestros pecados y traernos de regreso a Dios.

El efecto de la cruz de Cristo

La crucifixión de Cristo es innegable. Sin embargo, más allá
del hecho de su muerte, la importancia de lo que pasó se revela
si analizamos las Escrituras en profundidad. Para muchos parece un final brutal, trágico para una gran vida. Pero este acto
de sacrificio tuvo consecuencias de largo alcance. Tan largos
como la distancia entre el cielo y el infierno.

Los poderes de la oscuridad fueron desarmados

Los poderes del mal de este mundo habían conspirado para
destruir a Jesús. Estos poderes incluían el sistema religioso co-
rrupto encabezado por Caifás, el sistema político de dominación
liderado por Pilato y Herodes Antipas, y los poderes demoníacos

controlados por Satanás. Su victoria final parecía ser la crucifixión de Jesús, pero Él pronto demostraría su victoria sobre los poderes del mal en la resurrección. Más aún, al pagar por nuestros pecados, les quitó el poder que tenían sobre el mundo.

"Antes de recibir esa circuncisión, ustedes estaban muertos en sus pecados. Sin embargo, Dios nos dio vida en unión con Cristo, al perdonarnos todos los pecados y anular la deuda que teníamos pendiente por los requisitos de la ley. Él anuló esa deuda que nos era adversa, clavándola en la cruz. Desarmó a los poderes y a las potestades, y por medio de Cristo los humilló en público al exhibirlos en su desfile triunfal" (Col. 2:13–15).

Como resultado, ahora tenemos autoridad sobre los poderes espirituales del mal que existen en este mundo. Como tal, podemos derribar fortalezas espirituales que oprimen nuestras vidas y las de otros creyentes. También podemos orar para que por el poder y la autoridad de Dios, las comunidades, ciudades y naciones puedan ser libradas de la opresión. Este cambio espectacular que se hizo posible gracias a la muerte de Jesús, no puede ser subestimado.

Fuimos librados del miedo a la muerte

"Por tanto, ya que ellos son de carne y hueso, Él también compartió esa naturaleza humana para anular, mediante la muerte, al que tiene el dominio de la muerte; es decir, al diablo".

—Hebreos 2:14

El hecho más realista de la vida es que todos debemos morir. Saber esto puede hacer que algunos se concentren completamente en las cuestiones y preocupaciones de la vida, simplemente con el propósito de evitar pensar en este ominoso destino. Otros viven en un estado de desesperación silente ante la perspectiva de este final inevitable. Los grandes filósofos ahondaron en el tema y escribieron sobre las luchas con la desesperación existencial de una vida que comienza sin una razón y termina sin un verdadero significado. Sin embargo, gracias a la muerte de Cristo, fuimos sacados de este hoyo de desesperanza. Ya nunca jamás seremos prisioneros del miedo a la muerte porque sabemos que hay algo más allá de esta vida.

La pared divisoria ha sido derribada

"Pero ahora en Cristo Jesús, a ustedes que antes estaban lejos, Dios los ha acercado mediante la sangre de Cristo. Porque Cristo es nuestra paz: de los dos pueblos ha hecho uno solo, derribando mediante su sacrificio el muro de enemistad que nos separaba, pues anuló la ley con sus mandamientos y requisitos. Esto lo hizo para crear en sí mismo de los dos pueblos una nueva humanidad al hacer la paz, para reconciliar con Dios a ambos en un solo cuerpo mediante la cruz, por la que dio muerte a la enemistad".

—Efesios 2:13–16

No había una división étnica más pronunciada que la que existía entre judíos y gentiles. Las Escrituras dicen que gracias a su muerte, esa pared se derribó para que todos fueran unidos en Cristo. Nuestro mundo actual continúa estando dividido y separado por la maldición del racismo. Esto proviene de la maldad que vive en cada corazón humano. Miramos negativamente otro grupo de gente porque tenemos miedo, inseguridades y juicio severo. Algunos no pueden perdonar los crímenes cometidos por algunos miembros de algún grupo, así que miran a todos los del grupo a través de lente de su estereotipo. O simplemente no se preocupan por las dificultades de aquellos que no pertenecen a su comunidad. Solo el poder de la cruz puede derribar muchas de estas barreras. El que Dios nos perdone nuestros muchos pecados nos motiva a perdonar a los demás. Y la misericordia y bondad de Dios hacia nosotros nos impulsa a mostrar lo mismo, incluso a nuestros enemigos.

Al entregar nuestra vida a Jesús, Dios nos adopta como sus hijos. Nuestra identidad ya no depende de nuestra etnia, nuestro estatus socioeconómico u otro criterio mundano. Reconocemos que ahora pertenecemos a una familia nueva que no se basa en las divisiones naturales. Pablo describió vívidamente esta realidad en relación con la división que antes existía entre judíos y gentiles (los no judíos). En los tiempos de moisés, Dios instituyó leyes para crear barreras entre su pueblo y las naciones circundantes, como por ejemplo, no comer juntos. El propósito era evitar que la idolatría y la corrupción de estas naciones contaminaran a Israel. Después de Jesús, el Espíritu Santo ayudaría a los creyentes a vivir justamente, incluso en medio de la cultura pagana. Ya las barreras no eran necesarias, así que los judíos y los gentiles podían estar juntos como un solo pueblo. El mismo poder unificador que puede reunir a todos los pueblos, existe hoy en día.

Una de las imágenes más poderosas de esta unidad era el festival del día de Pentecostés (Hechos 2). Durante este festival, judíos de todas partes del mundo se reunían en Jerusalén. Un día, después de que los discípulos estaban orando, el Espíritu Santo cayó sobre ellos y comenzaron a hablar en lenguas a los visitantes. Todo el mundo empezó a escuchar las maravillas de Dios en su propio idioma. Esta visión unificadora deshizo la maldición de la torre de Babel (Gen. 11:1–9), donde Dios separó a la gente del mundo según sus diferentes idiomas para evitar el poder destructivo que podían tener al estar unidos, el cual se originó por su rebelión.

Resumen: Visita a la Zona Cero

El 11 de septiembre de 2001, terroristas islámicos estrellaron dos aviones comerciales en las torres del World Trade Center en Nueva York. La devastación puso a los Estados Unidos de rodillas. El sitio donde ocurrió el ataque es conocido como la "Zona Cero". Durante los días y semanas posteriores al ataque, las personas que realizaban las labores de rescate erigieron una cruz fabricada con el acero doblado que habían sacado de los escombros de las torres caídas. El dolor y sufrimiento de la cruz fue un recordatorio de que Dios está al tanto de nuestro sufrimiento y dolor. También fue un recordatorio de que, incluso en medio de la tragedia, puede haber esperanzas de un mañana.

Hoy, miles de personas van a Nueva York a visitar el monumento en la Zona Cero. Quizás van a recordar a sus seres queridos o amigos que perdieron su vida en ese trágico día. Otros van en búsqueda de respuestas por qué ocurrieron esos acontecimientos tan grotescos y crueles. Al final, existe la esperanza de encontrar de alguna manera algo de paz con esa visita a este trozo de la historia.

En cierta forma, la cruz de Cristo representa la Zona Cero final de la historia humana. En la cruz ocurrió la injusticia más grande de la humanidad. Jesucristo, la única persona perfecta que ha vivido, sufrió y murió por los pecados de otros. Independientemente de nuestra edad, etnia o antecedentes religiosos, cuando visitamos *esa* Zona Cero y recordamos el sacrificio final que se hizo por nosotros, recibimos la esperanza que necesitamos en medio de los tiempos de dificultad y confusión en los cuales vivimos, así como el poder que nos eleva a la gracia verdadera y una paz que sobrepasa todo entendimiento.

5

La resurrección

El acontecimiento que lo cambió todo

Las pruebas a favor de la resurrección son más contundentes que aquellas a favor de los supuestos milagros de cualquier otra religión. Son completamente diferentes, tanto en calidad como en cantidad.[1]

—Anthony Flew, afamado ateo,
convertido en creyente de Dios

Karl Popper, un filósofo científico, propuso una nueva forma de determinar si algo podía ser considerado creíble desde el punto de vista científico. En lugar de tratar de definir conclusivamente lo que es cierto, propuso que la prueba clave era tratar de establecer si algo podía ser considerado como falso.[2] Este tipo de pruebas se ha convertido en parte del vocabulario científico y filosófico y ha sido considerado un corolario del método científico aceptado universalmente.

En vista del vasto océano de información que nos rodea, cuando verifica la credibilidad de las hipótesis o la identidad es vital, necesitamos contar con un grupo de normas que nos ayuden a eliminar lo que es falso y fraudulento. Estos criterios nos ayudan a descubrir a los embaucadores y los impostores. También debemos recordar que la existencia de falsificaciones no significa que algo real no existe.

Algunos creen que las hipótesis religiosas o metafísicas se

eliminan automáticamente según los criterios de Popper. La típica respuesta es que las hipótesis religiosas no se pueden verificar y que, por lo tanto, deben ser excluidas de cualquier discusión que busque respuestas a las preguntas más importantes. Muchos se sorprenden al darse cuenta de que no todas las hipótesis religiosas son excluidas cuando se aplican estas restricciones.

Lo que destaca es la inequívoca diferencia de la fe cristiana. Es la única religión cuyo argumento central se puede probar de esta manera. Este argumento es que Jesucristo resucitó físicamente tres días después de su crucifixión. Este fue el mensaje principal de sus discípulos, que trastornó al mundo. El apóstol Pablo escribió en 1 Corintios 15: "Y si Cristo no ha resucitado, la fe de ustedes es ilusoria".

Permítame decirlo nuevamente de la forma más clara y sucinta posible. El cristianismo se apoya en un suceso único: la resurrección de Jesucristo de entre los muertos. Esta no solo es la base de una fe creíble, sino también una esperanza real para la asfixiante incertidumbre de lo que nos aguarda más allá de la tumba.

Otras religiones, como el Islam, ofrecen pruebas subjetivas para validar sus hipótesis. Por ejemplo, el Corán afirma que el lector debería preguntar si alguien podría escribir un libro como el Corán (Sura 10:37–38). ¿Cómo se puede considerar falsa una afirmación como esta? Después de todo, ¡cualquiera puede preguntar si alguien podría escribir un libro como *La Ilíada* o *Moby Dick*!

El hinduismo no hace ningún intento de probarse a sí mismo. Simplemente se relatan las historias de los dioses y el peso de siglos de impulso cultural lo hace avanzar por sí solo. Dicho de otra manera, si las historias se cuentan durante suficiente tiempo, se convierten en parte de la narrativa cultural. No hay una orden evangelística de enviar misioneros hinduistas con algún mensaje para que otros lo crean. Si hay millones de dioses, como ellos creen, convencer a la gente para agregar uno más sería innecesario. El budismo no depende del hecho de que Buda haya sido una persona real, y ciertamente tampoco de que él o sus seguidores hayan afirmado que él era un representante de Dios. El núcleo central del budismo requiere el cumplimiento de un conjunto de compromisos filosóficos para pensar y vivir correctamente.

Como William Lane Craig y Sean McDowell comentaron:

> Según consta Buda dijo: "Por esto sabrá que un hombre no es mi discípulo, cuando trata de obrar un milagro" (Huston Smith, *The World's Religions*, 1991, p. 97). ¡Jesús dijo e hizo exactamente lo contrario! Hizo milagros para que la gente *supiera* que era el Hijo de Dios (por ejemplo, Marcos 2:1-10). A diferencia de Buda, Jesús presentó evidencias para que el pueblo confiara y tuviera fe en Él.[3]

Pero el mensaje de Jesucristo es para todos los pueblos y todas las naciones. Una de sus muchas características distintivas es que no existe la obligación de exportar una cultura específica (como la judía). En su lugar, la [Gran] Comisión fue dada para llevar a toda criatura el mensaje de que Jesús fue resucitado de entre los muertos y permitir que el Espíritu Santo sea su guía. Dios no está interesado en eliminar la cultura de ninguna nación. Él solo está interesado en transformar los corazones y las mentes. Cuando esto ocurra, la cultura experimentará el renacimiento de sus más nobles propósitos. Estas diferencias entre cada grupo humano y etnia reflejan la diversidad y la creatividad de Dios al concebir tal variedad de personas y pueblos. Como diría el apóstol Pablo: "De un solo hombre hizo todas las naciones para que habitaran toda la tierra; y determinó los períodos de su historia y las fronteras de sus territorios" (Hch. 17:26).

La mejor explicación de los hechos mínimos.

En el capítulo 2 examinamos los hechos mínimos en torno a la muerte de Jesús que han sido aceptados por todos los eruditos, aun los más escépticos. Nuevamente, estos son hechos que aun los investigadores más incrédulos y suspicaces aceptan como ciertos.

Veamos rápidamente los hechos primarios:

- Jesús fue crucificado por Poncio Pilato, el go-bernador romano.
- Tres días después, algunas de sus seguidoras en-contraron su tumba vacía.
- Sus discípulos creyeron ver a Jesús aparecer después de su muerte.
- El mensaje de su resurrección fue proclamado inmediatamente después de habérsele reapare-cido a sus discípulos.
- Saulo de Tarso, el principal perseguidor de sus discípulos, se hizo creyente.

Como estos hechos son aceptados como parte de la historia fundamental, podemos usarlos para demostrar que la única ex-plicación posible para los acontecimientos que tuvieron lugar al final de su ministerio, es que Jesús en efecto se levantó de entre los muertos. N. T. Wright, uno de los expertos más importantes en el tema de la resurrección, está de acuerdo con que la resu-rrección es la explicación que mejor concuerda con estos hechos.

"La única explicación posible del surgimiento del cristianismo primitivo, y de la forma que este tomó, es que la tumba [de Jesús] realmente estaba vacía, y que la gente realmente se encontró con Jesús, vivo de nuevo, y (6) que, aunque admitirlo equivalga a aceptar el reto de cambiar hasta la mismísima forma de ver al mundo, la mejor explicación histórica es que Jesús fue, en efecto, físicamente levantado de entre los muertos.[4]

No se pueden sobreestimar las implicaciones de que aun los escépticos aceptan los hechos mínimos. Durante décadas, los escépticos radicales trataron de sugerir que había muy pocas cosas, aparte de la información que contenía el Nuevo Testamento, que podíamos saber acerca de Jesús. Entender lo erróneo de esta aseveración nos da una muestra de los esfuerzos desesperados por desestimar la evidencia histórica real sobre Jesucristo. Y de la misma manera desechan los Evangelios y el resto del Nuevo Testamento. Estos también son documentos históricos confiables y se deben incluir en la búsqueda del Jesús histórico. Los escépticos, en realidad, usan el Nuevo Testamento escogiendo cuidadosamente lo que les gusta y desechando aquello que no les agrada, basados en suposiciones y sesgos, como lo discutimos en el capítulo 3. Sin embargo, cualquiera que examine la evidencia legítimamente llegará a la conclusión inevitable de que la resurrección realmente ocurrió.

Cómo dijo el teólogo Wolfhart Pannenberg: "Siempre y cuando la historiografía no comience dogmáticamente con el estrecho concepto de que 'los muertos no resucitan', no entendemos por qué la historiografía no debe, en principio, ser capaz de hablar de la resurrección de Jesús como la explicación más idónea a acontecimientos como los relatos de las apariciones a los discípulos y el descubrimiento de la tumba vacía".[5]

El fracaso de las teorías naturalistas

Basados en los hechos mínimos, podríamos naturalmente preguntarnos si los cristianos han podido demostrar que la resurrección ocurrió. La respuesta depende de lo que pensemos que significa la palabra *demostrar*, y de lo que es posible. Para el cristiano, la evidencia apunta inequívocamente a que Jesús fue levantado de entre los muertos. Sin embargo, los escépticos asumen desde el principio que todas las hipótesis sobrenaturales son falsas, porque no existe nada más allá de lo físico. Es decir, la gente no se levanta de entre los muertos. Por lo tanto, prefieren creer en cualquier explicación que les venga a la mente, sin importar lo improbable que pareciera ser, a aceptar que la resurrección verdaderamente sucedió.

La tesis más popular del escepticismo contemporáneo es la teoría de la alucinación. Según esta teoría, se acepta que los discípulos creyeron haber visto a Jesús resucitado, pero que esta experiencia de ellos fue una simple alucinación motivada o movida por la aflicción y la desilusión. Esta teoría es promovida principalmente por escritores sin credenciales médicas, ni ningún otro conocimiento real sobre la materia. Otros profesionales médicos competentes han señalado que tales alucinaciones vívidas no ocurrirían jamás de forma colectiva, o en tantos individuos en diferentes momentos (por ejemplo, los casos de Santiago y Pablo), y en diferentes lugares. Adicionalmente, unas alucinaciones tan impresionantes habrían requerido que los discípulos estuviesen esperando experimentar las apariciones. Pero los discípulos no tenían tal expectativa, ya que huyeron de la escena. Otros testigos, como Santiago, el hermano de Jesús, se hallaban en un estado mental de completa normalidad, de tal manera que nada habría podido producir ninguna clase de visión o percepción del encuentro. Ni esta teoría habría dado cuenta de la tumba vacía. Los médicos Joseph W. Bergeron y Habermas afirman: "En resumen, las hipótesis psiquiátricas no ofrecen ninguna explicación aceptable de los encuentros individuales o colectivos con el Jesús resucitado".[6]

Otra teoría muy común es la que afirma que las hipótesis sobre la resurrección son principalmente leyendas inventadas años después de que los hechos ocurrieron. Esta teoría requiere que todas las pruebas históricas claves sean ignoradas. Como mencionamos anteriormente, la proclamación de la resurrección fue hecha por los principales líderes de la iglesia, muy poco tiempo después de que ocurrieron los hechos. El propio Pablo escribió sobre su encuentro después de la resurrección. La tumba vacía se apoya en una sólida base histórica. Y solo los investigadores extremistas fanáticos negarían el hecho de que los discípulos sufrieron una transformación. En síntesis, afirmar que la resurrección es una leyenda es como decir que el asesinato del César y la mayoría de las hazañas militares de Alejandro Magno también son inventos legendarios.

Otra explicación clásica es que Jesús se recuperó de sus heridas y llegó caminando al sitio en el que se encontraban sus discípulos escondidos. Muy poca gente acepta esta teoría hoy en día, ya que nadie jamás sobrevivió al método de crucifixión romano. Si los soldados encargados de la ejecución llegaban a fallar en su misión de matar al condenado, serían ejecutados. Además, si Jesús hubiese llegado tambaleándose hasta donde se encontraban sus discípulos, estos habrían concluido inmediatamente que Jesús simplemente sobrevivió a su castigo, y no que Él era el Salvador de la humanidad resucitado en un cuerpo glorificado. La posibilidad de que hubiera resucitado jamás habría pasado por sus mentes.

Otras evidencias hacen que la "teoría del desvanecimiento"

(teoría *swoon*) sea completamente insostenible.[7] Las razones médicas aparecen resumidas por el Dr. Alexander Metherell en una entrevista que le hizo Lee Strobel:

> Recurriendo a la historia, medicina, arqueología e incluso a las reglas militares romanas, Metherell había eliminado cualquier posibilidad: Jesús no pudo haber bajado de la cruz con vida. Aun así lo presioné más. "¿Hay alguna posibilidad—*cualquiera*—de que Jesús pudo haber sobrevivido?".
> Metherell meneó la cabeza y me señaló con el dedo para enfatizar. "Absolutamente no", manifestó él. "Recuerda que Él ya estaba en choque hipovolémico por el masivo derrame de sangre que sufrió antes de la crucifixión. No pudo haber fingido su muerte, porque no se puede fingir el dejar de respirar por mucho tiempo. Además, la lanza que le abrió el costado hubiese acabado todo de una vez y por todas. Aparte que los romanos no iban a poner en riesgo su propia vida al permitirle que saliera de allí con vida".[8]

Otras teorías son presentadas con menos frecuencia. La más antigua es la del robo del cuerpo de Jesús por parte de los discípulos. Esta se originó entre los sumos sacerdotes judíos, inmediatamente después de la resurrección (Mt. 28:13). Sin embargo, ningún investigador competente ha defendido esta teoría en los últimos doscientos años, ya que la misma solo explica la evidencia de la tumba vacía. Otra de las hipótesis más fantásticas es la de que Jesús tenía un gemelo idéntico desconocido. Pero ni siquiera los investigadores más escépticos le dan ningún tipo de credibilidad a esta versión. Las fallas de todas las hipótesis alternas han sido reconocidas aún por los escépticos más ardientes. Por ejemplo, Bart Ehrman comenta:

"Los defensores se deleitan con estas explicaciones. Cualquiera que diga que los discípulos robaron el cuerpo de Jesús es atacado inmediatamente por sugerir que hombres de semejante talla moral, y que creían firmemente en sus convicciones, habrían podido hacer una cosa así. Quien diga que fueron los romanos quienes movieron el cuerpo, es silenciado inmediatamente, alegando que estos últimos habrían mostrado el cuerpo si lo hubieran tenido en su poder. Cualquiera que diga que la tumba estaba vacía porque las mujeres fueron a la tumba equivocada, es ridiculizado por no darse cuenta de que a cualquiera—como un no creyente—pudo habérsele ocurrido la idea de ir a la tumba correcta y revelar la presencia del cuerpo. Quien afirme que Jesús simplemente no murió y que entró en un coma y después se despertó y abandonó la tumba, es sometido a escarnio por pensar que un hombre sometido a una tortura que casi le hizo perder la vida, podría tener fuerzas para rodar la pesada piedra y aparecérseles a sus discípulos como el Señor de la vida, cuando en realidad, seguramente habría lucido como la muerte en persona".[9]

La profecía de su resurrección

"Luego comenzó a enseñarles: 'El Hijo del hombre tiene que sufrir muchas cosas y ser rechazado por los ancianos, por los jefes de los sacerdotes y por los maestros de la ley. Es necesario que lo maten y que a los tres días resucite'".

—Marcos 8:31

La resurrección fue predicha por profetas, así como por el mismo Jesús. Su muerte no fue accidental o un asesinato por resolver. De hecho, tal como fue previsto por las Escrituras, Él había de sufrir y levantarse de nuevo. Él habló de este acontecimiento en varios lugares y a través de las más creativas e impresionantes formas. Él, por ejemplo, profetizó la destrucción del templo de Jerusalén (lo que ocurrió en el año 70 d. C.), y luego dijo que Él lo levantaría de nuevo en tres días, haciendo referencia a su propio cuerpo. "'Destruyan este templo —respondió Jesús—, y lo levantaré de nuevo en tres días'. 'Tardaron cuarenta y seis años en construir este templo, ¿y tú vas a levantarlo en tres días?'. Pero el templo al que se refería era su propio cuerpo. Así, pues, cuando se levantó de entre los muertos, sus discípulos se acordaron de lo que había dicho, y creyeron en la Escritura y en las palabras de Jesús" (Jn 2:18–22).

Probablemente una de las historias más inusuales y controversiales de la Biblia es la que se menciona en el capítulo anterior sobre el profeta Jonás, que fue tragado por una criatura del mar y pasó tres días dentro de ella. Jesús hizo referencia a esta historia como una señal de su muerte y resurrección:

"Algunos de los fariseos y de los maestros de la ley le dijeron: 'Maestro, queremos ver alguna señal milagrosa de parte tuya'. Jesús les contestó: '¡Esta generación malvada y adúltera pide una señal milagrosa! Pero no se le dará más señal que la del profeta Jonás. Porque así como tres días y tres noches estuvo Jonás en el vientre de un gran pez, también tres días y tres noches estará el Hijo del hombre en las entrañas de la tierra'" (Mt. 12:38–40).

Los profetas visualizaron esta resurrección en el Antiguo Testamento y los apóstoles hicieron referencia a estas mismas profecías en sus prédicas:

"Sin embargo, Dios lo resucitó, librándolo de las angustias de la muerte, porque era imposible que la muerte lo mantuviera bajo su dominio. En efecto, David dijo de Él:

'Veía yo al Señor siempre delante de mí,
porque Él está a mi derecha
para que no caiga.
Por eso mi corazón se alegra, y canta con gozo mi lengua;
mi cuerpo también vivirá en esperanza.
No dejarás que mi vida termine en el sepulcro;
no permitirás que tu santo sufra corrupción.
Me has dado a conocer los caminos de la vida;
me llenarás de alegría en tu presencia'.

Hermanos, permítanme hablarles con franqueza acerca
del patriarca David, que murió y fue sepultado, y cuyo
sepulcro está entre nosotros hasta el día de hoy. Era profeta y sabía que Dios le había prometido bajo juramento
poner en el trono a uno de sus descendientes. Fue así
como previó lo que iba a suceder. Refiriéndose a la resurrección del Mesías, afirmó que Dios no dejaría que su
vida terminara en el sepulcro, ni que su fin fuera la corrupción" (Hch 2:24–31).

La resurrección es la base de nuestra fe

Algunos escépticos como Bart Erhman y Michael Shermer,
tienen historias similares sobre su antigua vida como cristianos fundamentalistas, de esos que van de puerta en puerta
evangelizando a cada persona. Ellos cuentan que su viaje hacia
la incredulidad empezó cuando cuestionaron la absoluta infalibilidad de las Escrituras. Les habían dicho que esta visión superior de las Escrituras era la verdadera base de la fe. Aunque
creo en la infalibilidad de las Escrituras, creo que la base
más importante de la fe no tiene nada que ver con esa afirmación. En una entrevista personal con el investigador Dan
Wallace, él estuvo de acuerdo con que, en muchas ocasiones,

los escépticos que una vez fueron cristianos fundamentalistas simplemente cambiaron una clase de dogmatismo por otro. La resurrección de Jesús es la prueba más importante de la veracidad de la fe cristiana. La resurrección apoya la inspiración divina y la confiabilidad de las Escrituras, y no a la inversa. He visto personas que han caído en una crisis de fe al descubrir una dificultad que las Escrituras no puedan explicar. La lista de dificultades que los críticos pueden inventar es bastante larga. Aunque la mayoría de ellas se puede resolver aplicando paciente y objetivamente la ley de la no contradicción, o simplemente recurriendo al uso de la ley del sentido común, nuestra fe no se puede poner en pausa hasta que dichos problemas sean resueltos.

El cristianismo creció porque los apóstoles predicaron que Cristo había sido levantado de entre los muertos, en cumplimiento de lo dicho por los profetas hebreos. Su muerte satisfizo las demandas de justicia cuando se rompe la Ley de Dios, y la vida perfecta de Jesús lo calificó para ser el Cordero de Dios, el sacrificio sin mancha ni mácula. Los evangelios del Nuevo Testamento y las cartas de Pablo no se escribirían por casi dos décadas, sin embargo, la iglesia creció rápida y dramáticamente durante ese lapso de tiempo. El núcleo central de su mensaje fue la veracidad de la resurrección. Aunque defender la autoridad de las Escrituras que es una tarea noble y necesaria, no debemos ir más allá de lo que las mismas Escrituras dicen acerca del contenido de la presentación central del evangelio.

Son muchas las historias que he escuchado acerca de cómo la resurrección salvó la fe de la gente. A los diecinueve años, el Dr. George Wood luchaba con el dilema de querer creer que su fe era racional, pero teniendo dificultades para hallar las bases que necesitaba. Fue cuando oyó una clase sobre las bases históricas de la resurrección que pudo encontrar una base sólida. "Entonces vine a entender que podía confiar en la voz de Jesús porque, según la historia, Él había recuscitado de entre los muertos".[10] Hoy es el líder de las Asambleas de Dios, una agrupación de unas trescientas mil iglesias, presente en más de doscientos países.

Cómo la resurrección afecta nuestra comprensión de los evangelios

Los historiadores nunca habrían puesto en duda la confiabilidad de los evangelios si a estos se les hubiera aplicado consistentemente los mismos estándares que se les aplicaron a otros textos antiguos. La razón principal por la que se niega la confiabilidad de los evangelios es el rechazo a cualquier hipótesis sobrenatural, en particular, la resurrección de Jesús. Necesitan creer que los discípulos se encontraban tan confundidos por lo que había pasado que comenzaron a esparcir fábulas delirantes por toda la primera iglesia. Sin embargo, si Jesús en verdad se levantó de entre los muertos, Él realmente representó la presencia de Dios en la tierra, y los relatos de los discípulos fueron certeros.

Comprender esto implica varias cosas. Primero, Jesús habría profetizado su muerte y resurrección, por lo que habría preparado a sus discípulos para transmitir verazmente sus enseñanzas a las futuras generaciones. Además, los autores y recopiladores de las Escrituras en el futuro habrían sido guiados por el Espíritu Santo, para garantizar que la información fuera preservada fielmente. Difícilmente nos podemos imaginar a Dios observando pasivamente desde el cielo, mientras el mensaje de Jesús se corrompe poco a poco. Particularmente cuando el mismo Jesús prometió a los apóstoles que el Espíritu Santo les recordaría todas sus enseñanzas, y que Él les mostraría todo lo demás que ellos necesitaran entender (Jn. 14:26).

Jesús les encargó a sus discípulos difundir su mensaje a todas las naciones, y Él prometió que estaría con ellos hasta el final (Mt. 28:18–20). Por lo tanto, podemos tener la seguridad de que ellos transmitieron su mensaje fielmente y lo repitieron continuamente durante décadas. También prepararon a futuros líderes para transmitir la información a las futuras generaciones. Y esos líderes transmitieron la misma tradición a la siguiente generación. Éste proceso se siguió repitiendo mucho después de que los evangelios fueran transcritos y copiados a lo largo del mundo conocido. Clemente, sucesor de Pedro en Roma, escribió:

> "Los apóstoles recibieron el evangelio del Señor Jesucristo, y Jesucristo fue enviado por Dios. Cristo, por lo tanto, es y viene de Dios, y los apóstoles son y vienen de Cristo. Ambos eventos, entonces, ocurrieron por la voluntad de Dios. Recibiendo sus instrucciones y llenos de confianza en la resurrección de nuestro Señor Jesucristo, y confirmados en la fe por la Palabra de Dios, salieron con la convicción total en el Espíritu Santo, predicando las buenas nuevas de que el advenimiento del reino de Dios está por llegar. Predicaron en la ciudad y en el campo; y nombraron a sus primeros conversos, probándolos en el Espíritu, como obispos y diáconos de los futuros creyentes".[11]

No es un argumento circular

Una acusación frecuente de los escépticos es que los cristianos creen en la resurrección solo porque la Biblia dice que ocurrió.

Si tal afirmación fuese cierta, la lógica debería fluir como sigue a continuación:

La Biblia es la Palabra de Dios.
La Biblia dice que Jesús fue levantado de entre los muertos.
Por lo tanto, Jesús fue levantado de entre los muertos, porque la Biblia lo dice.

Tal argumentación sería un razonamiento circular, y lógicamente inválido.

En realidad, el argumento no comienza ni termina con la afirmación de que la Biblia es cierta. El argumento dice:

Según la historia, Jesús fue crucificado y levantado de entre los muertos.
Su resurrección validó su identidad como Hijo de Dios.
Los escritos del Nuevo Testamento son históricamente fiables y son testimonio de estos hechos.
Por lo tanto ambos, la historia y las Escrituras, confirman que Jesucristo de Nazaret fue levantado de entre los muertos, tres días después de ser crucificado.

Éste es un argumento lineal y no circular. La premisa inicial es que Jesús existió y que su crucifixión por parte el líder romano Poncio Pilato forma parte de los registros históricos. Por lo tanto, su resurrección es la mejor explicación para los hechos históricos que aún los más escépticos reconocen cómo verdaderos. Los escritos del Nuevo Testamento son documentos históricos confiables y apoyan la hipótesis de que la crucifixión y la resurrección fueron acontecimientos reales. Estos también explican que este último evento sobrenatural confirma la identidad de Jesús como el Hijo de Dios.

La conclusión, por lo tanto, fluye desde un hecho histórico, no de una aseveración al azar proveniente de un libro religioso, como a los escépticos les gusta retratarlo.

Gary Habermas ilustra el significado de esta diferencia en sus charlas sobre la veracidad de la resurrección. Levanta una Biblia en alto y dice: "Si esta Biblia es la palabra infalible de Dios, Jesús fue levantado de entre los muertos. Si esta Biblia no es infalible, pero aún es confiable, Jesús todavía fue levantado de entre los muertos".[12] Ésta es una verdad vital a la cual debemos aferrarnos al enfrentarnos al bombardeo de los escépticos sobre los creyentes de Jesús en la sociedad contemporánea.

El significado de la resurrección

Antes de cerrar este importante capítulo, veamos un resumen del significado de la resurrección. Es decir, ¿cuál fue el impacto que tuvo este evento? Históricamente, la resurrección es la hipótesis que mejor explica todos los hechos, pero esto no nos explica por completo su significado. Al escudriñar las Escrituras, obtenemos una sabiduría valiosa sobre lo que realmente significa.

La verificación de la identidad de Cristo

> "Pablo, siervo de Cristo Jesús, llamado a ser apóstol, apartado para anunciar el evangelio de Dios, que por medio de sus profetas ya había prometido en las sagradas Escrituras. Este evangelio habla de su Hijo, que según la naturaleza humana era descendiente de David, pero que según el Espíritu de santidad fue designado con poder Hijo de Dios por la resurrección. Él es Jesucristo nuestro Señor".
>
> —Romanos 1:1-4

La resurrección puso en evidencia que Jesús era, ciertamente, el Hijo de Dios. Con tantas personas afirmando hablar en nombre de Dios, o aún ser el Mesías, necesitamos urgentemente que la certeza de la identidad de Cristo sea confirmada por Dios.

Este hecho me recuerda la importancia de verificar la identidad. Nuestra identidad se debe establecer más allá de nuestro propio testimonio. No llegamos a un aeropuerto esperando ser admitidos en un área de seguridad sin que antes se confirme quienes somos. La resurrección confirmó quien es Él. En un mundo donde abundan los robos de identidades y los engaños, podemos poner nuestra confianza en Jesucristo. Porque Jesús fue levantado de entre los muertos, podemos confiar en que sus palabras fueron reales y dignas de confianza.

La prueba de la vida después de la muerte

Mientras avanzo en la fila para pagar, me divierto leyendo titulares sensacionalistas como "Nuevas evidencias de vida después de la muerte". Las experiencias cercanas a la muerte son un campo de estudio fascinante y han dado testimonios que no se pueden calificar como simples alucinaciones, o el producto de un estado alterado de la mente. Sin embargo, la resurrección de Jesús es distinta a cualquiera de esas afirmaciones. Cristo, después de ser torturado y flagelado, fue crucificado y sepultado. A los tres días, volvió a la vida, tal y como Él mismo lo profetizó.

Este evento es una prueba contundente de que hay vida después de la muerte. Cómo Jesús les dijo a sus discípulos: "Y si me voy y se lo preparo [el lugar], vendré para llevármelos conmigo. Así ustedes estarán donde yo esté" (Jn. 14:3). El hecho de que el cielo existe se basa en el testimonio del Hijo de Dios. Podemos tener esperanza genuina y consolarnos en el hecho de que nuestra existencia no termina con la muerte física. Cómo escribiera el apóstol Pablo:

"Cuando lo corruptible se revista de lo incorruptible, y lo mortal, de inmortalidad, entonces se cumplirá lo que está escrito: 'La muerte ha sido devorada por la victoria.

¿Dónde está, oh muerte, tu victoria?
¿Dónde está, oh muerte, tu aguijón?'" (1 Co. 15:54–55).

Somos levantados espiritualmente, nacidos de nuevo

"Pero Dios, que es rico en misericordia, por su gran amor por nosotros, nos dio vida con Cristo, aun cuando estábamos muertos en pecados. ¡Por gracia ustedes han sido salvados! Y en unión con Cristo Jesús, Dios nos resucitó y nos hizo sentar con él en las regiones celestiales".

—EFESIOS 2:4–6

Jesús le dijo a un líder religioso llamado Nicodemo que debía nacer de nuevo (Jn. 3:3). Pablo prometió que si alguien está en Cristo, es nueva criatura, (2 Co. 5:17). Esta declaración significa que nuestra transformación ocurre desde adentro. La resurrección nos da el poder para levantarnos a esta nueva vida. Ya no estamos atados a los deseos de la carne o nuestras debilidades. Como el poder de la resurrección está disponible para nosotros, podemos vivir una vida que agrade y honre a Dios.

La resurrección confirma el juicio venidero

"Pues bien, Dios pasó por alto aquellos tiempos de tal ignorancia, pero ahora manda a todos, en todas partes, que se arrepientan. Él ha fijado un día en que juzgará al mundo con justicia, por medio del hombre que ha *designado. De ello ha dado pruebas a todos al levantarlo de entre los muertos".*

—Hechos 17:30

La resurrección de Jesús es la prueba de que Él es el Hijo de Dios y el juez máximo, a quien habremos de confrontar en el fin del mundo. Para muchos, el concepto del juicio es muy aterrador para pensar en él, pero ignorar el tema no lo hará desaparecer, ni hará que lo evitemos.

Dios prometió juzgar al mundo a través de Cristo. El hecho de que vendrá un día en el que todos tendremos que ser juzgados ante el trono del juicio de Cristo y daremos cuenta de nuestras vidas, refuerza nuestros sistemas inmunológicos espirituales para resistir al mal y escoger el camino del bien.

Si leemos el Nuevo Testamento, nos daremos cuenta de que este mensaje del juicio venidero formó parte integral de la presentación de la primera iglesia. Aunque somos llamados a ser misericordiosos y no juzgar a los demás, todos tendremos que presentarnos ante el Señor en la eternidad. Esta esperanza debe inspirarnos a dar lo mejor de nosotros para servir a Cristo y trabajar para promover el evangelio.

La resurrección fue el mensaje más importante de la primera Iglesia

La resurrección fue el tema central del mensaje que dio a luz a la iglesia en medio de una cultura que le era hostil. En el libro de los Hechos de los apóstoles hay al menos diez acontecimientos que originaron discursos centrados en el tema de la resurrección. Estos mensajes fueron dados en diferentes países, a menudo ante líderes prominentes, tanto religiosos como seculares. He aquí un resumen:

"En el día de Pentecostés, cincuenta días después de la crucifixión de Jesucristo:

"Pueblo de Israel, escuchen esto: Jesús de Nazaret fue un hombre acreditado por Dios ante ustedes con milagros, señales y prodigios, los cuales realizó Dios entre ustedes por medio de él, como bien lo saben. Éste fue entregado según el determinado propósito y el previo conocimiento de Dios; y por medio de gente malvada, ustedes lo mataron, clavándolo en la cruz. Sin embargo, Dios lo resucitó, librándolo de las angustias de la muerte, porque era imposible que la muerte lo mantuviera bajo su dominio" (Hch. 2:22-24).

A las multitudes, asombradas ante la sanación de un cojo:

"El Dios de Abraham, de Isaac y de Jacob, el Dios de nuestros antepasados, ha glorificado a su siervo Jesús. Ustedes lo entregaron y lo rechazaron ante Pilato, aunque este había decidido soltarlo. Rechazaron al Santo y Justo, y pidieron que se indultara a un asesino. Mataron al autor de la vida, pero Dios lo levantó de entre los muertos, y de eso nosotros somos testigos" (Hch. 3:13-15).

Hablando ante las autoridades, después de la misma sanación:

"Sepan, pues, todos ustedes y todo el pueblo de Israel que este hombre está aquí delante de ustedes, sano gracias al nombre de Jesucristo de Nazaret, crucificado por ustedes pero resucitado por Dios" (Hch. 4:10).

Después de que fueron amenazados por líderes religiosos por continuar hablando sobre Jesús:

"El Dios de nuestros antepasados resucitó a Jesús, a quien ustedes mataron colgándolo de un madero. Por su poder, Dios lo exaltó como Príncipe y Salvador, para que diera a Israel arrepentimiento y perdón de pecados. Nosotros somos testigos de estos acontecimientos, y también lo es el Espíritu Santo que Dios ha dado a quienes le obedecen.

A los que oyeron esto se les subió la sangre a la cabeza y querían matarlos" (Hch. 5:30-33).

Cuando el evangelio fue llevado a los gentiles:

"Me refiero a Jesús de Nazaret: cómo lo ungió Dios con el Espíritu Santo y con poder, y cómo anduvo haciendo el bien y sanando a todos los que estaban oprimidos por el diablo, porque Dios estaba con él. Nosotros somos testigos de todo lo que hizo en la tierra de los judíos y en Jerusalén. Lo mataron, colgándolo de un madero, pero Dios lo resucitó al tercer día y dispuso que se apareciera, no a todo el pueblo, sino a nosotros, testigos previamente escogidos por Dios, que comimos y bebimos con él después de su resurrección. Él nos mandó a predicar al pueblo y a dar solemne testimonio de que ha sido nombrado por Dios como juez de vivos y muertos. De él dan testimonio todos los profetas, que todo el que cree en él recibe, por medio de su nombre, el perdón de los pecados" (Hch. 10:38-43).

En una sinagoga judía:

"Los habitantes de Jerusalén y sus gobernantes no reconocieron a Jesús. Por tanto, al condenarlo, cumplieron las palabras de los profetas que se leen todos los sábados. Aunque no encontraron ninguna causa digna de muerte, le pidieron a Pilato que lo mandara a ejecutar. Después de llevar a cabo todas las cosas que estaban escritas acerca de él, lo bajaron del madero y lo sepultaron. Dios lo levantó de entre los muertos. Durante muchos días lo vieron los que habían subido con él de Galilea a Jerusalén, y ellos son ahora sus testigos ante el pueblo.

'Nosotros les anunciamos a ustedes las buenas nuevas respecto a la promesa hecha a nuestros antepasados. Dios nos la ha cumplido plenamente a nosotros, los descendientes de ellos, al resucitar a Jesús. Como está escrito en el segundo salmo:

Tú eres mi hijo;
hoy mismo te he engendrado.
Dios lo resucitó para que no volviera jamás a la
   corrupción. Así se cumplieron estas palabras:
   Yo les daré las bendiciones santas y seguras
   prometidas a David. Por eso dice en otro pasaje:
   No permitirás que el fin de tu santo sea la
   corrupción'" (Hch. 13:27-35).

Presentando el evangelio en la ciudad de Tesalónica:
   "Como era su costumbre, Pablo entró en la sinagoga y tres sábados seguidos discutió con ellos. Basándose en las Escrituras, les explicaba y demostraba que era necesario que el Mesías padeciera y resucitara. Les decía: 'Este Jesús que les anuncio es el Mesías'. Algunos de los judíos se convencieron y se unieron a Pablo y a Silas, como también lo hicieron un buen número de mujeres prominentes y muchos griegos que adoraban a Dios" (Hch. 17:2-4).

En Atenas, entre la elite intelectual:
   "Pues bien, Dios pasó por alto aquellos tiempos de tal ignorancia, pero ahora manda a todos, en todas partes, que se arrepientan. Él ha fijado un día en que juzgará al mundo con justicia, por medio del hombre que ha designado. De ello ha dado pruebas a todos al levantarlo de entre los muertos. Cuando oyeron de la resurrección,

unos se burlaron; pero otros le dijeron: 'Queremos que usted nos hable en otra ocasión sobre este tema'" (Hch. 17:30–32).

Ante un Gobernador:

"Cuando acudieron a mí, no dilaté el caso, sino que convoqué al tribunal el día siguiente y mandé traer a este hombre. Al levantarse para hablar, sus acusadores no alegaron en su contra ninguno de los delitos que yo había supuesto. Más bien, tenían contra él algunas cuestiones tocantes a su propia religión y sobre un tal Jesús, ya muerto, que Pablo sostiene que está vivo" (Hch. 25:17–19).

Ante un Rey:

"Pero Dios me ha ayudado hasta hoy, y así me mantengo firme, testificando a grandes y pequeños. No he dicho sino lo que los profetas y Moisés ya dijeron que sucedería: que el Cristo padecería y que, siendo el primero en resucitar, proclamaría la luz a su propio pueblo y a los gentiles" (Hch. 26:22–23).

Cuando el libro de Hechos termina, Pablo se encuentra en Roma esperando para ser presentado ante el César. Observando el claro patrón de lo que había dicho a todos los que le escucharon, quedan pocas dudas de que le dijo al gobernante que Cristo había sido levantado de entre los muertos, y que esto lo hacía la suprema autoridad en la tierra.

En occidente, el mensaje predominante es el amor y la gracia de Dios. Ciertamente, fue el amor de Dios lo que lo motivó a enviar a Jesús a salvar a la humanidad. Sin embargo, fueron su muerte y resurrección los que dieron cumplimiento a su misión. La resurrección, por lo tanto, fue el tema predominante en las prédicas de los apóstoles, no el amor de Dios.

De ninguna manera estoy tratando de trivializar el amor o la gracia de Dios. Solo estoy tratando de mostrar cual fue el mensaje que logró hacer crecer a la iglesia, con todas las probabilidades en contra, y en medio de un imperio romano hostil, como un sistema religioso consistente. Si queremos obtener los resultados que obtuvo la primera iglesia, debemos predicar el mensaje que ella predicaba.

Resumen: la resurrección salva la fe

Este capítulo es una parte importante del argumento de que el Jesús de la historia es el Cristo de la fe. La resurrección de Cristo lo separa de todos los demás líderes religiosos y coloca al cristianismo aparte de todas las otras religiones. Las Escrituras afirman que este fue el suceso que confirmó la identidad de Jesús y la veracidad de sus Palabras. Si, por el contrario, pudiésemos demostrar que Jesús no fue levantado de entre los muertos, entonces se demostraría que la fe cristiana es falsa.

La mejor explicación de la crucifixión de Jesús, la tumba vacía, las apariciones a los discípulos después de su muerte, y el repentino surgimiento de la fe cristiana, es la resurrección física de Jesús. Este mensaje fue el tema central de las prédicas de los primeros discípulos, las cuales se extendieron por todo el mundo. La verdad y poder de este mensaje los llevaron a presentarse ante un imperio romano hostil y declarar que Jesús es el Señor. Este era un mensaje por el que estarían dispuestos a dar sus vidas, y uno que daría vida a aquellos que lo oyeran y lo creyeran.

6

Disipar los mitos

La singularidad de la historia de Jesús

*El que algunos autores modernos continúen
sugiriendo que el evangelio está basado en
mitos es, cuando menos, irresponsable, y
cuando más, intencionalmente engañoso.*[1]
—J. Ed Komoszewski

ME CUESTA UN POCO ADMITIR QUE UNO DE MIS
pasatiempos favoritos es ver el programa del comediante Bill
Maher. Por un lado, él es de mi edad, y me recuerda a algunos
de mis amigos de la infancia que siempre tenían a la mano
un comentario rápido y subido de tono para casi cualquier
cosa. Maher se gana la vida diciendo cosas que, si hubiésemos
dicho en la escuela, nos habrían expulsado. Definitivamente,
los tiempos han cambiado. Otra razón por la que veo su programa es porque me da una idea de lo que pasa por una mente
escéptica.

Sin el obstáculo de la censura televisiva (de la cual queda
poco), Maher puede transmitir su a menudo cruda y grandi-
locuente ideología para el deleite de su devota audiencia. Esto
es muy importante, porque en los Estados Unidos muchos
deciden quien tiene la razón y quien no simplemente por la
cantidad de aplausos que recibe. Maher admite que su aparente ingenio no es tan improvisado e intuitivo como parece.

En uno de sus libros, reconoce que hay un gran grupo de escritores y asistentes que le ayudan a afinar su humor incisivo y su áspera manera de hablar, y además afinan sus ataques a su blanco favorito: la religión.

Con todo lo ingenioso que es su experto equipo de escritores de comedia, éstos no han hecho su tarea en lo que se refiere a la historia bíblica. La razón principal es que los hechos históricos pueden arruinar una buena historia, especialmente cuando su objetivo manifiesto en la vida es contribuir con el fin de la religión.

Maher lo muestra perfectamente en su película del año 2007, titulada *Religulous*, en la que explica su táctica para entrevistar gente religiosa, la mayoría de los cuales, ciertamente, no representa al pensamiento cristiano convencional. Los filósofos, académicos e historiadores casi no aparecen. Eso no se ajustaría a su retórica de que la religión es para gente no pensante.

A pesar de su necia e incesante retórica anti-Dios, en verdad me gusta este comediante. De alguna manera, sus peroratas en contra de la hipocresía tienen visos de verdad, aunque casi siempre bordean la intolerancia de la que él acusa a la religión. Una de las hipótesis principales de la película es que la historia de Jesús fue tomada prestada de la mitología pagana antigua. Maher entrevista a varias personas y les pregunta si saben o conocen una larga lista de dioses paganos y personalidades que tienen una historia anterior, o similar, a la de Jesús.

Posteriormente, presenta un montaje de imágenes de varias películas sobre Jesús. Los subtítulos dicen lo siguiente:

- Escrito en 1.280 a. C., el libro egipcio de los muertos describe a una deidad, Horus
- Horus es el hijo del dios Osiris

- Nacido de una madre virgen
- Fue bautizado en un río por Anup, el Bautista
- Quien después fue decapitado
- Como Jesús, Horus fue también tentado en el desierto
- Sanaba a los enfermos
- Devolvía la vista a los ciegos
- Echaba fuera demonios
- Y caminaba sobre las aguas
- Levantó a Asar de entre los muertos
- Asar se traduce como Lázaro
- Ah, sí, también tuvo doce discípulos
- Sí. Horus fue crucificado primero
- Después de tres días, dos mujeres lo anunciaron
- Horus, el salvador de la humanidad había resucitado

A primera vista, esta lista de similitudes entre Horus, un dios egipcio antiguo, y Jesús, resulta increíble. Maher presenta toda esta información como hechos, y como si todo fuese ampliamente conocido por todas las personas inteligentes. He estado en Egipto y he trabajado con líderes cristianos, y su reacción ante tales afirmaciones es de total incredulidad. "Si usted afirmara esto en Egipto, la gente pensaría que está loco", dice el pastor egipcio Shaddy Soliman.

En primer lugar, ninguna de las afirmaciones hechas por Maher son válidas. Ninguna tiene una base histórica real. Son el equivalente académico a una ráfaga de disparos desde un vehículo en movimiento, algo dicho para matar rápidamente la fe de alguien. He conversado con estudiantes universitarios que han comprado esta idea de que la historia de Jesús es inventada, o que simplemente es un plagio de otras religiones más primitivas. Desafortunadamente, casi nunca hay tiempo suficiente para sentarse con ellos a examinar las pruebas detenida y objetivamente. Ellos asumen que debe ser verdad porque alguien dijo que era verdad.

Antes de seguir adelante y hablar de las raíces de esta idea del "Mito de Jesús" y de los supuestos paralelos, echemos un vistazo a las afirmaciones de Maher sobre las similitudes entre Jesús y Horus. He aquí algunos de los aspectos más destacados de algunas de éstas absurdas afirmaciones:[2]

Descripción de Horus

Primero, Horus fue un dios de la mitología Egipcia, que tenía cabeza de halcón y cuerpo de hombre. Su madre fue la diosa Isis y su padre el dios Osiris.

El libro de los muertos

Esta era una guía para el inframundo y una recopilación de hechizos para ayudarnos después de la muerte.

Había muchas clases de libros de los muertos. Los llamados paralelos fueron un ensamble de una amplia variedad de libros. En primer lugar, los primeros cristianos no podían haber tenido acceso a ninguno de estos escritos, de manera que habría sido imposible para ellos copiar de forma alguna la historia o parte de ella.

Nacido de una virgen

Osiris fue asesinado y desmembrado, y las partes de su cuerpo fueron arrojadas en un río. Isis recuperó sus genitales y se inseminó a sí misma para embarazarse y tener al hijo, Horus.

Este no fue un nacimiento de una virgen, y ni siquiera se acerca al relato bíblico de la concepción de Jesús, que ocurrió en María a través del poder del Espíritu Santo.

Bautizado por Anup el Bautista

Esto fue completamente inventado por Gerald Massey, un egiptólogo aficionado del siglo diecinueve. La historia fue creada con imágenes de los faraones de Egipto recibiendo una limpieza con agua durante su coronación. No existe ningún tipo de referencia sobre el bautismo de Horus.

Sanó enfermos, devolvió la vista a los ciegos, echó fuera demonios

Nuevamente, había hechizos en el libro de los muertos que supuestamente podían curar a la gente. No hay registro alguno de que Horus viajara y curara enfermos personalmente.

Tuvo doce discípulos

Esta afirmación también es de Gerald Massey y carece igualmente de fundamento. Varios escritos sobre Horus mencionan diferentes números de personas que lo seguían, pero ese número nunca ha llegado al número de doce. Massey hace referencia a un mural, pero en la pintura no aparece Horus.

Fue crucificado

Algunas representaciones antiguas muestran a Horus con los brazos extendidos en forma de cruz. Pero las representaciones de personas con los brazos en forma de cruz eran bastante comunes. Esto, con toda seguridad, no representa una crucifixión romana, particularmente porque los egipcios no utilizaban esa forma de castigo.

Fue resucitado

Una de las historias afirma que Horus murió y luego volvió a la vida. Sin embargo, ser resucitado difiere completamente de la idea judía de la resurrección. En esta última, los cuerpos de los individuos son totalmente transformados, de manera que no envejezcan jamás.

Además de Maher, hay otros sitios web, películas, y escritores populares que tratan de hacer pasar esta historia como verdadera. Por ejemplo, la película *Zeitgeist* hace acusaciones similares de que el cristianismo tomó historias prestadas de fuentes paganas, tales como el ancestral culto al sol, Osiris, Horus y el Zodíaco. Estas comparaciones provienen de los escritos de Dorothy Murdock. Murdock es una escritora popular, que carece de un buen entrenamiento académico, y sus afirmaciones han sido completamente rechazadas por la comunidad de investigadores. Las conexiones que ella creó entre Jesús y otras fuentes paganas van de lo muy superficial a lo completamente absurdo. Por ejemplo, intentó relacionar los doce apóstoles con los doce signos del Zodíaco. Parece haber pasado por alto que los doce apóstoles representaban la nueva personificación de las doce tribus de Israel. Sus demás argumentos se originaron de malas lecturas del material original, el uso de documentos escritos siglos después de que Jesús viviera, o especulaciones descabelladas.[3]

El problema es que cuando la persona promedio mira o escucha a alguien afirmar con total convicción que el cristianismo "tomó prestado" de otras religiones anteriores, hay muy poca información que nos permita corroborar la credibilidad de las fuentes. Una rápida búsqueda en Google revela la existencia de una gran multitud de sitios web que promueven esta idea del mito de Jesús. El problema es que buscar algo por Google no es lo mismo que investigar sobre un tema. Los escritos de los investigadores calificados que han estudiado minuciosamente estas hipótesis y han descubierto que son falsas, no siempre son localizables en un motor de búsqueda.

Aunque un número cada vez mayor de entendidos y académicos, ya sean conservadores o liberales, ateos o creyentes, aceptan la existencia histórica de Jesús, aún hay una minoría que sostiene que Jesús probablemente nunca existió, y que la historia cristiana no es original. Estas clases de rumores y teorías de conspiración son difíciles de detener una vez han sido articuladas y publicadas en línea, y luego toman vida propia. Si una persona ha creído estos sinsentidos, después cataloga de fundamentalista religioso a cualquiera que la trate de convencer de su error, y se rehúsa a escuchar cualquier cosa que desafíe sus creencias.

De todas las personas, es el agnóstico Bart Erhman quien da la advertencia más fuerte sobre esta tendencia a creer casi cualquier cosa que aparezca en línea: "Ahora, como se evidencia en la avalancha de publicaciones, a veces indignadas, que aparecen en todos los sitios importantes de internet, simplemente no hay manera de convencer a los teóricos de la conspiración de que las pruebas que apoyan sus posiciones son demasiado frágiles para ser creíbles, y que la evidencia de una visión tradicional es ampliamente convincente".[4]

La finalidad de este capítulo, por lo tanto, es examinar la acusación de que la historia de Jesús fue tomada de otras mitologías paganas y demostrar que, de hecho, lo cierto es lo opuesto. Al menos necesitamos saber que si alguien tomó prestada la historia, fueron precisamente los escritores paganos, quienes trataron de relatar sus mitos para hacerlos sonar como el evangelio. Ed Komoszewski confirma esto en *Revinventing Jesus* (Reinventa a Jesús):

> "Solo después del surgimiento del cristianismo, las religiones misteriosas comenzaron a parecerse sospechosamente a la fe cristiana. Cuando el cristianismo se hizo conocido, muchos de los cultos misteriosos adoptaron ideas cristianas de forma consciente, y sus deidades empezaran a estar a la par de Jesús. La forma de las religiones misteriosas antes del surgimiento

del cristianismo es vaga, ambigua y localizada. Solo mediante un gran trabajo de la imaginación, y un descuidado e irresponsable manejo de los datos históricos, podemos ver auténticos paralelismos conceptuales entre estas religiones y la fe cristiana del primer siglo.[5]

Por esto es que buscamos de disipar el *mito del mito*. Mi intención es analizar los hechos históricos sobre este tema y darle a usted la confianza para que pueda ayudar a otros que se están preguntando si algo que oyeron o leyeron en internet sobre el supuesto mito de Jesús es realmente cierto. Al separar el hecho de la ficción, podemos ayudar a la gente a encontrar una fe verosímil, en medio de un mar de confusión y engaño.

Orígenes de la hipótesis del mito de Jesús

Primero, observemos la loca idea de que los primeros cristianos inventaron la historia de Jesús a partir de las mitologías ancestrales y la astrología para construir una nueva religión. Como se discutió en el capítulo 1, las dudas acerca del Jesús histórico no comenzaron a aparecer sino hasta el siglo XVIII. Antes de continuar, deberíamos establecer lo obvio: el hecho de que Jesús existió fue virtualmente indiscutible por casi mil setecientos años. A medida que los aspectos sobrenaturales de los evangelios empezaron a reevaluarse a causa de las influencias de la Era de la Ilustración, la única alternativa lógica a los milagros realizados por Jesús era que estas historias eran simplemente mitos y leyendas. Desde esta posición, era fácil especular que las llamadas historias de los milagros habían existido desde antes de los tiempos de Jesús, y que solo se habían cambiado nombres y vestuario para hacerlas encajar con la historia cristiana.

A principios del siglo diecinueve, un teólogo alemán

llamado David Strauss consideró que los milagros de Jesucristo fueron solo una expresión mítica de los primeros cristianos para tratar de conectar a Jesús con las profecías sobre el Mesías. Otro alemán, Bruno Bauer, fue aún más allá y afirmó que las historias cristianas tenían similitud con las historias ancestrales sobre la muerte y resurrección de los dioses del mundo pagano. "Aproximadamente desde 1840, Bruno Bauer empezó a afirmar en sus publicaciones que la historia de Jesús era mitológica. Uno de los alumnos sobre quienes Bauer tuvo enorme influencia fue Karl Marx, quien apoyaba el punto de vista de que Jesús nunca existió. Esta visión, a la larga, formaría parte del dogma comunista.[6]

Esta creencia general fue mejor desarrollada en el siglo XIX por los autores Kersy Graves y Gerald Massey. En su libro *Los 16 salvadores crucificados del mundo*, Graves argumenta que en todo el mundo existen numerosas historias sobre dioses crucificados que resucitan. Massey declara en su libro *The Natural Genesis* [El Génesis natural] que la historia del dios egipcio Horus era similar en muchos detalles a la historia de Jesús en los evangelios. Durante el siglo XX, el antropólogo Sir James George Frazer hizo afirmaciones muy similares en su libro *La rama dorada: un estudio sobre magia y religión*. Estas obras influenciarían más tarde a otros autores, tales como Murdock, para difundir esta línea de pensamiento. Sin embargo, las hipótesis de quienes proponen estos mitos han sido contundentemente refutadas por destacados investigadores y eruditos, en particular en lo referente a las comparaciones con la resurrección. El historiador Jonathan Smith resume:

> "La categoría de los dioses muertos y resucitados, que alguna vez fue un tema importante en la investigación académica, ha sido denominada erróneamente con base en reconstrucciones imaginarias y textos muy tardíos

o excesivamente ambiguos… Todas las deidades que han sido identificadas dentro de la categoría de dioses muertos y resucitados, pueden ser incorporadas dentro de las dos grandes clases de dioses, los dioses que desaparecen o los dioses que mueren. En el primer caso, los dioses regresan, pero no murieron. En el segundo caso, los dioses mueren pero no regresan. No hay una situación precisa en la historia de las religiones que nos hable de un Dios que muere y es resucitado.[7]

A pesar de estas refutaciones, la campaña de desinformación ganó seguidores entre los escépticos, dispuestos a aceptar cualquier explicación de los milagros de Jesús que no fuese la versión registrada en los evangelios. Leer a quienes creen en el mito me recuerda a alguien que trata de forzar una asociación, intentando acomodar las piezas de un rompecabezas que en realidad no encaja. Usando su lógica, podemos hacer cualquier asociación imaginable, y tener la capacidad de "probarla". Tales prácticas no son historias reales.

Motivos

Como mencionamos brevemente, una de las razones para conectar el cristianismo con los mitos paganos viene de la negación de lo sobrenatural, que surge con el ascenso del escepticismo durante la Ilustración, que tuvo lugar entre los siglos XVIII y XIX. Los investigadores de esa época negaban la posibilidad de cualquier intervención sobrenatural en el mundo. También aplicaban la teoría de la evolución al estudio de la religión. Específicamente, argumentaban que la compresión de Dios evolucionaba a medida que la sociedad se desarrollaba.[8] Como una nota al margen, este proceso es a menudo la explicación que dan los ateos cuando deben enfrentarse al hecho evidente de la influencia positiva que ha tenido el cristianismo en las ciencias y la educación. Su alegato es que, aunque la religión "nos hizo arrancar", la evolución nos ha llevado más allá de la necesidad de contar con una visión religiosa o espiritual del mundo. Los sabios de la Ilustración creían que el cristianismo también había surgido de otras creencias, así que, naturalmente, consideraron que las religiones paganas eran la fuente de ese desarrollo.

Sin ánimos de analizar los motivos psicológicos de quienes respaldan estas ideas, es necesario decir que sus conclusiones no fueron el producto de una investigación histórica objetiva. La aparición de estos documentos en la Alemania del siglo XIX, que afirmaban que la historia de Jesús no era original, debería hacernos reflexionar en cuales pueden ser las razones de tal especulación. El hecho de que Jesús y todos los discípulos eran judíos produjo un deseo de cambiar la historia. El intento de desestimar la condición de judío de Jesús fue, claramente, un factor clave. El hecho de que Jesús haya sido un judío del siglo I todavía es un problema para muchas personas, que albergan sentimientos intolerantes y antisemitas. Comenta James Dunn en *A New Perspective on Jesus* (Una nueva perspectiva de Jesús): "Una de las características más asombrosas de la búsqueda del Jesús histórico ha sido la aparente determinación de varias generaciones de personas que han emprendido dicha búsqueda, de menospreciar o arrancar cualquier característica judía del Jesús tradicional. Podemos explicar la lógica subyacente, aunque nunca pudiéramos estar de acuerdo con ella: la lógica del antisemitismo cristiano tradicional".[9]

Sin embargo, la razón principal por la cual muchos hacen estas afirmaciones fantasiosas sobre el origen mítico de Jesús, es desestimar la hipótesis de que Él es el Señor del universo y la máxima autoridad moral ante la cual todos somos responsables. Pensemos en un evento deportivo cualquiera al que podamos asistir; en casi cualquiera de ellos, encontraremos gente que se queja de la actuación de los árbitros. No me puedo imaginar un trabajo más ingrato. En algún punto del partido, los fanáticos de ambos bandos comenzarán a lanzar los más viles improperios a la persona encargada de hacer cumplir las reglas, solo por atreverse a sancionar a su equipo.

Lo mismo puede decirse de la policía. Podemos entrar en pánico solo de mirar una patrulla de policía. Por supuesto, son bienvenidos cuando los necesitamos, pero ellos son la representación de la ley del lugar. A la gente no le importa reconocer la existencia de un Creador, siempre y cuando mantenga su distancia de nosotros, hasta el momento en que lo necesitemos. La idea de un Dios personal, que conoce nuestros pensamientos y acciones, y nos llama a juicio, es perturbadora e inquietante. Aunque Jesús vino a sacrificar su vida por nosotros para demostrar su amor, la idea de que vendrá un juicio no es agradable. Incluso Richard Dawkins bromea con esto: "Solo porque algo es desagradable, no significa que sea mentira".

Cristianismo enraizado en el judaísmo

Si hay algo en este libro que nos debe quedar claro como el cristal, es que Jesús era judío. Antes de analizar a todos los dioses paganos que han sido considerados antecesores de Jesús, es necesario entender que el cristianismo surgió en Israel, en la misma tierra del judaísmo, y no de ninguna mitología pagana. James Dunn coincide con esta idea:

"Sin embargo, estudiar a Jesús en el contexto del judaísmo de su época, sigue siendo una línea de búsqueda mejor y más plausible que la intención de extraerlo de dicho contexto. Al darnos cuenta de cuáles son las características de las prácticas y creencias judías, podemos inferir, a menos que se indique lo contrario, que Jesús tenía o compartía esas características. Una lista muy básica incluiría el hecho de que estaba circuncidado, que fue criado para decir la Shemá, para respetar la Torá, asistir a la sinagoga y observar el Sabbat. Adicionalmente, Sanders ha propuesto una lista de lo que él describe como 'hechos casi indiscutibles', acerca de Jesús: que su ministerio funcionaba principalmente alrededor de los pueblos y ciudades de Galilea".[10]

William Lane Craig afirma lo mismo en *Reasonable Faith* (Fe razonable), como vemos en el siguiente extracto:

Aquí vemos uno de los mayores cambios en el estudio del Nuevo Testamento durante el último siglo, lo que yo denominé anteriormente como la recuperación judía de Jesús. Los investigadores se dieron cuenta de que la mitología pagana era simplemente el contexto interpretativo equivocado para entender a Jesús de Nazaret. Evans ha llamado a este cambio "el Eclipse de la Mitología" en la investigación sobre la vida de Jesús. Jesús y todos sus discípulos fueron judíos palestinos del primer siglo, y deben ser entendidos en este contexto. La falsedad de los alegados paralelos es solo un indicador de que la mitología pagana es el contexto interpretativo equivocado para entender la creencia de los discípulos en la resurrección de Jesús".[11]

Si nos guiamos por la historia, queda claro que los cristianos no copiaron los relatos de los paganos, sino todo lo contrario. Cómo asevera el Dr. Craig Keener,

"Aún aparte de esta observación, la resurrección física era una idea judía palestina. Es difícil concebir y pensar en una iglesia gentil, que se helenizaba rápidamente, predicando sobre una misteriosa deidad que murió y resucitó, lo cual llevó a los seguidores judíos palestinos de Jesús a adoptar una idea pagana, que luego sería adaptada en una dirección judía palestina (incluyendo el término judío para "resurrección"). Es mucho más probable que los gentiles posteriores, atraídos por el crecimiento de este culto judío, hubieran adoptado y transformado el entendimiento judío palestino de la resurrección".[12]

Fuentes, investigadores y sustancia

En una campaña política, muchos candidatos lanzan sus sombreros al cuadrilátero, por decirlo de alguna manera, y se postulan para algún cargo. A medida que el tiempo transcurre, se van descartando opciones y van quedando los pocos contendientes que tienen oportunidades reales de ser electos. De igual forma, los escépticos tratan de presentar largas listas de los llamados paralelos de Jesús, pero solo unos pocos se consideran dignos contendores. La siguiente sección describirá las fuentes más populares de mitos y nos mostrará la fragilidad de los argumentos que los apoyan. Hay tres principios claves a tener en cuenta para examinar a éstos paralelos: fuentes, investigadores y sustancia.

Fuentes

Lo que se omite de forma obvia, una y otra vez, son las fuentes originales de estas creativas hipótesis. Los escépticos normalmente hacen afirmaciones sacadas de la nada, o citan a escritores anteriores que tampoco proveyeron sus fuentes originales. Bart Ehrman coincide: "Los autores no han suministrado pruebas de sus hipótesis referentes a la mitología estándar de los hombres-dioses. No citan fuentes del mundo antiguo que puedan ser corroboradas. No es que han dado una interpretación alterna de las pruebas disponibles. Es que ni siquiera han citado las pruebas disponibles. Y por una buena razón. Tales pruebas no existen".[13]

Es increíble que prácticamente no se aplique ningún tipo de prueba de verificación a las teorías de mitos formuladas por los escépticos, quienes exigen que las mismas sí sean aplicadas a los evangelios. El resultado es una enorme diferencia entre el material genuino y el otro material, que obviamente es ficticio.

Investigadores

En segundo lugar, hay argumentos que son emitidos por escritores populares que no poseen ningún tipo de credencial académica. O que representan opiniones que ya han sido rechazadas virtualmente por todos los otros investigadores reconocidos. Particularmente, quienes proponen estos mitos suelen argumentar que todos los libros del Nuevo Testamento son inexactos desde el punto de vista histórico. Creen que fueron inventados para servir a los intereses de escritores posteriores. Por ejemplo, Richard Carrier, uno de los pocos promotores de mitos que poseen credenciales de relevancia, manifiesta: "Es evidente que los escritores de los evangelios no estaban interesados en ninguna información histórica real".[14]

A la luz de la historia, esta es una afirmación escandalosa. Ningún historiador competente cree, como se detalla en el capítulo 2, que el Nuevo Testamento esté totalmente desprovisto de contenido histórico. Por el contrario, esos escritos (como se describió en el capítulo 3) son de los mejores de esa época, apoyados y sustentados por evidencia histórica y arqueológica. Adicionalmente se demostró que muchos de los detalles del Nuevo Testamento que los escépticos originalmente calificaron de no históricos resultaron ser precisos, tal y como ocurrió con la existencia de la ciudad de Nazaret y el Estanque de Siloé. Para que los defensores de mitos puedan defender sus puntos de vista, tienen que ignorar los más recientes descubrimientos arqueológicos y rechazar prácticamente todos los estándares de la investigación histórica seria.

Sustancia

Finalmente, los promotores de mitos padecen de lo que Dan Wallace denominó "paralelomanía", es decir, una tendencia a afirmar que ciertas similitudes entre fuentes paganas y el cristianismo confirman que los cristianos se inspiraron en las historias paganas. Sin embargo los paralelos, invariablemente, carecen de verdadera sustancia. Son, o muy superficiales, o provienen de documentos que fueron escritos siglos después del surgimiento del cristianismo.

Aunque los paralelos fueran de épocas anteriores y mucho más parecidos, eso todavía no sería una evidencia de que fueron copiados. Existen muchas similitudes notables entre diferentes religiones y entre diferentes eventos históricos. Uno de los casos más impresionantes es el de las similitudes entre los asesinatos de Abraham Lincoln y de John F. Kennedy. Varios detalles coinciden a la perfección:

- Abraham Lincoln fue electo congresista en 1846.
  John F. Kennedy fue electo congresista en 1946.
- Abraham Lincoln fue electo Presidente en 1860.
  John F. Kennedy fue electo Presidente en 1960.

- Los apellidos *Lincoln* y *Kennedy* tienen siete letras.
- Lincoln tenía un secretario apellidado Kennedy y Kennedy tenía una secretaria apellidada Lincoln.
- Ambos se casaron en sus treintas, con mujeres socialmente prominentes, ambas de 24 años y francófonas fluidas.
- Ambos presidentes tuvieron que lidiar con movimientos de derechos civiles a favor de los afroamericanos.
- Ambos presidentes fueron asesinados un día viernes, con disparos en la parte posterior de la cabeza, mientras estaban sentados junto a sus esposas.
- Los asesinos de ambos fueron portadores de tres nombres conformados por quince letras (John Wilkes Booth y Lee Harvey Oswald)
- Oswald le disparó a Kennedy desde un depósito y fue capturado en un teatro. Booth le disparó a Lincoln en un teatro y fue capturado en un depósito.
- Ambos asesinos fueron ejecutados con un revolver Colt, días después de asesinar a los respectivos presidentes y antes de que pudieran ser llevados a juicio.
- Ambos presidentes fueron reemplazados por sus vicepresidentes, apellidados Johnson, sureños, nacidos en 1808 y 1908, respectivamente.[15]

A pesar de esta impresionante lista, nadie cree que un asesinato fuera un recuento mítico del otro, puesto que no existen pruebas de que se hayan copiado los hechos, y los relatos de ambos asesinatos descansan sobre sólidas bases históricas. Igualmente, no existe ni la más mínima evidencia de que los primeros cristianos fueran influenciados por cualquiera de las historias de paganos míticos o figuras históricas. Y el marco temporal entre los sucesos y la escritura de los evangelios y las epístolas fue demasiado corto para que se desarrollaran los mitos, ya que los testigos oculares todavía seguían con vida. "No hubo suficiente tiempo para que las leyendas se acumularan de forma significativa. Desde que D. F. Strauss emitió su teoría de que los relatos sobre la vida y resurrección de Jesús eran producto de acontecimientos míticos y legendarios, el obstáculo de esta creencia ha sido que la distancia temporal y geopolítica entre los eventos y los relatos no es lo suficientemente grande para permitir un desarrollo tan extenso".[16]

Finalmente, la historia medular de Jesús y muchos detalles menores son apoyados por pruebas históricas contundentes. Por lo tanto, no existe justificación para que los escépticos continúen presentando el argumento del mito, excepto para justificar su propio deseo de desacreditar al cristianismo.

¿Otros paralelismos con Cristo?

Los problemas descritos se pueden ver claramente al examinar las hipótesis relativas a los candidatos "paralelos de Jesús" más populares.

Krishna

Uno de los primeros candidatos mencionados por Bill Maher en su documental fue la deidad Krishna, quien es uno de los dioses hindúes más conocidos. En el hinduismo, se cree que Krishna es la encarnación del dios Vishnu. Normalmente se le representa en el arte oriental como un niño de color azul. Como se ha mencionado, Maher hizo una lista de varios paralelismos específicos entre las historias de Krishna y Jesús, incluyendo el nacimiento de una virgen, el trabajo como carpintero (la hipótesis real es que el padre de Krishna trabajaba como carpintero), y haber sido bautizado en un río.

Las mismas afirmaciones han sido hechas por los sospechosos habituales defensores de mitos. También afirman que Krishna fue crucificado, se levantó de entre los muertos, y tuvo muchos otros puntos en común con Jesús. Este pequeño círculo de escritores e investigadores promueve los libros sin referencias a ninguna fuente primaria, lo que es comprensible, dado que ninguna de sus afirmaciones tiene fundamentos reales. Por ejemplo, la narración del nacimiento en el texto hindú indica que la madre de Krishna ya había tenido siete hijos antes de darlo a luz a él, de tal manera que ella no era virgen. Los relatos del nacimiento tampoco mencionan explícitamente que la madre haya sido fecundada por la divinidad.[17] De igual manera, la afirmación de que Krishna nació de un padre carpintero, es simplemente un invento. Su padre fue un miembro de la nobleza.[18] Tampoco existen registros de que él fuera bautizado en un río. De la misma forma, ningún texto indica que Krishna haya sido crucificado, o que haya resucitado. Él fue asesinado por error por un cazador llamado Jara, y allí su alma abandonó su cuerpo.[19] Los únicos paralelismos que pudieran estar sustanciados provienen de textos que fueron escritos cientos de años después de los evangelios, cuando los hindúes empezaron a copiar el cristianismo.[20]

Para resumir, las hipótesis sobre las similitudes y paralelismos entre Krishna y Jesús, al igual que las comparaciones con Horus, pertenecen a las categorías mencionadas previamente:

- Similitudes tan superficiales que describen características comunes a muchas religiones, tal como la realización de milagros. Por lo tanto, no aportan evidencia de que una imitación haya existido.
- Los paralelismos más significativos están basados en grandes tergiversaciones de los textos originales, o simplemente fueron inventados.
- Los paralelismos sustanciales y con base en fuentes históricas legítimas, fueron escritos mucho después del primer siglo. La única copia que pudo haber sido hecha, es que los paganos hayan "tomado prestado" de los cristianos.

Mitra

El segundo candidato a imitador más popular es Mitra, que fue adorado en el imperio romano por los seguidores de la religión conocida como mitraísmo. Poco se sabe sobre esta religión, ya que no han perdurado documentos importantes sobre ella. La mayor parte de nuestro conocimiento proviene de santuarios.[21] Lo que se sabe es que Mitra era el dios de la luz, que ofrecía salvación a sus seguidores y creyentes. Uno de sus actos más memorables fue matar a un toro, lo que dio origen al ritual de verter la sangre de este animal sobre los devotos. Los escépticos a menudo relacionan este rito con la creencia cristiana de la sangre de Cristo que limpia los pecados de los cristianos. Los defensores del mito, tales como Maher, han argumentado que otras características de Jesús fueron copiadas de Mitra, incluyendo el nacimiento el día 25 de diciembre, la capacidad de hacer milagros, la resurrección al tercer día, y ser nombrado con títulos como el camino, la verdad y la vida.

Al igual que con Horus y Krishna, las similitudes realmente

importantes entre Jesús y Mitra, como la resurrección, son simplemente inventadas.[22] Y las similitudes reales son, cuando más, superficiales. Por ejemplo, el uso de la sangre en la adoración es una práctica común en muchas religiones del mundo antiguo. Mucho más difícil ha sido el asunto de las fechas. El mitraísmo no se arraigó en el Imperio romano sino hasta finales del primer siglo. Y los documentos más antiguos que lo describen fueron escritos más de un siglo después de que los evangelios cristianos fueran terminados. Por lo tanto, si existió apropiación de ideas ajenas en esa época, fue de los seguidores de Mitra a los cristianos. Sin embargo, investigadores reconocidos de Mitra no creen que una religión haya influenciado a la otra. "Después de más de cien años de ardua labor, es inevitable concluir que ni el mitraísmo ni el cristianismo han demostrado haber tenido influencia directa de uno sobre el otro, que haya tenido un impacto en el desarrollo, desaparición o supervivencia de estas religiones. Sus creencias y prácticas están bien justificadas por sus más obvios orígenes, y no existe necesidad de explicar una en términos de la otra".[23]

Osiris

Se decía que Osiris presidía el juicio del alma. Osiris también era el esposo de Isis, una de las deidades egipcias más populares. Los escépticos alegan que el mito de Osiris es una de las principales fuentes detrás de la creencia cristiana de la resurrección. También intentan relacionar los roles de Jesús y Osiris en el juicio a los muertos. Algunos argumentan que Osiris ostentaba otras características importantes de Jesús, como lo son su bautismo, su nacimiento el 25 de diciembre, su título de "Buen Pastor", la institución de una santa cena de tipo sacramental, y la expiación de los pecados a través de su muerte. Sin embargo, estas aseveraciones han sido rechazadas por las autoridades más respetables sobre el tema de Osiris. El investigador del Nuevo Testamento, Ed Komoszewski resume:

"Según la versión más común del mito, Osiris fue asesinado por su hermano, quien sumergió el féretro que contenía el cuerpo de Osiris en las aguas del Nilo. Isis descubrió el cuerpo y lo regresó a Egipto. Pero su cuñado pudo acceder otra vez al cuerpo, desmembrándolo esta vez en catorce pedazos, que esparció por todos lados. Después de una larga búsqueda, Isis recuperó cada parte del cuerpo... A veces, aquellos que cuentan la historia se conforman con decir que Osiris volvió a la vida, aunque esta expresión dice mucho más de lo que el mito permite. Algunos escritores van todavía más allá y se refieren a la supuesta "resurrección" de Osiris.[24] Claramente, las comparaciones entre Jesús y Osiris presentadas por los defensores de los mitos son extremadamente exageradas o productos de sus imaginaciones. La resurrección de Jesús tiene muy poco en común con el reensamblaje de Osiris por parte de Isis. De hecho, el erudito Ronald Nash comenta: "El destino del féretro de Osiris en el Nilo es tan relevante al bautismo como el hundimiento de la Atlántida".[25]

Incluso los escépticos como Bart Ehrman han sentido la obligación de contradecir estas afirmaciones tan irresponsables. Por ejemplo, él critica a los autores Timothy Freke y Peter Gandy, quienes repitieron muchas de estas afirmaciones en sus libros.

"¿Cual, por ejemplo, es la prueba de que Osiris nació el 25 de diciembre en presencia de tres pastores? ¿O de que fue crucificado? ¿Y que su muerte trajo el perdón de los pecados? ¿O de que volvió a la vida en la tierra, después de ser resucitado? De hecho, ninguna fuente antigua afirma tales cosas acerca de Osiris (o acerca de los otros dioses). Pero Freke y Gandy alegan que esto es algo conocido. Y ellos lo "demuestran" citando a otros autores del siglo XIX y XX que así lo afirmaban. Pero estos autores, a su vez, tampoco citaban ningún tipo de fuente histórica. Todo esto está basado en afirmaciones que Freke y Gandy repitieron, simplemente porque lo leyeron en alguna parte. Esto no es investigación histórica seria".[26]

Mención deshonrosa

Con frecuencia se citan algunos otros ejemplos que son catalogados de fuentes de inspiración de los cristianos. Una de las personas de interés fue Apolonio, quien, a diferencia de los ejemplos anteriores, fue un personaje histórico real. Fue un filósofo griego originario del pueblo de Tiana, en la provincia romana de Capadocia. Vivió alrededor de la época de Cristo, y se dice que tuvo discípulos, realizó milagros, y apareció vivo después de su muerte. Estos paralelismos son notables. Sin embargo, provienen de una biografía escrita por un filósofo del siglo III llamado Filóstrato. Transcurrió suficiente tiempo entre su muerte y la escritura de la biografía para permitir que se desarrollaran relatos legendarios. Adicionalmente, para ese momento, la iglesia cristiana estaba bien establecida en todo el imperio romano, de manera que Filóstrato muy probablemente se copió de los evangelios.

Otra fuente que se menciona ocasionalmente es el dios Dionisio. Se dice que nació de una virgen un 25 de diciembre,[27] convirtió agua en vino, tuvo una entrada triunfal en lomos de un asno, sus seguidores le reverencian comiendo pan y tomando vino, y que fue crucificado y levantado de entre los muertos. Como en los casos anteriores, estas pretendidas similitudes son distorsiones de los textos originales o simples invenciones. Por ejemplo, él era el dios del vino, pero no hay registro alguno de que el vino se use para adoración, como ocurre en la historia cristiana.[28] Nuevamente, los paralelismos son, principalmente, proyecciones de las mentes de aquellos ya habían negado a Jesús en sus corazones.

Resumen

La historia de la vida, muerte y resurrección de Jesús no fue copiada de la mitología pagana. El propio hecho de que algo tan absurdo tenga que ser discutido demuestra lo superficial que se ha vuelto la discusión, en relación con los hechos reales sobre los Evangelios y las implicaciones que esto tiene para cada persona en el planeta.

Las raíces del cristianismo se encuentran en la fe judía. Jesús fue judío y vino para cumplir las visiones de los profetas hebreos, que hablaron acerca del Mesías. Sus milagros no fueron trucos de magia, ni fueron escritos en lenguaje mitológico, sino que le mostraban a la gente los propósitos redentores de Dios y sus oportunidades de aprovecharlos.

Irónicamente, no fue que los cristianos tomaron ideas prestadas de las historias de los antiguos egipcios, griegos o persas, sino al revés. El enorme éxito y crecimiento del cristianismo primitivo hizo que los defensores de otras religiones alimentaran sus historias con imágenes y temas cristianos.

7

JESÚS EL MESÍAS

Hijo del hombre, Hijo de Dios

Ninguna otra interpretación concuerda mejor con
los hechos históricos y el mensaje de las Escrituras:
Jesucristo de Nazaret es el Mesías prometido.[1]
—DR. STEPHEN C. MEYER

EL MANIFIESTO HUMANISTA FUE ESCRITO POR PRIMERA
vez en 1933 y expuso una visión secular de cómo podemos
terminar con el racismo, la pobreza y la guerra, y traer paz
y prosperidad duradera al mundo. Se refería al humanismo
como una "nueva religión", que originaría un movimiento religioso libre de deidad. El Manifiesto humanista II, escrito en
1973, fue una proclamación de emancipación contra Dios, más
específicamente, una liberación de la creencia de que Dios era
la fuente de la salvación para la humanidad. Afirma que "Ninguna deidad nos salvará, debemos hacerlo nosotros mismos".
La aserción de que la humanidad puede ser nuestra propia
salvación es un sistema de creencias/fe. La triste realidad es
que no hay evidencias reales de que podemos confiar en nosotros mismos para cumplir con una tarea tan difícil y de tales
proporciones. Los seres humanos pueden solucionar dramáticamente muchos de los problemas de la vida. Podemos lu-
char contra el cáncer, las enfermedades cardíacas, el hambre
y la contaminación. Podemos salvar corporaciones que están

en la quiebra, reconstruir ciudades en ruinas y devolver la esperanza en las regiones que han sido devastadas por desastres naturales. Pero, ¿podemos cambiar los problemas más profundos del corazón humano?

Cuando se trata de nuestro comportamiento, desde el punto de vista moral, parece que aceptamos que la batalla contra nuestra genética es inútil. Si debemos aceptar nuestros impulsos y deseos sexuales, y no resistirlos o reprimirlos, entonces, ¿por qué no legitimar todos nuestros otros instintos y tendencias? Como afirma el ateo Richard Dawkins: "Simplemente somos el resultado de nuestro ADN, y bailamos al ritmo que este nos toque".[2] De hecho, escépticos como Sam Harris llegan al extremo de afirmar que el libre albedrío no existe y que nuestras acciones están determinadas.[3] Si ese es el caso, entonces estamos en graves problemas.

En el siglo diecinueve, muchos tenían la esperanza de que la sociedad evolucionaría naturalmente a un estado cada vez mejor gracias únicamente a la ciencia, la educación y la razón. Los principales pensadores habían tomado la teoría de la evolución y la habían transformado en una visión general del mundo, la cual intentaban usar como guía para el mejoramiento no solo físico, sino mental y moral, de los seres humanos. Durante el infame "Juicio del mono" de Scopes, que tuvo lugar hace más de noventa años en el condado de Dayton, Tennessee, el *Nueva York Times* publicó un editorial afirmando que la evolución, sin la participación de ningún creador, le ofrecía al alma humana la única posibilidad de progresar. "Si el hombre ha evolucionado, es inconcebible que el proceso se detenga y el hombre se quede en su estado presente de imperfección. La creación no le promete eso al hombre".[4]

Es el alma la que posee la necesidad más grande de cambio. Pero, ¿de dónde ha de venir este cambio? El concepto de supervivencia del más apto significa que la naturaleza escoge las características que ayudan a los individuos a sobrevivir y reproducirse. En ese sentido, ¿dónde quedan los rasgos de carácter tales como el amor altruista y el autosacrificio? La verdad es que si no fuera por la obra del Espíritu Santo en nosotros, estaríamos simplemente a merced de nuestros genes, nuestros deseos carnales y las presiones societarias. Abrazar estas creencias, naturalmente, nos lleva a la desesperanza existencial, la cual fue expresada incluso por los escritores de la Biblia, quienes dudaban de que la condición humana pudiera mejorar algún día. "He visto todas las obras que se han hecho bajo" (Ec. 1:14-15).

La verdadera historia de la humanidad es que, cuando hemos tenido la oportunidad, hemos demostrado que no somos buenos en eso de la salvación. A pesar de la gran cantidad de avances tecnológicos, la misma tecnología que se diseñó para el bien puede convertirse en un instrumento del mal. El siglo XX fue testigo de algunas de las atrocidades cometidas por supuestos salvadores, quienes rechazaron al Dios de la Biblia abiertamente. Millones de personas fueron asesinadas en el transcurso de estos gobiernos anticristianos, como los liderados por Stalin, Mao, Pol Pot, Hitler (un neopagano) e Idi Amin. Como mencionamos anteriormente, la raíz del problema es espiritual, y reside en lo profundo del espíritu humano.

A pesar de que las pretensiones de la ciencia o el proceso político de ser la fuente de nuestra esperanza, lo que nosotros necesitamos desesperadamente es la ayuda y la intervención de Dios. El mensaje de las Escrituras es, en esencia, una revelación del camino que nos lleva de la oscuridad a la luz y de la desesperanza a la esperanza. Así como existen leyes físicas que explican cómo funciona el universo, existen leyes espirituales que nos ayudan a comprender cómo funciona el mundo interior. Sigmund Freud trató de explicar la ciencia detrás del pensamiento y las emociones humanas, pero no logró hacerlo por una simple razón. Nunca aceptó que el alma tiene un creador, así que trató de explicar cómo nuestros actos están controlados por nuestro subconsciente, y no como debemos escoger nuestros actos.

Dios nos reveló a través de las Escrituras cómo debemos vivir, de la misma manera que un fabricante de automóviles provee un manual de instrucciones que explica como operar y mantener el vehículo correctamente. Cuando esas instrucciones no se cumplen o se ignoran, habrá consecuencias. El dilema es que los seres humanos tenemos una fuerte tendencia a actuar de maneras que se oponen completamente a la manera en que queremos vivir.

El mensaje es claro: necesitamos un Salvador

Como necesitamos desesperadamente un Salvador, podemos caer en las redes de gente que nos promete resolver nuestros problemas, sanar nuestras heridas, y traer paz duradera a nuestra vida. Creemos en casi todo lo que nos prometa aliviar nuestro dolor.

La idea de que la humanidad necesita salvación está presente desde el inicio de la historia humana. Desde que la maldad impuso su dominio, el grito de auxilio surgió desde lo profundo de nuestras almas. Los primeros seres humanos decidieron desobedecer la sencilla ley que Dios les había dado, así que sufrieron de inmediato el dolor y la subsiguiente separación que conlleva el pecado. ¿Por qué Dios les dio la oportunidad de fallar? Esa es la esencia del ser humano: tener la posibilidad real de escoger el bien o el mal.

Desde esa época temprana, el planeta ha corrido por las

heridas autoinfligidas de personas que tomaron malas decisiones. Sin embargo, en los momentos claves de la historia, cuando todo parecía perdido, Dios les proveyó una vía de escape a los que creían en Él. La historia de Noé, quien construyó un arca para salvar a su familia; las instrucciones del Señor a Moisés de poner la sangre de un cordero en los postes de la puertas de sus casas para que el ángel de la muerte no los tocara, el paso milagroso de los esclavos hebreos liberados a través del mar Rojo, cuentan la historia de cómo Dios liberó a la humanidad de la maldad y la opresión. El rey David alabaría a Dios en repetidas ocasiones por salvarlo de sus enemigos y por las muchas veces en que había podido escapar de la muerte.

> *¡Cuánto te amo, Señor, fuerza mía!*
>
> *El Señor es mi roca, mi amparo, mi libertador;*
> *es mi Dios, el peñasco en que me refugio.*
> *Es mi escudo, el poder que me salva, ¡mi más alto*
> *escondite!*
>
> *Invoco al Señor, que es digno de alabanza,*
> *y quedo a salvo de mis enemigos. (Sal. 18:1-3)*

Dios no solo creó el universo, sino que se involucró en los asuntos de la humanidad. Aunque haya dolor y sufrimiento, la liberación está a nuestra disposición. La mayor manifestación de su salvación sería la personificación de esa salvación en la forma de un ser humano.

El Mesías

"El Mesías" en hebreo, es *Ha Mashiach*. La misma palabra en griego es *Cristo* o "El Ungido". Simbolizaba el sacerdote ungido que había sido apartado para los propósitos de Dios. En

el Antiguo Testamento, el Mesías era un líder ungido, que
sería descendiente del rey David y libraría al pueblo judío de
sus enemigos.

Los hebreos esperaban un líder humano que los libraría
de sus opresores humanos y los llevaría a entrar en el Reino
de Dios en la tierra, políticamente hablando. Ellos no imagi-
naban que el Mesías sería la presencia de Dios encarnada en la
tierra, ni esperaban que fuera ejecutado por los mismos enemigos que ellos creían que Él vendría a vencer. Sin embargo,
Jesús vino a librarnos de nuestros verdaderos enemigos, las
fuerzas espirituales que han mantenido a la raza humana en
atadura. La libertad externa no vale de nada si no tenemos libertad interior.

En su mensaje inaugural, Jesús anunció que este era el objetivo de su misión. Después de haber sido bautizado en el río
Jordán, regresó a Nazaret, donde había crecido, entró a la sinagoga y leyó al profeta Isaías. Aquí está la historia de ese in-
cidente:

> Fue a Nazaret, donde se había criado, y un sábado entró
> en la sinagoga, como era su costumbre. Se levantó para
> hacer la lectura, y le entregaron el libro del profeta Isaías.
> Al desenrollarlo, encontró el lugar donde está escrito:
>
> *"El Espíritu del Señor está sobre mí,*
> *por cuanto me ha ungido*
> *para anunciar buenas nuevas a los pobres.*
> *Me ha enviado a proclamar libertad a los cautivos*
> *y dar vista a los ciegos,*
> *a poner en libertad a los oprimidos,*
> *a pregonar el año del favor del Señor".*
>
> Luego enrolló el libro, se lo devolvió al ayudante y se
> sentó. Todos los que estaban en la sinagoga lo miraban

detenidamente, y él comenzó a hablarles: Hoy se cumple esta Escritura en presencia de ustedes" (Lc. 4:16-21).

Luego de leer este pasaje profético, mesiánico, emitió la asombrosa afirmación de que Él estaba cumpliendo esa escritura "hoy". Esto demuestra gráficamente que Jesús no solo se veía a sí mismo como el cumplimiento de las palabras de los profetas, sino que su misión sería predicar el evangelio, sanar a los enfermos y liberarnos de la opresión espiritual. De hecho, empezó inmediatamente a expulsar demonios, a realizar sanaciones y a hacer otros milagros.

Es el mismo ministerio que lleva a cabo hoy, a través de sus seguidores. El mensaje que Jesús es el Cristo (Mesías) no se difunde por medio de la violencia o la fuerza. De hecho, quienes han forzado a otros a cualquier tipo de obediencia obligada fueron condenados por Jesús y denominados falsos profetas. El mensaje de Cristo avanza en amor y poder. Este evangelio, o buena nueva, es tan poderoso que viró el mundo al revés hace dos mil años, y puede hacer lo mismo el día de hoy.

Preparando el camino

La aparición del Mesías fue, sin lugar a dudas, el momento más importante de la historia humana, tanto, que un profeta fue enviado con antelación a preparar a la gente para lo que estaba por venir. Se llamaba Juan el Bautista, y los historiadores aceptan no solo que él existió, sino que predicó y ministró en las regiones desérticas de Israel. Los cuatro evangelios hablan de Juan como la persona que preparó el camino para la llegada del Mesías. El ministerio de Juan fue visualizado por los profetas hebreos. Malaquías profetizó, casi cuatrocientos años antes: "Estoy por enviarles al profeta Elías antes que llegue el día del Señor, día grande y terrible. Él hará que los padres se reconcilien con sus hijos y los hijos con sus padres, y así no vendré a herir la tierra con destrucción total" (Mal. 4:5-6).

Esta escritura no habla de la reencarnación, sino más bien de que Dios enviaría a alguien con la misma clase de unción y mensaje de Elías. El profeta Isaías también hablaría de Juan, unos seiscientos años de su aparición:

> *Una voz proclama:*
> *"Preparen en el desierto*
> *un camino para el Señor;*
> *enderecen en la estepa*
> *un sendero para nuestro Dios.*
> *Que se levanten todos los valles,*
> *y se allanen todos los montes y colinas;*
> *que el terreno escabroso se nivele*
> *y se alisen las quebradas" (Is. 40:3-4).*

El ministerio de Juan preparó los corazones y las mentes de la gente, llamándolos al arrepentimiento y haciendo que se volvieran de su maldad. Cuando el ángel Gabriel les anunció a sus padres su nacimiento y su futuro ministerio, dijo: "Hará que muchos israelitas se vuelvan al Señor su Dios. Él irá primero, delante del Señor, con el espíritu y el poder de Elías, para reconciliar a los padres con los hijos y guiar a los desobedientes a la sabiduría de los justos. De este modo preparará un pueblo bien dispuesto para recibir al Señor" (Lc. 1:16-17).

Estas proclamaciones demuestran la naturaleza excepcional de su llamado. Él no era quien anunciaría a un rey o líder terrenal, sino al mismísimo Señor. Cuando estaba predicando, le preguntaron si él era el Mesías. Él lo negó y declaró que el Mesías vendría después de él.

"Este es el testimonio de Juan cuando los judíos de Jerusalén enviaron sacerdotes y levitas a preguntarle quién era. No se negó a declararlo, sino que confesó con franqueza: 'Yo no soy el Cristo'.

Yo bautizo con agua, pero entre ustedes hay alguien a quien no conocen, y que viene después de mí, al cual yo no soy digno ni siquiera de desatarle la correa de las sandalias.

Todo esto sucedió en Betania, al otro lado del río Jordán, donde Juan estaba bautizando.

Al día siguiente Juan vio a Jesús que se acercaba a él, y dijo: ¡Aquí tienen al Cordero de Dios, que quita el pecado del mundo!" (Jn. 1:19–20; 26–29).

Lo que debemos entender de este pasaje es que para reconocer al Mesías y los hechos que rodean su identidad es necesario poseer la condición espiritual correcta. Saber que Jesús es el Cristo no significa que creamos en Él hasta el punto de someter nuestras vidas y destinos a su liderazgo y autoridad. Juan llamaría a la gente a humillarse a sí mismos y reconocer su necesidad de un Salvador. Entonces, solo entonces, dejarían de confiar en sí mismos y sus ídolos y en los remedios de la época, y empezarían a mirar las promesas de liberación de Dios en los términos divinos, no humanos.

¿Qué dijo Jesús de sí mismo?

"'Sé que viene el Mesías, al que llaman el Cristo', respondió la mujer. Cuando Él venga nos explicará todas las cosas. 'Ese soy yo, el que habla contigo', le dijo Jesús".

—JUAN 4:25–26

Jesús a veces era evasivo sobre su identidad como el Mesías, ya que los judíos no entendían del todo su rol. Otras veces, era muy directo al expresar quien era. La historia de Jesús y la samaritana nos relata una conversación extraordinaria donde su identidad fue plenamente revelada. De todas las personas en las que pudo haber confiado, probablemente nadie hubiera adivinado que escogería a una mujer que había estado casada cinco veces y que en ese momento vivía en concubinato con alguien. Pero Jesús le contó a esa mujer que Él era el Mesías.

Como mencionamos anteriormente, Él le preguntó a sus discípulos: "Y ustedes, ¿quién dicen que soy?". El apóstol Pedro respondió: "Tú eres el Cristo, el Hijo del Dios Viviente". Jesús no lo reprendió ni lo corrigió por haber pronunciado tales blasfemias, sino que lo llamó "bendito" por comprender cuál era su rol. Esa misma bendición nos es dada cuando entendemos la verdad seminal sobre la identidad de Jesús. La identidad de Mesías de Jesús, también fue reconocida por el apóstol Pablo. Craig Keener comentó: "Pablo, el escritor del N. T. más antiguo que existe, a veces utiliza la palabra 'Cristo' virtualmente como el apellido de Jesús; la idea de que Jesús era el Mesías ciertamente debió haber surgido antes de Pablo. La manera de hablar de Pablo puede sugerir que todo el movimiento cristiano de Judea que él conocía consideraba que Jesús era el Cristo".[5]

Es imposible leer los evangelios o Pablo y quedarse con la impresión de que Jesús de Nazaret se consideraba a sí mismo un hombre común y corriente. Jesús dijo tantas cosas sobre sí mismo, que sería descabellado considerarlo un hombre común.

> "Yo soy la luz del mundo. El que me sigue no andará en tinieblas, sino que tendrá la luz de la vida".
> —JUAN 8:12

> "El cielo y la tierra pasarán, pero mis palabras jamás pasarán".
> —MARCOS 13:31

"Porque donde dos o tres se reúnen en mi nombre, allí estoy yo en medio de ellos".

—MATEO 18:20

Todos los profetas que hablaban en nombre de Dios iniciaban sus palabras con la frase, "Así dice el Señor". Pero cuando Jesús hablaba, Él no decía: "Así dice el Señor", sino que hacía comentarios como "En verdad les digo". Él hablaba en esos términos porque era el Señor quien hablaba.

Jesús demostró que Él es el Mesías

Los milagros que hizo y las señales y poderes extraordinarios que tenía demostraban que Él era el Cristo. En toda la historia humana, no ha existido nadie que haya realizado ni remotamente las obras extraordinarias que realizó Jesús. Los únicos registros antiguos que son vagamente parecidos, fueron escritos sobre personas que habían perecido siglos atrás, así que se trataba de leyendas. Alimentar a miles de personas con unas rebanadas de pan y unos pescados, caminar sobre el agua, y levantar a los muertos eran obras que iban más allá de la comprensión humana. De hecho, una de sus señales más increíbles fue calmar la tormenta en el mar de Galilea. El acto de calmar las aguas se remonta a la autoridad de Dios sobre las aguas en Génesis.

Los escépticos que no aceptan la existencia de los fenómenos sobrenaturales tratan de ignorar los milagros de Jesús y concentrarse en su ética y sus enseñanzas. Pero lo siguiente que Él reunió, no fue el resultado de un seminario de enseñanza en una pradera de Galilea, sino de las noticias de sus obras poderosas. Sus milagros fueron los que dispararon la preocupación del sistema religioso, porque con ellos estaba demostrando que era el Mesías.

Cuando enseñaba, lo hacía con autoridad. Un ejemplo de

primera fue cuando no solo enseñó sobre la ley de Moisés, sino que la mejoró en términos de elevar los estándares de lo que significaba.

> "Ustedes han oído que se dijo a sus antepasados: "No mates, y todo el que mate quedará sujeto al juicio del tribunal". Pero yo les digo que todo el que se enoje con su hermano quedará sujeto al juicio del tribunal. Es más, cualquiera que insulte a su hermano quedará sujeto al juicio del Consejo. Pero cualquiera que lo maldiga quedará sujeto al juicio del infierno" (Mt. 5:21-22).

El Dr. William Lane Craig está de acuerdo en que esto demostró el sentido único de Jesús con respecto su autoridad divina. "Pero no es solo que Jesús colocaba su autoridad personal a la par de la de la ley divina. Más que eso, Él ajustó la ley a su propia autoridad".[6]

Otro ejemplo de su autoridad es el perdón de los pecados. Decirle a alguien que sus pecados le fueron perdonados era actuar directamente como solamente Dios podía actuar. Una de mis historias favoritas de las Escrituras está registrada en el evangelio de Marcos. Un grupo de hombres estaba tratando de meter a su amigo paralizado dentro de una casa donde Jesús se encontraba enseñando, con la esperanza de que pudiera sanarlo. Cuando no pudieron pasar por la puerta principal, se subieron al techo, abrieron un hueco en él y bajaron a su amigo hasta ponerlo frente a Jesús. Sonrío de solo pensar en toda esa gente mirando hacia el techo, mientras la camilla descendía dentro de la habitación.

> "Unos días después, cuando Jesús entró de nuevo en Capernaúm, corrió la voz de que estaba en casa. Se aglomeraron tantos que ya no quedaba sitio ni siquiera frente a la puerta mientras Él les predicaba la palabra.

Entonces llegaron cuatro hombres que le llevaban un paralítico. Como no podían acercarlo a Jesús por causa de la multitud, quitaron parte del techo encima de donde estaba Jesús y, luego de hacer una abertura, bajaron la camilla en la que estaba acostado el paralítico. Al ver Jesús la fe de ellos, le dijo al paralítico: 'Hijo, tus pecados quedan perdonados'.

Estaban sentados allí algunos maestros de la ley, que pensaban: '¿Por qué habla este así? ¡Está blasfemando! ¿Quién puede perdonar pecados sino solo Dios?'.

En ese mismo instante supo Jesús en su espíritu que esto era lo que estaban pensando. '¿Por qué razonan así? —les dijo—. ¿Qué es más fácil, decirle al paralítico: Tus pecados son perdonados, o decirle: Levántate, toma tu camilla y anda? Pues para que sepan que el Hijo del hombre tiene autoridad en la tierra para perdonar pecados—se dirigió entonces al paralítico—: A ti te digo, levántate, toma tu camilla y vete a tu casa'. Él se levantó, tomó su camilla en seguida y salió caminando a la vista de todos. Ellos se quedaron asombrados y comenzaron a alabar a Dios. 'Jamás habíamos visto cosa igual', decían" (Mc. 2:1–12).

El hecho de que Él perdonara directamente los pecados de la gente demuestra que Él creía tener la autoridad para hacerlo. Ningún profeta antes de Él osó jamás decirle a la gente que sus pecados eran perdonados. Incluso Moisés oraba y le pedía a Dios que perdonara a la gente, pero solo era Dios quien otorgaba ese perdón.

Las profecías de un Mesías

"De Él dan testimonio todos los profetas, que todo el que cree en Él recibe, por medio de su nombre, el perdón de los pecados".
—Hechos 10:43

El adviento de Jesús fue el cumplimiento de las profecías que Dios durante siglos había hecho a través de los profetas. "Dios hizo muchas profecías sobre el Mesías por dos razones principales. Primero, para que fuera obvio identificarlo. Segundo, habría evitado que un impostor tuvieran éxito".[7] Cristo cumple muchas de esas profecías. Aquí explicamos algunas.[8] Si estas siete fueran las únicas, creo que sería suficiente.

1. Un sirviente que sufre

Creció en su presencia como vástago tierno,
*   como raíz de tierra seca.*
No había en él belleza ni majestad alguna;
*   su aspecto no era atractivo y nada en su apariencia*
*   lo hacía deseable.*
Despreciado y rechazado por los hombres,
*   varón de dolores, hecho para el sufrimiento.*
Todos evitaban mirarlo;
*   fue despreciado, y no lo estimamos.*

Ciertamente Él cargó con nuestras enfermedades
*   y soportó nuestros dolores,*
pero nosotros lo consideramos herido,
*   golpeado por Dios, y humillado.*
Él fue traspasado por nuestras rebeliones,
*   y molido por nuestras iniquidades;*
sobre Él recayó el castigo, precio de nuestra paz,
*   y gracias a sus heridas fuimos sanados.*
Todos andábamos perdidos, como ovejas;
*   cada uno seguía su propio camino,*
pero el Señor hizo recaer sobre Él
*   la iniquidad de todos nosotros.*

Maltratado y humillado,
*   ni siquiera abrió su boca;*

como cordero, fue llevado al matadero;
    como oveja, enmudeció ante su trasquilador;
    y ni siquiera abrió su boca.
Después de aprehenderlo y juzgarlo, le dieron muerte;
    nadie se preocupó de su descendencia.
Fue arrancado de la tierra de los vivientes,
    y golpeado por la transgresión de mi pueblo.
Se le asignó un sepulcro con los malvados,
    y murió entre los malhechores,
aunque nunca cometió violencia alguna,
    ni hubo engaño en su boca.

Pero el Señor quiso quebrantarlo y hacerlo sufrir,
    y como Él ofreció su vida en expiación,
verá su descendencia y prolongará sus días,
    y llevará a cabo la voluntad del Señor.
Después de su sufrimiento,
    verá la luz y quedará satisfecho;
por su conocimiento
    mi siervo justo justificará a muchos,
    y cargará con las iniquidades de ellos"
                                        —ISAÍAS 53:2–11

Este es uno de los pasajes más importantes de las Escrituras porque es una imagen profética demoledora de la obra de Cristo. Está llena de referencias que apuntan a la condición de Mesías de Cristo. El espacio no nos permite citar el pasaje completo, pero una lectura cuidadosa nos dará muchísimas comparaciones con la vida y muerte de Jesús. Los versículos más importantes son los que afirman: "Él fue traspasado por nuestras rebeliones, y molido por nuestras iniquidades" y "Fue arrancado de la tierra de los vivientes, y golpeado por la transgresión de mi pueblo". Estas oraciones aluden a la crucifixión de Jesús por causa de nuestros pecados. Se hacen otras referencias de Jesús siendo ejecutado junto a unos hombres malvados, pero siendo sepultado en la tumba de un hombre acaudalado, José de Arimatea.

Incluso antes de la venida de Jesús, muchos rabinos reconocían que este pasaje se refería al Mesías prometido. Hasta el día de hoy, el pasaje de Isaías 53 ha sido decisivo para que muchos judíos abracen la creencia de que Jesús es el Mesías. Sin embargo, después de la venida de Jesús, muchos rechazaron que esto se refiriera al Mesías, afirmando que se refería únicamente a la nación de Israel. Sin embargo,sus argumentos se apoyan en una comprensión errada del contexto y la interpretación del pasaje. De una lectura cuidadosa se desprende claramente que se trata de algo relativo al futuro Mesías, que se ajusta con precisión a la vida, muerte y resurrección de Jesús.[9]

2. El lugar de nacimiento del Mesías

Pero de ti, Belén Efrata,
pequeña entre los clanes de Judá,
saldrá el
que gobernará a Israel;
sus orígenes se remontan hasta la antigüedad,
hasta tiempos inmemoriales.

Por eso Dios los entregará al enemigo
hasta que tenga su hijo la que va a ser madre,
y vuelva junto al pueblo de Israel el resto de sus
hermanos.

Pero surgirá uno para pastorearlos
con el poder del Señor,
con la majestad del nombre del Señor su Dios.
Vivirán seguros, porque Él dominará
hasta los confines de la tierra.

—Miqueas 5:2–4

Aunque es un hecho ampliamente aceptado que Jesús nació en Belén, todavía se encuentra bajo la lupa de los escépticos. Es fácil entender por qué. Esta profecía sobre el gobernante que vendrá de "tiempos antiguos" y el lugar de nacimiento es muy específica. El nombre Belén significa "casa de pan". De la casa de pan, saldrá el pan de vida.

3. El que traspasaron

> *Sobre la casa real de David y los habitantes de Jerusalén derramaré un espíritu de gracia y de súplica, y entonces pondrán sus ojos en mí. Harán lamentación por el que traspasaron, como quien hace lamentación por su hijo único; llorarán amargamente, como quien llora por su primogénito.*
>
> —ZACARÍAS 12:10

Zacarías profetizó casi quinientos años antes de Cristo y dijo que la gente miraría al "que traspasaron" y se arrepentiría. Cuando la gente se da cuenta de que el Mesías vino y fue ejecutado, siente un profundo dolor, pero Dios promete que ese dolor será transformado en gozo y salvación. Esto también destaca un punto importante sobre los judíos. El amor de Dios por Jerusalén e Israel y sus promesas hacia ellos no han variado. Aunque Él ama a todas las naciones, hay promesas sobre esta tierra que se han cumplido y se cumplirán en la época actual. Como escribió el apóstol Pablo en Romanos:

> Hermanos, quiero que entiendan este misterio para que no se vuelvan presuntuosos. Parte de Israel se ha endurecido, y así permanecerá hasta que haya entrado la totalidad de los gentiles. De esta manera todo Israel será salvo, como está escrito:
>
> *"El redentor vendrá de Sión*

y apartará de Jacob la impiedad.
Y este será mi pacto con ellos
cuando perdone sus pecados" (Ro. 11:25–27).

El amor de Dios por Israel y los judíos es invariable.

4. El gobierno estará sobre sus hombros

El profeta Isaías anunció de antemano el hecho de que Dios vendría al mundo en forma de niño. Este ciertamente es un gran misterio, que el Creador infinito entró a su propia creación de esta manera. Este no era un niño común y corriente. Charles Spurgeon escribió: "Jesucristo, incluso aquel que yacía en el pesebre de Belén, [estaba] 'sustentando todas las cosas con el poder de su palabra'".[10]

> *Porque nos ha nacido un niño,*
>   *se nos ha concedido un hijo;*
>   *la soberanía reposará sobre sus hombros,*
> *y se le darán estos nombres:*
>   *Consejero admirable, Dios fuerte,*
>   *Padre eterno, Príncipe de paz.*
> *Se extenderán su soberanía y su paz,*
>   *y no tendrán fin.*
> *Gobernará sobre el trono de David*
>   *y sobre su Reino,*
> *para establecerlo y sostenerlo*
>   *con justicia y rectitud*
>   *desde ahora y para siempre.*
> *Esto lo llevará a cabo el celo*
>   *del Señor Todopoderoso.*
>
> —Isaías 9:6–7

El libro de Isaías está lleno de referencias al Mesías y la promesa de paz y liberación que su obra traerá. Este pasaje afirma que el gobierno estará sobre sus hombros. Esto significa que, independientemente de quienes sean los gobernantes y reyes terrenales, existe un Rey superior que es quien gobierna. Él, de hecho, ¡es llamado Rey de reyes y Señor de señores! Isaías también dice que este niño será llamado Dios poderoso. Ningún ser humano osaría apropiarse de ese título. Pero Jesús sería llamado *Emanuel*, que significa "Dios con nosotros". Aunque su gobierno comenzó pequeño (solo doce seguidores), ha seguido incrementándose, y ha traído paz en la vida de los pueblos y naciones que han seguido sus Palabras.

5. El programa del Mesías

Entiende bien lo siguiente: Habrá siete semanas desde la promulgación del decreto que ordena la reconstrucción de Jerusalén hasta la llegada del príncipe elegido. Después de eso, habrá sesenta y dos semanas más. Entonces será reconstruida Jerusalén, con sus calles y murallas. Pero cuando los tiempos apremien, después de las sesenta y dos semanas, se le quitará la vida al príncipe elegido. Este se quedará sin ciudad y sin santuario, porque un futuro gobernante los destruirá. El fin vendrá como una inundación, y la destrucción no cesará hasta que termine la guerra. Durante una semana ese gobernante hará un pacto con muchos, pero a media semana pondrá fin a los sacrificios y ofrendas. Sobre una de las alas del templo cometerá horribles sacrilegios, hasta que le sobrevenga el desastroso fin que le ha sido decretado.

—DANIEL 9:25–27

Daniel había estado leyendo a Jeremías y había comprendido que el cautiverio de setenta años estaba llegando a su fin. Después de buscar al Señor por medio de la oración y el ayuno, el ángel Gabriel vino a él con este mensaje que describía los eventos futuros, particularmente el advenimiento del Mesías (el Ungido). Le dijo que el número de años que transcurrirían desde el decreto de reconstrucción de Jerusalén y el momento en que el Ungido sería "cortado" sería de sesenta y nueve "sietes", o sesenta y nueve grupos de siete años (483 años), lo cual concuerda con el año de crucifixión de Jesús, en el año 30 d. C.[11] El libro de Daniel también nos ofrece una imagen impresionante de la obra que el Mesías llevaría a cabo. "Setenta semanas han sido decretadas para que tu pueblo y tu santa ciudad pongan fin a sus transgresiones y pecados, pidan perdón por su maldad, establezcan para siempre la justicia, sellen la visión y la profecía, y consagren el lugar santísimo" (Dn. 9:24).

El Mesías acabaría con el pecado, expiaría la maldad y traería justicia eterna. Esta profecía gloriosa de la obra de Cristo no fue predicha solo en aquel entonces, sino que aún, más de dos mil años después, está a disposición de todo aquel que crea en Jesús.

6. El Hijo del hombre

Jesús con frecuencia se refería a sí mismo como "El Hijo del hombre".

> Las zorras tienen madrigueras y las aves tienen nidos —le respondió Jesús—, pero el Hijo del hombre no tiene dónde recostar la cabeza.
>
> —MATEO 8:20

> Cuando los persigan en una ciudad, huyan a otra. Les aseguro que no terminarán de recorrer las ciudades de Israel antes de que venga el Hijo del hombre.
>
> —MATEO 10:23

> Si alguien se avergüenza de mí y de mis palabras, el Hijo del hombre se avergonzará de él cuando venga en su gloria y en la gloria del Padre y de los santos ángeles.
>
> —LUCAS 9:26

Estas referencias no solo intentan llamar la atención sobre su condición humana, sino que son una conexión directa con la visión profética que Daniel tuvo, caso quinientos años antes de Cristo.

> "En esa visión nocturna, vi que alguien con aspecto humano venía entre las nubes del cielo. Se acercó al venerable Anciano y fue llevado a su presencia, y se le dio autoridad, poder y majestad. ¡Todos los pueblos, naciones y lenguas lo adoraron! ¡Su dominio es un dominio eterno, que no pasará, y su reino jamás será destruido!" (Dn. 7:13-14).

No hay manera de que un hombre normal reciba este título tan descriptivo y se le diga que todas las naciones lo adorarían. Jesús cumplió esta visión al principio de su ministerio, cuando permitió que la gente lo adorara. Este acto es un indicador claro que su naturaleza divina. El Dr. William Lane Craig está de acuerdo: "Jesús no se refería a sí mismo como 'un hijo de hombre', sino como 'El Hijo del Hombre'. La manera que Jesús tenía de usar el artículo definido 'el' es consistente a lo largo de los Evangelios. Al usar el artículo definido, Jesús dirigía la atención a la figura humana-divina profetizada en Daniel 7:13-14".[12]

7. El Hijo de Dios

No hay un versículo más conocido por las multitudes alrededor del mundo que Juan 3:16. Aparece en afiches, pintado en los rostros de los atletas y citado por aquellos que desean conocer el camino de la salvación. Dice así: "Porque tanto amó Dios al mundo, que dio a su Hijo unigénito, para que todo el que cree en Él no se pierda, sino que tenga vida eterna". Junto al término *Cristo*, que significa Mesías, el título de Hijo de Dios utilizado en Juan también señala la divinidad de Jesús y lo vincula con el Mesías. El segundo Salmo nos muestra la imagen profética de esta identidad:

"*¿Por qué se sublevan las naciones,*
   y en vano conspiran los pueblos?
Los reyes de la tierra se rebelan;
   los gobernantes se confabulan
   contra el y contra su ungido. Y dicen:
'¡Hagamos pedazos sus cadenas!
   ¡Librémonos de su yugo!'.

El Rey de los cielos se ríe;
   el Señor se burla de ellos.
En su enojo los reprende,
   en su furor los intimida y dice:
He establecido a mi Rey
   sobre Sión, mi santo monte.

Tú eres mi hijo, me ha dicho;
   hoy mismo te he engendrado.
Pídeme,
   y como herencia te entregaré las naciones;
   ¡tuyos serán los confines de la tierra!
Las gobernarás con puño de hierro;
   las harás pedazos como a vasijas de barro.

Ustedes, los reyes, sean prudentes;
   déjense enseñar, gobernantes de la tierra.
Sirvan al Señor con temor;
   con temblor ríndanle alabanza.
Bésenle los pies, no sea que se enoje
   y sean ustedes destruidos en el camino,
pues su ira se inflama de repente.
   ¡Dichosos los que en él buscan refugio!" (Sal. 2:1–12).

El concepto de Dios teniendo un hijo es difícil de entender. La expresión no significa que Dios tuvo un hijo de la misma forma que la gente procrea. Al examinar las Escrituras confiando en la guía del Espíritu Santo, el significado real se hace claro. Dios se hizo hombre en Jesucristo. Al entrar en la tierra como un niño, estaba tomando la forma de nuestra humanidad para salvarnos. También modeló la relación que Dios desea que tengamos como sus hijos e hijas adoptadas que somos. El apóstol Pablo explicó este acto de humildad en la iglesia de Filipo:

"La actitud de ustedes debe ser como la de Cristo Jesús,

> *quien, siendo por naturaleza Dios,*
> > *no consideró el ser igual a Dios como algo a qué aferrarse.*
>
> *Por el contrario, se rebajó voluntariamente,*
> > *tomando la naturaleza de siervo*
> > *y haciéndose semejante a los seres humanos.*
>
> *Y al manifestarse como hombre,*
> > *se humilló a sí mismo*
> > *y se hizo obediente hasta la muerte,*
> > > *¡y muerte de cruz!*

> *Por eso Dios lo exaltó hasta lo sumo*
> > *y le otorgó el nombre que está sobre todo nombre,*
> *para que ante el nombre de Jesús se doble toda rodilla*
> > *en el cielo y en la tierra y debajo de la tierra,*
> *y toda lengua confiese que Jesucristo es el Señor,*
> > *para gloria de Dios Padre" (Fil. 2:5–11).*

La deidad de Cristo

Jesús no fue solo el Mesías prometido, sino el Creador del universo que tomó forma humana. Esta afirmación es el mayor obstáculo para que los judíos acepten a *Yeshua* como el Salvador prometido. La imagen de Jesús como Mesías ha sido establecida claramente en este libro. Ahora profundicemos en la verdad de que Jesús fue, realmente, Dios en la carne.

Como hemos discutido, las palabras y obras de Jesús calan más que las de un simple y exaltado profeta o maestro. Él hizo declaraciones más allá de solo hablar por Dios, habló como Dios mismo. También hay declaraciones directas hechas por Jesús que revelan su identidad como Dios.

> "En el principio ya existía el Verbo, y el Verbo estaba con Dios, y el Verbo era Dios. Él estaba con Dios en el principio. Por medio de él todas las cosas fueron creadas; sin Él, nada de lo creado llegó a existir. […]
>
> Y el Verbo se hizo hombre y habitó entre nosotros. Y hemos contemplado su gloria, la gloria que corresponde al Hijo unigénito del Padre, lleno de gracia y de verdad.
>
> Juan dio testimonio de Él, y a voz en cuello proclamó: 'Este es aquel de quien yo decía: El que viene después de mí es superior a mí, porque existía antes que yo.
>
> De su plenitud todos hemos recibido gracia sobre gracia, pues la ley fue dada por medio de Moisés, mientras que la gracia y la verdad nos han llegado por medio de Jesucristo. A Dios nadie lo ha visto nunca; el Hijo unigénito, que es Dios y que vive en unión íntima con el Padre, nos lo ha dado a conocer'" (Jn. 1:1–3; 14–18).

Estos versículos nos dicen que la Palabra era Dios y que la Palabra se hizo carne y vivió entre nosotros. La Palabra es personificada por el pronombre objeto "Él" y afirma que "sin Él, nada de lo creado llegó a existir". Esta revelación de que Cristo era en realidad el Creador fue expresada por el apóstol Pablo: "Él (Jesús) es la imagen del Dios invisible, el primogénito de toda creación, porque por medio de Él fueron creadas todas las cosas en el cielo y en la tierra, visibles e invisibles, sean tronos, poderes, principados o autoridades: todo ha sido creado por medio de Él y para Él. Él es anterior a todas las cosas, que por medio de Él forman un todo coherente" (Col. 1:15-17). Fue esta verdad la que en última instancia ocasionó que las autoridades religiosas ejercieran presión para que Jesús fuera crucificado. Sus declaraciones que apuntaban a su naturaleza divina fueron consideradas blasfemia y, por lo tanto, merecían la pena de muerte. Nada incriminaba más a Jesús que el uso del título que Dios había utilizado cuando se le reveló a Moisés: YO SOY.

"'Abraham, el padre de ustedes, se regocijó al pensar que vería mi día; y lo vio y se alegró.

Ni a los cincuenta años llegas, le dijeron los judíos, ¿y has visto a Abraham?

Ciertamente les aseguro que, antes de que Abraham naciera, ¡yo soy!'. Entonces los judíos tomaron piedras para arrojárselas, pero Jesús se escondió y salió inadvertido del templo" (Jn. 8:56-59).

Estos pasajes explícitamente sugieren que Jesucristo es Dios. Los demás Evangelios identifican a Jesús como Dios, aplicando pasajes del Antiguo Testamento que lo relacionan con Dios. Por ejemplo, Juan el Bautista preparó el camino de Jesús, cuando el Antiguo Testamento dice que él prepararía el camino para Dios (Mal. 4:5-6). De la misma manera, Jesús se describió como el Buen Pastor, que reuniría a sus ovejas (Mt. 23:37), mientras que el Antiguo Testamento utiliza la misma descripción para Dios (Jer. 23:3).[13] Este misterio se ha denominado teológicamente como la Trinidad. En esencia, hay un solo Dios en tres personas: Padre, Hijo y Espíritu Santo. A todos se les honra y reverencia como a Dios. Los credos antiguos de Nicea y Calcedón le dan la forma al lenguaje teológico que se utiliza para expresar las muchas dimensiones de esta verdad. Al final la Trinidad es un misterio que se revela en las Escrituras. No es tan irracional como superracional o transracional. Cuando hablamos de un Dios eterno y omnisapiente, debemos aceptar desde el principio que Dios no es como nosotros (aunque somos semejantes a Él en varios aspectos). El hecho de que las pruebas revelen a un ser que no fue creado debe darnos la humildad para aceptar que lo que Dios dice es cierto, incluso si no podemos entenderlo completamente.

Jesús es el Señor

Poder llamar al Señor es el privilegio y la oportunidad más grande que se le ha otorgado a la humanidad. Debemos entender que el título SEÑOR significa Dios, y que no es un simple título que se les da a los hombres, como "Señor Churchill". Esta diferencia es esencial ya que, para ser salvados, debemos creer que Jesús es el Señor.

> "Que si confiesas con tu boca que Jesús es el Señor, y crees en tu corazón que Dios lo levantó de entre los muertos, serás salvo. Porque con el corazón se cree para ser justificado, pero con la boca se confiesa para ser salvo. Así dice la Escritura: 'Todo el que confíe en Él no será jamás defraudado'. No hay diferencia entre judíos y gentiles, pues el mismo Señor es Señor de todos y bendice abundantemente a cuantos lo invocan, porque 'todo el que invoque el nombre del Señor será salvo'" (Ro. 10:9-13).

La palabra Señor en griego es la misma palabra que se usa en hebreo para Dios, como lo observamos en los pasajes del Nuevo Testamento. Pablo le otorga a Jesús el título de Señor (*kyrios*) en sus cartas (por ejemplo, en Romanos 10:9, 13) y asocia directamente ese título con Dios en sus citas de los pasajes del Antiguo Testamento (por ejemplo, en Romanos 9:27–28). También, la primera oración de la comunidad cristiana era la frase aramea *maranatha*, que se traduce como "Él (nuestro) señor viene". Como la frase está en arameo, debe haberse originado con los primeros cristianos palestinos durante el ministerio de Jesús. La palabra *mar* tiene el mismo significado de *kyrios*, y se utiliza en los pasajes del Antiguo Testamento para referirse a Dios. La expresión también es utilizada en el *Didaché*, que es una recopilación de las enseñanzas de los apóstoles que datan de finales del siglo I. Pablo la utiliza en una de sus cartas a los corintios (1 Co. 16:22), donde aparece poco después de la primera fórmula credal en 1 Corintios 15. Este credo describe la muerte de Jesús como el pago por los pecados de la gente, lo que además refleja su naturaleza divina. Estas descripciones se originaron poco después de la resurrección, lo que refuta completamente la hipótesis de que la creencia en la naturaleza divina de Jesús se desarrolló con el tiempo.

Resumen: Cristo aparece en cada libro

Más allá de las historias específicas de Jesús y las profecías que anunciaban su venida, hay un gran retrato del Cristo redentor reflejado de cada libro de la Biblia, no solo de los Evangelios. Recuerdo haber escuchado a un predicador legendario recorrer todos los libros de la Biblia de memoria y demostrar como la totalidad de las Escrituras hablaban de Jesucristo. Él dijo: "Cristo aparece en Éxodo como el cordero de la pascua, en Números como la columna de nubes en el día y de fuego en la noche, en Josué, fue el capitán de nuestra salvación, en Jueces, es el que da las leyes".[14] Terminó concluyendo, en el

Apocalipsis, que Él es el Rey de reyes y el Señor de señores" (Apocalipsis 17:14).

El autor David Limbaugh explica las palabras que Jesús le dijo a dos de sus discípulos sobre su resurrección mientras caminaban alrededor de siete millas (11.2 km) desde Jerusalén al pueblo Emaús. En cuanto a los informes de que su propia tumba estaba vacía, Jesús contestó: "¡Qué torpes son ustedes —les dijo—, y qué tardos de corazón para creer todo lo que han dicho los profetas! ¿Acaso no tenía que sufrir el Cristo estas cosas antes de entrar en su gloria? Entonces, comenzando por Moisés y por todos los profetas, les explicó lo que se refería a él en todas las Escrituras" (Lucas 24:25-27).

> Jesús ilustra la escritura para los dos hombres en el camino a Emaús y hace lo mismo por sus discípulos. El Nuevo Testamento claramente afirma que el Viejo Testamento trata todo sobre Él. Entonces, si creemos en Él y que la escritura ha sido inspirada por Dios, como profesa ser, debemos aceptar que su enfoque singular está en nuestro Salvador. Una vez usted reconoce esto, su entendimiento y reverencia por la Biblia aumentará grandemente.[15]

Al aparecer revelado en cada uno de los libros, no hay dudas de que Jesús es realmente el Dios viviente, en forma humana. Cuando le damos el honor y la preeminencia que Él merece, llegamos a ser verdaderamente libres y sin ataduras. Al entender y abrazar la deidad de Jesucristo, podemos ser transformados de criaturas ególatras en hijos e hijas del Dios del universo.

8

MILAGROS

Evidencias de lo sobrenatural

La teología occidental constantemente se pregunta: ¿Los milagros existen? Esto, por supuesto, se debe al problema planteado en la Era de la Ilustración sobre la existencia de un universo cerrado. En la mayor parte de Asia no nos hacemos esta pregunta, porque lo milagroso se considera una experiencia bastante frecuente.[1]

—HWA YUNG (ARZOBISPO EMÉRITO DE MALASIA)

LA REALIDAD DE QUE JESÚS ES EL SEÑOR, EL MESÍAS prometido, tuvo un efecto poderoso en el mundo. Desde el principio, los apóstoles predicaron el evangelio y demostraron que tenían la aprobación de Dios al mostrar la autoridad del nombre de Jesús. Explicaron que las sanaciones y los milagros que ocurrían luego de sus prédicas no ocurrían gracias a un poder especial que ellos tenían, sino a través de la fe en el nombre de Jesús. "Y por la fe en su nombre, *es* el nombre de Jesús lo que ha fortalecido a este *hombre* a quien veis y conocéis; y la fe que *viene* por medio de Él, le ha dado esta perfecta sanidad en presencia de todos vosotros" (Hch. 3:16).

Esa misma fe en su nombre puede producir hoy los mismos resultados que produjo hace dos mil años. Esta es la verdad que me impulsó, después de graduarme en la universidad, a dedicar mi vida a alcanzar el mundo para Cristo. La realidad de que *todo es posible para el que cree* me hacía levantarme cada día con la expectativa de que cosas buenas podían suceder, sin importar cuan desesperada fuera la situación. También tuve la guía del espíritu Santo cuando debía compartir mi fe con los demás.

Mi historia como ministro, de hecho, comenzó con un encuentro sobrenatural. Lo más divertido es que ni siquiera fue en una iglesia. Un día, mientras jugaba una partida informal de básquetbol en la Universidad Estatal de Misisipi, el Espíritu Santo puso en mi mente un mensaje sobre un joven que se encontraba jugando en otra cancha, dentro del gimnasio. Aunque no escuché ninguna voz, sentía que Dios me hablaba de él desde la distancia: *él ha estado orando porque alguien le hable de mí*. Me parecía que este era el mensaje que yo debía darle. Esta experiencia me recuerda la escena de una película, *It's a Wonderful Life (¡Qué bello es vivir!)*, cuando el ángel Clarence le dice a George Bailey (Jimmy Stewart) que él fue enviado como una respuesta a sus oraciones. Él respondió: "Tú pareces el tipo de ángel que alguien me enviaría". Este joven en la cancha era un chico grande, de aspecto austero, y yo se sentía un poco de temor de que el pensara que ni el mensaje, ni yo como mensajero, fuésemos la respuesta a sus oraciones. ¡Pero me esperaba una gran sorpresa! Cuando finalmente reuní el coraje de presentarme, me acerqué de forma un poco abrupta y rara. Le dije que sentía que Dios me había hablado sobre él y se quedó, literalmente, boquiabierto. Había orado exactamente por eso la noche anterior.

En los próximos días, entregaría su vida completamente a Cristo, al igual que algunos de sus amigos. En ese momento comenzó mi llamado de por vida a predicar en los campos universitarios. Con el paso de los años, Dios me ha ayudado de muchas formas sobrenaturales a través del conocimiento de las vidas de las personas, sanaciones físicas y respuestas a oraciones que fueron hechas en el nombre de Jesús. A veces esas respuestas llegan inmediatamente, otras se manifiestan con el pasar del tiempo.

Los reportes de sanaciones y milagros que ocurren en todo el mundo han incrementado dramáticamente la fe cristiana. Cuando empecé a viajar a otros países, comencé a ver y a escuchar cómo el poder de Dios trabajaba de formas extraordinarias. En Corea, una nación donde predominaba el budismo, estaba ocurriendo un formidable despertar espiritual debido a estas demostraciones del poder de Dios. Allí asistí a una reunión a puertas abiertas en 1984, la cual congregó más de un millón de personas. Se puede observar el mismo patrón en China. "En China, el crecimiento del cristianismo está ocurriendo gracias a las cosas sobrenaturales que acompañan a la prédica del evangelio. El Consejo Cristiano de China estimó que 'la mitad de las conversiones de los últimos veinte años, fueron gracias a experiencias de sanación por medio de la fe'. Otros investigadores han estimado que las cifras actuales pueden alcanzar hasta el 90 por ciento".[2]

Las evidencias de los milagros son tan abrumadoras que no se pueden considerar coincidencia. Hemos visto las mismas manifestaciones sobrenaturales en los campos universitarios de todo el mundo. El escenario es importante porque los estudiantes, ciertamente, tienen una tendencia a ser escépticos. Si sucede algo inexplicable desde el punto de vista físico, se rehúsan a reconocer que es un milagro o el resultado directo de una acción divina.

Recuerde, ser cristiano significa creer que Cristo resucitó milagrosamente, tres días después de su muerte. Si ese hubiera sido el único milagro que hubiera ocurrido, ya eso habría sido suficiente para depositar nuestra confianza en Él. Sin embargo, este milagro fundacional confirma el hecho de que todos los demás milagros registrados en los evangelios son reales. No solo los milagros físicos, sino la guía sobrenatural del Espíritu Santo. Como Jesús les dijo a sus apóstoles: "Pero recibiréis poder cuando el Espíritu Santo venga sobre vosotros; y me seréis testigos en Jerusalén, en toda Judea y Samaria, y hasta los confines de la tierra" (Hch. 1:8).

Aunque nuestra fe esté enraizada en la obra de Jesucristo durante su vida, muerte y resurrección, también debemos estar abiertos a su obra en las vidas de la gente a nuestro alrededor. En realidad, hay momentos en los cuales la mano sobrenatural de Dios cubre nuestras vidas y nuestras comunidades de tal manera, que se convierte en un testimonio innegable de su obra y de su presencia constante en el mundo. Cuando enfrentamos tanto dolor y sufrimiento a nuestro alrededor, no perdemos la esperanza de recibir su ayuda. Es por estas experiencias que, después de haber sido cristiano por treinta años, aún creo que con Dios "nada es imposible" (Lc. 1:37).

Actualmente, la mayoría de la gente también cree que los milagros existen. Creer en Dios es creer que Él puede cambiar las circunstancias, los eventos, la enfermedad, y las situaciones imposibles. Incluso los ateos se detendrían un instante para darle a Dios la oportunidad de probarse a sí mismo sanando a un familiar o amigo. Muchas veces, el dolor o el sufrimiento constantes convencen al escéptico de que su incredulidad está justificada. Pero cuando estos milagros suceden, generan en la gente una fe inconmovible. El objetivo de este capítulo es determinar filosóficamente que los milagros pueden ocurrir, así como mostrar el testimonio bíblico e histórico que confirma su existencia y los principios bajo los cuales funcionan.

La existencia de Dios prueba la existencia de lo sobrenatural

Primero y principal, si Dios existe, la dimensión sobrenatural es real. La filosofía del naturalismo afirma que lo físico es lo único que hay. Esta idea fue ampliamente discutida en mi libro *Dios no está muerto* y también se hizo referencia a ella en la introducción de este libro.

Las pruebas de que los milagros existen son abrumadoras. Para poder rechazar los testimonios que defienden los eventos sobrenaturales, tenemos que descartar, antes de tiempo (a priori), la posibilidad de que los milagros existen. Es decir, para creer que nunca han existido los milagros, uno debe comenzar por asumir que los milagros no pueden existir. Esta lógica es un razonamiento circular y, por lo tanto, se niega a sí misma desde el principio. Por el contrario, el argumento que defiende la posibilidad de los milagros es creíble desde el punto de vista lógico y se puede demostrar de esta manera.

Este argumento es apoyado por los muchos tipos de pruebas que apuntan a la existencia de Dios. Desde el punto de vista de la ciencia, los físicos han reconocido desde hace décadas que el universo pareciera haber tenido un comienzo. Y las leyes de la física parecen haber sido diseñadas para el desarrollo de la vida. Si la gravedad fuese solo un poco más grande o más pequeña, los planetas no existirían, lo que habría hecho imposible la vida. De igual manera, para que la vida en la tierra pudiera ser posible, había que establecer perfectamente innumerables detalles en el planeta, el sol, la luna y el sistema solar. Por ejemplo, es necesario que la tierra esté a la perfecta distancia del sol, tenga un ritmo de rotación perfecto y la atmósfera apropiada. Desde el punto de vista biológico, la primera célula en la tierra requirió ADN, el cual contiene las instrucciones para funcionar y reproducirse. Estas instrucciones contienen una gran cantidad de información, y la información solo puede provenir de un creador inteligente. Todos estos hechos apuntan a la existencia de un creador, no controlado por el espacio y el tiempo, quien creó nuestro universo, nuestro planeta y nuestra vida.[3]

Una de las principales confusiones sobre los milagros es aquella de que si uno cree en ellos, significa que uno no cree en la ciencia. Sin embargo, el hecho de que las leyes físicas existan no significa que el Creador de esas leyes no pueda intervenir en su propia creación. Algunos rechazan los milagros erróneamente, al no entender lo que está ocurriendo. Asumen que un milagro es una especie de violación de las leyes naturales, y que contradice la experiencia humana. En realidad, es gracias al conocimiento que tenemos de las leyes naturales que podemos detectar cuando ocurre algo inusual o que no cumple con esas leyes. Un profesor de matemáticas en la Universidad de Oxford, John Lennox, explica la diferencia:

> "La segunda objeción es que ahora que conocemos las leyes de la naturaleza, los milagros son imposibles, pero eso representa otra falacia. Suponga que guardo $1,000 en mi habitación de hotel en Cambridge y la noche siguiente guardo otros $1,000. Uno más uno equivale a dos, es decir que serían $2,000. Al tercer día, abro la gaveta y encuentro $500. ¿Y ahora qué digo? ¿Digo que las leyes de aritmética fueron quebrantadas? ¿O que las leyes de Estados Unidos fueron quebrantadas?[4]

Como se ha demostrado, las pruebas de que los milagros ocurren son abrumadoras. Esas prueban caen la categoría de pruebas de las Escrituras, de la historia y de la ciencia.

El testimonio de las Escrituras

Jesucristo es el mismo ayer y hoy y por los siglos.

—HEBREOS 13:8

Como vimos anteriormente, los registros de los Evangelios son recuentos confiables de la vida y el ministerio de Jesús. Sin embargo, los investigadores escépticos continúan afirmando que las historias de cuando Jesús sanó a los enfermos, o expulsó demonios no son históricas, principalmente porque desde un principio no creen en ello. Sin embargo, el peso de las pruebas en las últimas décadas ha obligado incluso a los más escépticos a reconocer que los evangelios son precisos al retratar a Jesús como hacedor de milagros y exorcista.[5]

Este cambio fue el resultado del reconocimiento de que las historias de los milagros cumplen con muchos de los criterios de los hechos mínimos. Ante todo, se extienden por cada capa de los evangelios y el libro de Hechos. Algunos eventos, como la multiplicación de los panes, se mencionan en los cuatro evangelios. Algunos ejemplos también cumplen con los criterios de los hechos vergonzosos, como que los discípulos fueran incapaces de expulsar un demonio antes de que Jesús llegara (Mt. 21:21; Lc. 12:5). ¿Qué cristiano inventaría una historia que hiciera quedar a sus respetados líderes tan mal? Muchas de las historias cumplen también con el criterio de la disimilitud. A diferencia de otros sanadores y exorcistas de la época, Jesús no invocó a ningún poder superior para llevar a cabo sus sanaciones y exorcismos, sino que actuó con su propia autoridad. Sus milagros también son únicos en magnitud y frecuencia.[6] Además, incluso el historiador Josefo, que no era cristiano, describió a Jesús como "un hacedor de hazañas sorprendentes".[7] Estas pruebas convencieron incluso al superescéptico

Marcus Borg de afirmar que los hechos demuestran que es "virtualmente indiscutible que Jesús fue sanador y exorcista".[8] Los críticos pueden aceptar que, hasta cierto punto, los hechos son auténticos, pero tratan de racionalizarlos como interpretaciones erradas de los eventos reales. Al final, creen que todas las historia de las sanaciones o exorcismos que realizó Jesús, tienen una explicación lógica. Por ejemplo, frecuentemente afirman que la gente que Jesús supuestamente sanó, simplemente pudo haber estado convencida de que se sentían mejor por medio del poder de la sugestión. Pero es difícil imaginar este escenario, dada la naturaleza dramática e instantánea de las supuestas sanaciones. ¿Cómo puede alguien, que ha estado paralizado desde que nació, comenzar a caminar por el poder de la sugestión?

Además, como determinamos en uno de los capítulos anteriores, las pruebas de la propia resurrección son abrumadoras. Y si a resurrección ocurrió, entonces los milagros no solo son posibles, sino probables. Además, las historias de milagros del Nuevo Testamento también se consideran probables, lo que nos lleva a la clara conclusión de que realmente ocurrieron.

Los milagros a través de la historia

Incluso después de la muerte de los primeros apóstoles, los cristianos continuaron sanando a los enfermos a través de la oración, y expulsando los poderes del mal como lo había hecho Jesús. Estas señales fueron registradas por muchos líderes de la iglesia primitiva. Por ejemplo, Ireneo, en el siglo II, escribió acerca de gente siendo resucitada en el nombre de Jesús:

> "[Heréticos son] hasta ahora [...] de ser capaces de levantar a los muertos, como lo hizo el Señor y como lo hicieron los apóstoles por medio de la oración, y como se ha hecho con frecuencia en la hermandad cuando es

necesario. Toda la iglesia de esa localidad en particular, suplicando con mucha oración y ayuno, el espíritu del fallecido ha regresado, y fue entregado en respuesta a la oración de los santos".[9]

Atanasio escribió en el siglo IV sobre cristianos que hacían milagros entre los arzobispos y monjes: "Así que, tomemos a estos como ejemplo, estimado Draconcio, y no se diga, ni se les crea a quienes dicen que el arzobispado es una oportunidad para pecar [...] porque ambos conocemos arzobispos que ayunan, y monjes que comen. Conocemos arzobispos que no toman vino, y monjes que sí. Conocemos arzobispos que hacen milagros, y monjes que no".[10]

Otros padres de la iglesia también escribieron sobre los milagros que ocurrían entre ellos, incluyendo (por nombrar unos pocos) Atanasio, Orígenes, Tertuliano y Crisóstomo. Algunos, como Agustino, fueron testigos oculares de los acontecimientos y algunos los usaron apologéticamente tanto para defender la fe cristiana como para combatir a los heréticos. Otros documentos antiguos afirman que los milagros fueron la razón principal de la conversión de judíos y paganos. Incluso los enemigos de los cristianos reconocían el poder milagroso que ellos tenían. La similitud de los milagros varió a lo largo de la historia de la iglesia, pero el testimonio sólido y fehaciente de su existencia es innegable.

En su libro *Milagros: la credibilidad de los relatos del Nuevo Testamento*, Craig S. Keener documenta los registros de los milagros a lo largo de la historia en todas partes del mundo. Algunos de los eventos más dramáticos ocurrieron durante el último siglo. Por ejemplo, varios ministerios de sanación a principios del siglo XX reportaron miles de casos de sanaciones milagrosas, incluyendo recuperación instantánea del cáncer, los huesos rotos, la ceguera y muchas otras enfermedades. Algunos casos incluso están documentados por médicos.

Keener también recopiló historias de los milagros que ocurren en muchas partes del mundo actual. Las estadísticas de su frecuencia en muchas regiones son apasionantes. En China, más de la mitad de las miles de personas que se convierten al cristianismo diariamente testifican que un factor clave de su conversión fue la experiencia de un milagro. En el año 2006, Pew Forum realizó una encuesta en diez países sobre las experiencias milagrosas. Los resultados indicaron que el número de cristianos carismáticos que experimentaron un milagro fue de aproximadamente doscientos millones. Y el número de cristianos no carismáticos que experimentaron una sanación divina de alrededor de un tercio. Y ni siquiera he mencionado a los miles de musulmanes que se convierten al cristianismo después de soñar con Jesucristo. Muchas de las descripciones de estos sueños eran iguales, aunque los soñadores nunca se hubieran conocido.

"En contra de los milagros", respuesta a Hume

Como se dijo anteriormente, muchos investigadores del Nuevo testamento rechazan de inmediato las historias de los milagros porque niegan la existencia de algo más allá de lo físico. Solo justifican su posición apelando a los argumentos hechos por el filósofo del siglo XVIII David Hume, que estaba en contra de la existencia de los milagros. Para resumir la posición de Hume, él comienza afirmando que las experiencias diarias de la gente indican que todos los eventos están controlados por las leyes naturales. Esta experiencia es tan uniforme que cualquier afirmación de que ocurrió algo que pudiera violar esas leyes (es decir, que sea milagroso) se debe tomar con el mayor escepticismo. También alega que los testigos de los milagros son analfabetos, sin educación, y supersticiosos, así que sus testimonios no son confiables. Por lo tanto, cualquier explicación física del evento, no importa lo improbable que sea, es preferible a creer en un milagro, el cual es, según ellos, imposible. El problema con el argumento de Hume, como lo han dicho muchos filósofos, es su uso del razonamiento circular. El asume desde el principio que la experiencia diaria de toda la gente es que solo las leyes de la naturaleza dictan todo lo que sucede. Y los únicos testimonios de eventos que parecen violar esas leyes, provienen de personas supersticiosas y sin educación. Porque si no fueran poco creíbles, nunca habrían afirmado haber sido testigos de algo milagroso, lo cual es obviamente imposible. Entonces concluye que los milagros no ocurren, porque no hay pruebas "confiables" de ello. En resumen, Hume descarta todas las pruebas de los milagros asumiendo que esas pruebas solo pueden provenir de gente que no es confiable, ya que solo la gente que no es confiable diría que algo imposible ocurrió. Para condensar un poco más. Su argumento es que los milagros no existen, porque él sabe que los milagros no existen.

William Lane Craig, quien hace una crítica similar a la de Hume, resume al filósofo Gottfried Less:

> "El argumento principal de Hume es que el testimonio de los milagros tiene la experiencia del mundo y los siglos en su contra. En respuesta, Less afirma: (1) Al tener la naturaleza un orden determinado por el libre albedrío de Dios, un milagro es tan posible como cualquier otro evento. (2) Los testimonios de un evento no se pueden refutar por experiencias y observación. De otra manera, nunca sería justificado creer algo que sobrepase la experiencia presente; ni serían posibles los nuevos descubrimientos. (3) La experiencia y los milagros cristianos

no se contradicen. Los milagros son eventos diferentes (*contraria*) de la experiencia en general, pero no son acontecimientos que contradicen (*contradictoria*) las experiencias en general".[11]

Como ocurre con la resurrección, si alguien no niega la existencia de Dios desde el principio, la existencia de los milagros no solo es posible, sino esperada. Otro problema con el argumento de Hume tiene que ver con el uso que hace de las pruebas. El determinó estándares extraordinariamente altos para evaluar las tesis de los milagros. Sin embargo, la gente actualmente le ha presentado casos que cumplen con esos criterios. En respuesta, él simplemente añadió criterios nuevos, o defendió alternativas fantasiosamente improbables. Respondió a la evidencia de una forma similar a como lo hacen los escépticos de hoy en día, a través de la negación y la fe ciega en la filosofía naturalista. Como Keener comenta:

"Hume presupone unos estándares de prueba tan altos que cualquier evidencia se descarta efectivamente de antemano. De esta manera Hume protege su posición de que la hace infalsificable y, por lo tanto, no discutible en discursos públicos regidos por las normas lógicas tradicionales. Desgraciadamente, esta forma de debatir en la que no hay oportunidad de ganar sigue siendo popular incluso en nuestros días, más aún cuando se trata de los milagros. Por ejemplo, hace unas dos décadas, le pregunté a un profesor que rechazaba las pruebas de los milagros, si él creería en la existencia de actividad sobrenatural si alguien fuese resucitado frente a sus ojos. El respondió, coherentemente con su discurso, que no. Resulta interesante el hecho de que algunos dudan de que incluso Hume, siendo empirista, habría insistido en que la persona no fue resucitada, si él mismo lo hubiera presenciado".[12]

Como mencionamos anteriormente, las evidencias históricas de los milagros, particularmente los milagros realizados en el nombre de Jesús, es abrumadora. La premisa de Hume de que la gente no experimentaba milagros con regularidad, solo aplicaba a su contexto cultural. Además, muchos casos de milagros cumplen con los criterios exactos de Hume, en cuanto a la calidad de su documentación científica.

¿Existe evidencia científica de los milagros?

La mayoría de los milagros alrededor del mundo de hoy se experimentan en áreas con acceso limitado a los equipos y el personal médico capacitado necesario para realizar una documentación médica adecuada. Dios demuestra su poder con mayor frecuencia entre la gente que tiene menos acceso a la enseñanza cristiana, las cuales al menos hasta el momento suelen corresponder a las regiones menos influenciadas por la globalización. Sin embargo, algunos profesionales de la medicina se han dado a la tarea de recolectar sus propias pruebas. Keener incluye algunas referencias de casos donde los doctores tienen una extensa documentación, incluyendo rayos X o tomografías, antes y después de la sanación.

Los escépticos suelen alegar que tales datos no son totalmente convincentes, ya que algunas enfermedades graves a veces entran en remisión espontáneamente. Sin embargo, algunos de los casos registrados reportan una recuperación total inmediatamente después de la oración. Y a veces muchas de las sanaciones registradas fueron resultado del ministerio de una sola persona, como es el caso de Kathryn Kuhlman. Las probabilidades de que una sola persona haya orado por un gran grupo de individuos y gran parte de ellos experimentara una inmediata y extremadamente improbable recuperación, son increíblemente reducidas. La única explicación razonable en estos ejemplos, es que de verdad algo sobrenatural intervino.

Un grupo de investigadores cristianos publicó un artículo sobre la sanación que resultó del ministerio de Heidi Baker. El estudio documentó el impacto de la cruzada de sanación, donde Baker y sus colegas oraron intensamente por la recuperación de la vista y el oído. Los investigadores examinaron la visión y la audición de los asistentes, antes y después de las oraciones. La visión y la audición de muchos participantes mejoraron tanto, que las diferencias no podían ser explicadas más que como la respuesta de Dios a las oraciones.[13]

Diferencias entre milagros y sanaciones

"Y Jesús les dijo: 'No hay profeta sin honra sino en su propia tierra, y entre sus parientes, y en su casa'. Y no pudo hacer allí ningún milagro; solo sanó a unos pocos enfermos sobre los cuales puso sus manos. Y estaba maravillado de la incredulidad de ellos. Y recorría las aldeas de alrededor enseñando".

—MARCOS 6:4–6

Este pasaje bíblico nos muestra una diferencia importante. Las sanaciones y los milagros, o hechos poderosos, son dos cosas diferentes. Si a una persona le falta una de sus extremidades o no puede caminar, técnicamente no necesita sanación, necesita un milagro para restaurar esa extremidad o tener la capacidad de caminar. La gente puede tener una discapacidad, y estar perfectamente sana. De hecho, he visto gente confinada a una silla de ruedas que ha sido sanada de alguna otra dolencia que esté sufriendo. Por otro lado, el poder restaurador de los milagros es instantáneo. Al describir los dones del Espíritu Santo que funcionan en el pueblo de Dios, también se hace esta distinción:

"Y hay diversidad de operaciones, pero es el mismo Dios el que hace todas las cosas en todos.

Pero a cada uno se le da la manifestación del Espíritu para el bien común. Pues a uno le es dada palabra de sabiduría por el Espíritu; a otro, palabra de conocimiento según el mismo Espíritu; a otro, fe por el mismo Espíritu; a otro, dones de sanidad por el único Espíritu; a otro, poder de milagros; a otro, profecía; a otro, discernimiento de espíritus; a otro, *diversas* clases de lenguas, y a otro, interpretación de lenguas. Pero todas estas cosas las hace uno y el mismo Espíritu, distribuyendo individualmente a cada uno según la voluntad de Él" (1 Co. 12:6–11).

A algunos se les otorga el don de sanación. En nuestra comunidad hay muchos individuos que tienen el don de orar la oración de fe en esta área tan importante. Cuando se les pide que vayan a los hospitales a orar por los enfermos, estos comienzan a recuperarse. Puede que no sea de inmediato, pero hemos visto innumerables casos sin esperanzas que se reversan.

¿Por qué no todos son sanados?

Como se mencionó, la cantidad de personas que indican haber recibido respuestas a sus oraciones específicas son de cientos de millones. Un domingo cualquiera en nuestra iglesia, a la que asisten cientos de miembros, pido que levanten la mano aquellas personas que saben sin ninguna duda que han recibido respuestas específicas a sus oraciones. Casi todos los presentes levantan la mano. Los escépticos asumen inmediatamente que sus experiencias son simplemente coincidencias que se le atribuyen a Dios. Pero para aquellos que las experimentaron, son reales. Y existe mucha documentación histórica y científica que sugieren que muchas de estas experiencias son correctas.

Pero aún queda una pregunta difícil de responder. ¿Por qué tantas oraciones, especialmente para sanación, no son respondidas? Recuerde, este libro se centra en las pruebas de la existencia del Jesús histórico de los evangelios. Nuestra fe está en Jesucristo y su muerte, sepultura y resurrección. Esos eventos son ciertos, independientemente de si Dios respondió nuestra última petición o no. Sin embargo, la pregunta tiene mucho peso, incluso en muchos corazones cristianos.

Uno de los sitios ateos plantea la pregunta de forma un poco diferente: "¿Por qué Dios no sana a los amputados?" Esta pregunta se proyecta como el argumento final de que Dios no existe y, por lo tanto, no puede responder las oraciones. La respuesta a este aparente dilema es sencilla: ¿Cómo sabes que no lo ha hecho? Solo porque usted no lo has visto, no quiere decir que no haya pasado.

He hablado con gente que ha presenciado milagros en primera fila, en lugares como India y países de África. Ellos afirman que han sido testigo de restauración de extremidades, cuencas oculares vacías que reciben la vista, e incluso muertos resucitados. Inmediatamente, los escépticos dicen que se rehúsan a creer tales historias. Pero el que ellos no lo crean, no significa que estos milagros no ocurrieron. Este tipo de actitud fue tratada en el libro de Hechos, después de que ocurrieron muchos grandes milagros y hubo agitación en las ciudades por estas historias.

"Tened, pues, cuidado de que no venga sobre *vosotros* aquello de que se habla en los profetas:

Mirad, burladores,
    maravillaos y pereced;
porque yo hago una obra en vuestros días,
    una obra que nunca creeríais
    aunque alguno os la describiera" (Hch. 13:40–41).

La pregunta que en realidad se hacen los escépticos es: "¿Por qué Dios simplemente no sana a todo el mundo, en todas partes, cuando lo necesiten?". Ellos en realidad preguntan: "¿Por qué existen el dolor y el sufrimiento?".

Particularmente, las respuestas a las oraciones, tales como las sanaciones divinas, son signos de la máxima redención de Dios hacia su creación. Todo eso apunta a la verdad de Jesús (Jn. 20:30-31), pero la restauración final vendrá solo al final de la historia, cuando Jesús regrese. En este momento vivimos en un mundo caído, así que hasta el más devoto de los creyentes experimentará dolor, sufrimiento y enfermedades. Sin embargo, sabemos que Dios eventualmente hará todas las cosas nuevas. Por el momento, Dios no sana a todos los enfermos. Si lo hiciera, la evidencia sería tan contundente que todo el mundo se vería forzado a creer en Él. Pero Dios presenta suficientes señales para convencer a aquellos que en realidad desean conocer la verdad, pero no tantas como para convencer a las personas que no tienen el deseo de hacerlo. Como decía Blaise Pascal, filósofo y matemático del siglo XVII: "Él ha dado señales de su existencia, visibles para aquellos que lo buscan, no para aquellos que no lo hacen. Hay suficiente luz para aquellos que solo desean ver, y suficiente oscuridad para aquellos que tienen una disposición opuesta".[14]

Los cristianos actualmente nos podemos regocijar por aquellos que experimentaron sanación y tuvieron una respuesta extraordinaria a la oración, pero también podemos soportar las pruebas y el sufrimiento, sabiendo que un día Dios eliminará toda la maldad y el sufrimiento del mundo y nos resucitará para pasar la eternidad en su presencia.

Milagros modernos

Las historias de sanaciones y otros milagros alrededor del mundo son abundantes y asombrosas. Muchos libros han registrado los testimonios de estos eventos y los han verificado de primera mano. Sin embargo, a pesar de la cantidad de pruebas y testimonios personales suministrados, siempre hay espacio para que la mente escéptica rechace los informes de esta naturaleza, aunque las experiencias descritas no solo convenzan a los receptores de que son genuinas, sino que además cumplan con los requerimientos más rigurosos de la investigación científica.

Sanaciones y milagros

Muchos historiadores, investigadores y profesionales de la medicina han documentado numerosos casos de milagros extraordinarios. La siguiente es apenas un pequeño ejemplo de lo que Craig Keener y otros han recopilado. El primer caso se trata de un chico llamado Onel en Placetas, Villa Clara, Cuba, que tenía los huesos de sus pies deformes. Un examen de rayos X mostró que los huesos inferiores se estaban deshaciendo como arena. Se predijo que en un año ya no podría caminar. El evangelista Otto de La Torre visitó a Onel y oró por él. Unos días después, se le volvió a practicar un examen de rayos X en los pies, y este nuevo examen mostraba que sus pies estaban completamente normales. El doctor pensó que había confundido los exámenes, pero más tarde confirmó que su diagnóstico era correcto. La familia de Onel todavía tiene los rayos X anteriores y posteriores.[15]

Elaine Panelo, de Filipinas, sufría cáncer de hígado y fue a un hospital local para recibir ayuda. Los médicos determinaron que su cáncer estaba demasiado avanzado para recibir tratamiento médico. Su condición continuó empeorando, y un tiempo después falleció. Fue llevada a la morgue. Una pastora bautista decidió orar por ella, aunque no estaba segura de si ella creía en la sanación divina. Elaine comenzó a mover la cabeza, hasta que regresó totalmente a la vida. Los síntomas del cáncer habían desaparecido. Tiempo después, regresó a ver a una de sus primeras doctoras, quien se rehusó a creer que se tratara de la misma persona. Después de revisar los registros originales, la naturaleza dramática de la sanación la convenció a ella y a su esposo de convertirse en cristianos.[16]

El ejemplo final es una de las muchas historias de milagros investigadas por el Dr. Richard Casdorph, la cual él documenta con fotos de exámenes de rayos X en su libro *The Miracles* (Los milagros).[17] Marion había sido diagnosticada con esclerosis múltiple, y su condición se deterioró rápidamente, hasta que llegó al punto de no poder hablar. También desarrolló un antebrazo deforme. Fue a una reunión de sanación donde sintió que había sido sanada. Podía levantarse y caminar, por primera vez en años. Un doctor confirmaría más tarde que ella estaba completamente sana, incluso su brazo deforme. Ella y su esposo se hicieron creyentes.[18]

Experiencias cercanas a la muerte

Otro tipo de evidencia, que apoya la existencia de lo sobrenatural son las experiencias cercanas a la muerte. Miles de personas afirman haber permanecido conscientes después de entrar en un estado en el umbral de la muerte. Muchos reportan haber visitado un lugar donde se encontraron con familiares fallecidos y seres sobrenaturales. En algunos casos, la actividad cerebral del paciente cesa, pero aún son capaces de recordar detalles vívidos de los eventos a su alrededor. Para algunos, los detalles son tan numerosos y específicos que la única explicación posible es que la conciencia del paciente abandonó su cuerpo.

Uno de los casos más dramáticos es el de una mujer de treinta y cinco años a la que le estaban practicando una cirugía. Durante la cirugía, se determinó que era necesario aplicar un procedimiento médico secundario denominado *paro circulatorio hipotérmico*. Le extrajeron toda la sangre de la cabeza, le enfriaron el cuerpo hasta sesenta grados Fahrenheit, le detuvieron el corazón a propósito y las ondas cerebrales se hicieron totalmente planas. El cardiólogo Michael Sabom da fe de que su cerebro estaba muerto, como lo indicaron tres exámenes médicos diferentes: un electroencefalograma silente, ninguna respuesta cerebral, y ausencia de sangre en el cerebro. Estuvo en este estado durante más de una hora. Después de la cirugía, ella pudo describir una serie increíble de detalles relacionados con una media docena de cosas, incluyendo ambos acontecimientos y la hora en que ocurrieron; que fueron corroborados posteriormente con los registros médicos que se llevaron durante la operación. Ella afirmó haber estado en un lugar celestial, donde conversó con varios de sus familiares fallecidos. En una escala de experiencias cercanas a la muerte desarrollada por Bruce Greyson, psiquiatra de la Universidad de Virginia, ella obtuvo lo que Sabom denominó "una profundidad sorprendente" de su experiencia cercana a la muerte.[19]

Mi experiencia personal

Muchas veces he sido testigo de actos de sanación sobrenatural, u oraciones respondidas que son, sin lugar a dudas, resultado de la intervención de Dios. He visto gente ciega ver y he visto gente sorda oír después de una oración. También he visto caminar a gente lisiada o con discapacidad. La experiencia más común es ver personas recuperarse de una enfermedad o accidente después de que los doctores no han dado ninguna esperanza. Incluso algunos de mis seres queridos se han recuperado milagrosamente de enfermedades aparentemente incurables.

A la vez, hay igual cantidad de casos, si no más, donde no hubo milagro o sanación. Muchas veces cuando yo u otras personas hemos orado, la persona no es sanada y fallece. Esos momentos producen en uno el deseo de retroceder y dejar de orar por los demás, para evitar la decepción de que la oración no sea respondida. En esos momentos, me recuerdo a mí mismo que mi trabajo no es sanar a nadie, ni cuestionar por qué las cosas no siempre resultan como yo quiero. El verdadero fracaso, en primer lugar, es no orar en. Normalmente no pasa nada si no hacemos nada.

Estoy convencido de que nunca es demasiado tarde para conocer a Cristo, nuestro sanador y liberador. Lo único que se necesita es un poco de fe, del tamaño de una pequeña semilla, y las montañas se moverán. A cada persona se le dio esa medida de fe. Mientras más avancemos en fe, más la veremos crecer.

Sin lugar a dudas, los milagros más grandes ocurren cuando una persona pone su confianza en Cristo, nace de nuevo y es traída del reino de las sombras al reino de Dios. Según mi experiencia, todos los otros fenómenos y señales sobrenaturales que Dios realiza tienen el objetivo final de provocar este tipo de cambio en el corazón.

Vivir por fe

Antes de cambiar de tema, me gustaría ofrecerles algunos pensamientos prácticos sobre cómo manejar esta idea poderosa de que Dios que obra milagros el día de hoy, y el equilibrio de cómo debemos vivir diariamente. Aunque los milagros sean reales, no estamos llamado a vivir por milagros, sino por fe.

Esto significa que vivimos con la dualidad de creer en los milagros, pero sin basar nuestras vidas en si los milagros ocurren cuando queremos que ocurran. De hecho, vivir por fe significa que confiamos en Dios y su verdad, independientemente de nuestras circunstancias. Fe es creer en Dios por las pruebas objetivas abrumadoras que Él ya nos ha dado, no por las experiencias subjetivas de lo que nos haya ocurrido. "Mas el justo por la fe vivirá" (Ro. 1:17).

Muchos tienen la idea equivocada de que tener fe significa vivir en flujo constante de un milagro tras otro. El problema es que en lo que los problemas o la tragedia llegan a nuestras vidas, concluimos que Dios nos ha abandonado o que hemos hecho algo malo. Me reconforta mucho el hecho de que los grandes hombres y mujeres de la fe que aparecen en las Escrituras tuvieron que enfrentar momentos en los que parecía que Dios no estaba en ninguna parte. Sirvieron a Dios fielmente, a pesar de las circunstancias. El gran apóstol Pablo sabía esto demasiado bien. Aunque había visto a Jesús y había realizado muchos milagros, sufrió mucho por causa de su fe. Cuando escribió este verso inspirador: "Todo lo puedo en Cristo que me fortalece" (Fil. 4:13), se encontraba en prisión, con una cadena atada permanentemente alrededor de su pierna.

Mientras avanzamos en nuestra vida de fe, es vital permanecer concentrado en Cristo y en su palabra. Si miramos alrededor, a todas las circunstancias inciertas y volátiles, podemos sentirnos abrumados. En esos momentos, debemos recordar cuando el apóstol Pedro salió del bote e intentó caminar sobre el agua. Comenzó a hundirse cuando observó el viento y las olas, pero se recuperó cuando alcanzó la mano de Jesús. El secreto para no ser sacudido como las olas del mar es estar decididos a vivir nuestras vidas por los principios de las Escrituras, y mantener la mirada fija en Jesús.

"Por tanto, también nosotros, que estamos rodeados de una multitud tan grande de testigos, despojémonos del lastre que nos estorba, en especial del pecado que nos asedia, y corramos con perseverancia la carrera que tenemos por delante. Fijemos la mirada en Jesús, el iniciador y perfeccionador de nuestra fe, quien por el gozo que le esperaba, soportó la cruz, menospreciando la vergüenza que ella significaba, y ahora está sentado a la derecha del trono de Dios" (Heb. 12:1-2).

Resumen

La hipótesis central de este capítulo es que como Dios es real, los milagros también lo son.

La existencia de un creador sobrenatural significa que la dimensión sobrenatural existe, y por ende la posibilidad de los milagros. Esta realidad se hace más clara cuando Dios se hace hombre en Cristo Jesús y muestra su autoridad sobre la enfermedad, los demonios y el medioambiente. Luego regresó de la muerte, lo que comprobó su identidad como el Hijo de Dios, y dio la prueba final de que había ocurrido un evento sobrenatural.

Como creyentes, estamos llamados a predicar las buenas nuevas de esta resurrección, y la esperanza que viene del conocimiento de la existencia de Dios. También les recordamos a los creyentes que Dios cuida de nosotros y del mundo en el que vivimos, y ha prometido actuar en nuestro nombre si oramos y acercamos a otros a su maravilloso nombre. En los dos capítulos finales, aprenderemos a seguir a Jesús de forma práctica, creciendo en fe, y llevando su conocimiento a otras personas de forma efectiva y confiada. No hay un minuto que perder.

9

Seguir a Jesús

Responder al llamado del discipulado

El discipulado es una relación, primero con
Dios y después de unos con otros.[1]
—Joey Bonifacio

VIVIMOS EN UN MUNDO PERDIDO. SIN IMPORTAR DONDE vivamos, nuestra edad o antecedentes étnicos, el dolor de vivir es enorme. Actualmente, existen más de cien conflictos armados en el mundo.[2] Virus como el Ébola amenazan con barrer el mundo (recuerde, en 1918, más personas murieron por la epidemia de influenza que por la primera guerra mundial). Desde lo que algunos llaman un Armagedón económico inminente al Armagedón real de proporciones bíblicas, este puntito en el mapa que llamamos hogar nunca ha sido más vulnerable a la autodestrucción.

Pero sin lugar a dudas, la amenaza más ominosa y perturbadora que enfrentamos en la actualidad es el terrorismo. Si usted es judío o seguidor de Cristo, se convierte en uno de los blancos más probables de este tipo de violencia intencional. Las imágenes que vemos regularmente son dantescas. Hombres vestidos con los overoles anaranjados de los prisioneros, arrodillados en una playa mientras miembros enmascarados del ISIS se preparan para cortarles la cabeza. Son forzados a filmar mensajes de rescate con sus celulares. Muchas veces, la razón se explica claramente: estos son cristianos, infieles, de acuerdo con la interpretación del Corán de los musulmanes radicales.

La valentía de estos creyentes, que han sido martirizados por su fe, es tremendamente inspiradora. Es el mismo tipo de fe que demostraron los primeros cristianos, hace siglos, frente a la persecución romana.

A principios del siglo II, a Policarpo, un líder cristiano que fue entrenado por el apóstol Juan, se le ofreció salir de la cárcel y librarse de la ejecución que le esperaba si renunciaba a su fe en Cristo. Él respondió diciendo: "Cristo ha sido fiel conmigo, ¿cómo podría yo no ser fiel con Él?".[3] Con frecuencia me pregunto qué haría yo en esa situación. Oro para que, dado el caso, yo sea así de fuerte. Estos ejemplos devastadores nos recuerdan que la fe en Cristo nos impulsa a aferrarnos a nuestro testimonio, incluso frente a la amenaza de persecución o muerte. De hecho, miles de personas pierden la vida simplemente porque creen en Jesucristo.

Por otro lado, los roles nunca deben invertirse. Bajo ninguna circunstancia se debe obligar a alguien a creer en Jesucristo. Retrocediendo en la historia hasta la época de las Cruzadas y la Inquisición, cuando se cometieron actos violentos en nombre de Jesús, vemos que tales actos ocurrieron por desobedecer el mandamiento principal de Jesús "amen a sus enemigos" (Mt. 5:44).

Creer en Jesús es hacer un llamado a seguir sus enseñanzas de obediencia a la ley del amor que Él ordenó, no solo aceptar mentalmente un conjunto de acciones o proposiciones sobre él. Muy pocos enfrentarán el tipo de oposición descrita arriba, por causa de sus creencias. Para la mayoría de nosotros, la resistencia consiste en la presión social, o los deseos personales de adaptarse a un estilo de vida que contradice el camino que Cristo nos ha llamado a seguir.

Es vital saber que ser cristiano significa que estamos llamados a marcar la diferencia. Creer significa algo. Siempre habrá conflicto. Con el paso de los siglos, cada vez que la iglesia ha perdido credibilidad, ha sido por comprometer y desviarse de la verdad. "Ustedes son la sal de la tierra. Pero si la sal se vuelve insípida, ¿cómo recobrará su sabor? Ya no sirve para nada, sino para que la gente la deseche y la pisotee" (Mt. 5:13). Las Escrituras hablan del rol cristiano, que actúa para preservar el mundo a nuestro alrededor. Cuando perdemos nuestra sal nosotros, en efecto, perdemos la capacidad de ayudar a los demás.

Hoy, el mensaje que escuchamos mayormente se enfoca en la palabra *gracia*. En los Estados Unidos, esta palabra con frecuencia ha sido reducida a una simple afirmación de que Dios nos ama, independientemente de lo que hagamos o de la manera que vivamos. Aunque la gracia de Dios es el centro de nuestra fe, no significa que sea una suerte de aceptación general. Es de la clase que despierta el deseo ardiente de vivir una vida santa, y que nos da el poder para hacerlo. De la que perdona el crimen más vil y transforma el corazón más oscuro. Como escribió Pablo en los Romanos: "Así el pecado no tendrá dominio sobre ustedes, porque ya no están bajo la ley sino bajo la gracia" (Ro. 6:14).

Como ejemplo, considere la fe valiente de William Wilberforce. El comercio de esclavos se abolió en Inglaterra en 1833, sobre todo gracias a su insistencia. Wilberforce, miembro del parlamento y un verdadero cristiano, trabajó más de treinta años para acabar con este mal pernicioso en todo el Imperio Británico. Utilizó la fuerza de las Escrituras para transformar las mentes y los corazones de los líderes gubernamentales, hasta que esta perversión terminó. En su adaptación del libro *Cristianismo real*, originalmente escrito por Wilberforce, Bob Beltz habla de la frivolidad y vaciedad de este tipo de gracia incompleta.

> Este es un problema que no afecta a los cristianos superficiales, los que no poseen lo que yo llamo fe auténtica. Este es un problema que representa un verdadero problema para aquellos que han recibido a Cristo genuinamente, y que creen todo lo que dice la Biblia. Su sistema de creencias está intacto, pero sus vidas no son una prueba de que han tenido un encuentro real con Cristo. Ellos consideran su fe como algo que ha sido cuidado y proceden a vivir como si Cristo no fuera realmente su Señor. La verdadera gracia cristiana se ha convertido en una gracia barata.[4]

La verdadera gracia es, en realidad, el favor inmerecido de Dios. Él nos perdona y nos limpia de pecado, sin importar lo oscuras y pecadoras que puedan ser nuestras vidas. Él no nos deja en esta condición. La gracia de Dios transforma y se convierte en nuestra motivación interna para obedecer sus mandamientos. "En verdad, Dios ha manifestado a toda la humanidad su gracia, la cual trae salvación y nos enseña a rechazar la impiedad y las pasiones mundanas. Así podremos vivir en este mundo con justicia, piedad y dominio propio" (Tim. 2:11-12). Este tipo de gracia completa y verdadera se caracteriza por dos cosas:

Amor radical por Dios

Amar al Señor con todo su corazón, alma y fuerzas. Esto es lo que recuerdo de la gente, cuando empecé a creer en Cristo. Amaban al Señor con todo su corazón. Esto era expresado de forma práctica en el amor por la Palabra de Dios, así como en la adoración. Amar a Dios de verdad significa que amamos y odiamos lo que Él ama y odia. Dios odia el pecado, así de simple. Él lo odia porque destruye a la gente.

Amor radical por los demás

No podemos amar a Dios y no amar a los demás. Esto fue lo que vi en la gente que conocí en la universidad, quienes habían entregado su vida a Cristo. No solo tenían una pasión por Cristo, sino también una compasión profunda por los demás. Me sorprendía era lo poco sentenciosos y lo cariñosos que eran. No miraban a los demás como personas inferiores por no compartir la misma fe que ellos ni sentir el mismo amor por Dios, simplemente demostraban cuan real era su fe y hacían que los demás también desearan experimentar ese tipo de amor. Su amor era incansable.

El precio del discipulado

Esto nos lleva a preguntarnos por qué tantas personas que afirman ser cristianas no parecen llevar este estilo de vida. Después de todo, los estudios muestran que una de las razones principales por las cuales la gente rechaza el cristianismo es por la hipocresía de quienes profesan la fe. Este fue un factor clave para mí. Después de escudriñar atentamente las Escrituras, y observar la vida de quienes iban y venían de la iglesia, encontré una razón que destacaba entre todas las demás: la usencia de un compromiso de rendir todo a la autoridad y señorío de Cristo. Esto no significa que tenemos que ser perfectos y tratar de ganarnos nuestro lugar en el cielo por medio de nuestras buenas obras, sino que es más bien una verdadera actitud de sometimiento a la voluntad de Dios y la verdad de su Palabra. Jesús dijo una parábola sobre la respuesta que alguien recibe cuando de verdad entiende el valor que tiene este tipo de relación con Dios. "El Reino de los cielos es como un tesoro escondido en un campo. Cuando un hombre lo descubrió, lo volvió a esconder, y lleno de alegría fue y vendió todo lo que tenía y compró ese campo. También se parece el Reino de los cielos a un comerciante que andaba buscando perlas finas. Cuando encontró una de gran valor, fue y vendió todo lo que tenía y la compró" (Mt. 13:44–46).

Para poder tener el mismo impacto que ese cristianismo primitivo tuvo en la cultura, debemos recuperar el mensaje que ellos predicaban. Jesús dijo que debíamos *pagar el precio* por ser sus discípulos. Pagar el precio significa que tomamos en cuenta las palabras de Jesús y que le entregamos nuestra vida en total obediencia. Esto es lo opuesto a la presentación común, en la que decimos una rápida oración diaria o caminamos por un pasillo confesando nuestra creencia en Cristo. Volviendo a las palabras de Jesús, encontramos un aspecto vital de la presentación del evangelio que no hemos mencionado. "Supongamos que alguno de ustedes quiere construir una torre. ¿Acaso no se sienta primero a calcular el costo, para ver si tiene suficiente dinero para terminarla? Si echa los cimientos y no puede terminarla, todos los que la vean comenzarán a burlarse de él, y dirán: 'Este hombre ya no pudo terminar lo que comenzó a construir'"(Lc. 14:28–30).

Pagar el precio significa entender seria y completamente todas las implicaciones de nuestro compromiso. Significa que abandonamos no solo nuestras cosas malas, sino también las buenas. Todos actualmente parecen preocuparse por sus derechos de la sociedad, sin embargo, somos llamados a rendirnos a los caminos de Dios. Ahora somos sus seguidores, no es Él quien ahora nos sigue.

La gente a menudo escucha todas las bendiciones que

se reciben al ser cristiano, y ciertamente hay muchas. Es frecuente escuchar testimonios sobre cómo seguir a Cristo le ha dado a la gente paz y gozo verdaderos. El sentido subjetivo del valor de la fe, definitivamente se ha considerado la principal razón para creer.

Sin embargo, cuando leemos las historias de las personas que creyeron en Cristo en el Nuevo Testamento, nos damos cuenta de que el mensaje que escucharon era un poco diferente. Se les habló de la dificultad y el sufrimiento que acompañaría su decisión. Tomemos el ejemplo del apóstol Pablo. Al principio se le dio un mensaje que no escuchamos en nuestro contexto occidental. "'¡Ve! —insistió el Señor—, porque ese hombre es mi instrumento escogido para dar a conocer mi nombre tanto a las naciones y a sus reyes como al pueblo de Israel. Yo le mostraré cuánto tendrá que padecer por mi nombre'" (Hch. 9:15–16). A la luz de esta verdad, debemos entender no solo la verdad histórica de la fe cristiana, sino la respuesta adecuada que debemos tener, si de verdad creemos. Aquí les muestro algunas variantes importantes de esta respuesta, que le podrán parecer raras a mucha gente, pero que producirán la clase de vida que usted realmente está buscando.

1. Niéguese a sí mismo

"Entonces llamó a la multitud y a sus discípulos. 'Si alguien quiere ser mi discípulo —les dijo—, que se niegue a sí mismo, lleve su cruz y me siga. Porque el que quiera salvar su vida, la perderá; pero el que pierda su vida por mi causa y por el evangelio, la salvará. ¿De qué sirve ganar el mundo entero si se pierde la vida? ¿O qué se puede dar a cambio de la vida? Si alguien se avergüenza de mí y de mis palabras en medio de esta generación adúltera y pecadora, también el Hijo del hombre se

avergonzará de él cuando venga en la gloria de su Padre
con los santos ángeles".

—Marcos 8:34–38

Parece contradictorio, pero si queremos hallar la vida verdadera, primero debemos rendir nuestra vida. Este mensaje está tan ausente del vocabulario del cristianismo moderno, que a algunos les puede sonar rudo y poco realista. Sin embargo, ese fue el mensaje que dio Jesús, claramente y sin apología. Eso significa que sabemos que Jesús es el Señor, que murió y regresó a la vida. Al ser esto cierto, obedecerlo completamente es la única respuesta.

La esencia de la autonegación es reconocer que los caminos de Dios son mejores que los nuestros, negarnos a nosotros mismos significa que ya no nos apoyamos en nuestros sentimientos, apetitos y deseos carnales. Por ejemplo, si alguien le ofende profundamente, la reacción normal es guardar rencor y tratar de vengarse. El problema con esta reacción, es que Jesús nos ordenó perdonar a los demás y amarlo a Él. Si nos negamos a nosotros mismos en este caso, estamos negado el "derecho" que tenemos de seguir furiosos y amargados, en parte porque nunca fue un derecho, para empezar. Pero ahora escogemos el camino de Dios y perdonamos a la persona desde el corazón. No siempre tiene sentido para nuestros sentimientos, pero trae paz y reconciliación.

> *"Porque mis pensamientos no son los de ustedes,*
> *ni sus caminos son los míos*
> *—afirma el Señor—.*
> *Mis caminos y mis pensamientos son más altos que los*
> *de ustedes;*
> *¡más altos que los cielos sobre la tierra!" (Is. 55:8–9).*

Esto aplica para cualquier tipo de tentación donde la manera en que nos sentimos no está de acuerdo con la voluntad expresada por Dios. Tomemos por ejemplo el área de la pureza sexual. La Biblia dice claramente que la voluntad de Dios para nosotros es que seamos puros y santos, que debemos abstenernos de realizar actos sexuales antes del matrimonio. Aunque esto sea ignorado por mucha gente en nuestros días, eso no cambia la verdad o nuestra necesidad de negarnos a nosotros mismos y obedecer a Cristo.

> "La voluntad de Dios es que sean santificados; que se aparten de la inmoralidad sexual; que cada uno aprenda a controlar su propio cuerpo de una manera santa y honrosa, sin dejarse llevar por los malos deseos como hacen los paganos, que no conocen a Dios; y que nadie perjudique a su hermano ni se aproveche de él en este asunto. El Señor castiga todo esto, como ya les hemos dicho y advertido. Dios no nos llamó a la impureza sino a la santidad; por tanto, el que rechaza estas instrucciones no rechaza a un hombre sino a Dios, quien les da a ustedes su Espíritu Santo" (1 Tes. 4:3–8).

2. Cargue su cruz

> *"Luego comenzó a enseñarles: 'El Hijo del hombre tiene que sufrir muchas cosas y ser rechazado por los ancianos, por los jefes de los sacerdotes y por los maestros de la ley. Es necesario que lo maten y que a los tres días resucite'. Habló de esto con toda claridad. Pedro lo llevó aparte y comenzó a reprenderlo. Pero Jesús se dio la vuelta, miró a sus discípulos, y reprendió a Pedro. '¡Aléjate de mí, Satanás! —le dijo—. Tú no piensas en las cosas de Dios sino en las de los hombres'. Entonces llamó a la multitud y a sus discípulos. 'Si alguien quiere ser mi discípulo —les dijo—, que se niegue a sí mismo, lleve su*

cruz y me siga. Porque el que quiera salvar su vida, la perderá; pero el que pierda su vida por mi causa y por el evangelio, la salvará. ¿De qué sirve ganar el mundo entero si se pierde la vida? ¿O qué se puede dar a cambio de la vida? Si alguien se avergüenza de mí y de mis palabras en medio de esta generación adúltera y pecadora, también el Hijo del hombre se avergonzará de él cuando venga en la gloria de su Padre con los santos ángeles".

—MARCOS 8:31–38

Para muchos occidentales, el precio de seguir a Jesús es simplemente abandonar las cosas que sabemos que son malas o son pecado. Este es un proceso continuo, que comienza abandonando las cosas que son obviamente malas, y poco a poco renunciar a las áreas secretas en los lugares más profundos de nuestra mente, actitudes, y motivos. Cuando Cristo nos llama a seguirlo, nos dice que carguemos nuestra propia cruz. Eso nos puede sonar un poco raro, en especial cuando la crucifixión ya no forma parte de nuestra experiencia cultural. Llevar nuestra cruz significa estar en un estado de sumisión y obediencia a la voluntad de Dios, no a la nuestra. Nosotros no dejamos atrás este estado de humildad y nos rendimos a Dios. El apóstol Pablo es el mejor ejemplo de alguien que fue transformado dramáticamente por la gracia increíble de Jesucristo. El explícitamente da testimonio de cómo su vida espiritual llegó a su fin, para darle lugar a una nueva vida: "He sido crucificado con Cristo, y ya no vivo yo sino que Cristo vive en mí. Lo que ahora vivo en el cuerpo, lo vivo por la fe en el Hijo de Dios, quien me amó y dio su vida por mí" (Gal. 2:20).

En la cruz de Cristo nuestros pecados fueron totalmente pagados. Nuestra respuesta es vivir nuestra vida a la sombra de ese ejemplo de sumisión y rendición que fue Cristo. El sudó gotas de sangre cuando enfrentaba la última tentación de abandonar el plan de Dios, al imaginarse el dolor y el sufrimiento que le esperaban. Pero el oró: "*Abba*, Padre, todo es posible para ti. No me hagas beber este trago amargo, pero no sea lo que yo quiero, sino lo que quieres tú" (Mc. 14:36).

3. Sígalo

En la II Guerra Mundial, Alemania estuvo dirigida por un líder maniático que expandió sus fronteras a través de la agresión y el terror. Muchas de las iglesias alemanas capitularon bajo el enorme peso de la intimidación y la fuerza que controlaría a millones y asesinaría a millones más. A pesar del hecho de que muchos se amilanaron bajo el espectro de las tácticas Nazi, hubo un remanente de creyentes en Alemania que se rehusó a ceder, a pesar de lo que podía costarles personalmente. Dietrich Bonhoeffer fue uno de esos líderes que resistió la maldad del régimen y que finalmente lo pagó con su propia vida. En su libro *El costo del discipulado*, Bonhoeffer dice que el llamado de Cristo requiere que entreguemos todo para recibir la vida en Cristo. El rompió con la idea tonta y vacía de la gracia superficial y valientemente proclamó lo que muchos hoy en día considerarían un oxímoron: la gracia que cuesta.

"Esa gracia cuesta porque nos llama a seguir, y es gracia porque nos llama a seguir a Jesucristo. Es costosa porque le cuesta a un hombre su vida, y es gracia porque le otorga a un hombre la única vida verdadera. Es costosa porque condena el pecado y gracia porque hace justo al pecador. Sobre todo, es costosa porque le costó a Dios la vida de su hijo: 'Fueron comprados por un precio. Por tanto, honren con su cuerpo a Dios' (1 Co. 6:20), y lo que a Dios le ha costado mucho, no puede ser barato para nosotros. Sobre todo, es gracia porque Dios no consideró que su Hijo fuera un precio demasiado por nuestras vidas, sino que lo envió para nosotros.[5]

Jesús simplemente dijo: "Síganme". Esas palabras aún tienen vigencia. Seguirlo es seguir su Palabra y sus caminos. Lo seguimos a través de la aventura más grande imaginable de alcanzar el mundo con el evangelio.

La lucha que enfrenta el creyente

No solo hay un precio que pagar por seguir a Jesús, sino también una lucha que debemos enfrentar. Hay una batalla espiritual en curso en los corazones y mentes de las naciones. "Porque nuestra lucha no es contra seres humanos, sino contra poderes, contra autoridades, contra potestades que dominan este mundo de tinieblas, contra fuerzas espirituales malignas en las regiones celestiales" (Ef. 6:12). No mencionar esto es no entregar nuestro mensaje del evangelio con fidelidad y verdad. ¿Cuál es el origen del conflicto? He aquí una de las razones más obvias:

1. La oscuridad odia la luz

Se dice que no puede haber alianza entre la luz y la oscuridad y que la gente odia la luz porque sus actos son malvados y la luz los revela. El apóstol Juan no solo escribió un evangelio, sino también varias cartas pequeñas. Él dijo:

> "Esta luz resplandece en las tinieblas, y las tinieblas no
> han podido extinguirla. Vino un hombre llamado Juan.
> Dios lo envió como testigo para dar testimonio de la luz,
> a fin de que por medio de él todos creyeran" (Jn. 1:5-7).

"Si estamos en la oscuridad y alguien enciende una luz fuerte, puede ser muy doloroso. Cristo es la luz que alumbra cada persona" (Jn. 1:9). Cuando el llena nuestros corazones, la oscuridad se va.

2. Las afirmaciones exclusivas de Cristo

"Yo soy el camino, la verdad y la vida —le contestó Jesús—. Nadie llega al Padre sino por mí".

—Juan 14:6

Cristo es el representante exclusivo de Dios. Su resurrección lo separó de otros que habían afirmado que hablaban en nombre de Dios. A muchos esto le parece intolerante y estrecho de mente. Al final no hay una mezcla de religiones que se juntan en una enorme sopa espiritual.

Esto no significa que las demás religiones no tengan aspectos buenos. Toda verdad viene de Dios y cualquiera la puede expresar, incluso los ateos. La diferencia es que Cristo es la autoridad más alta del universo. Su nombre es exaltado sobre cualquier otro nombre. "De hecho, en ningún otro hay salvación, porque no hay bajo el cielo otro nombre dado a los hombres mediante el cual podamos ser salvos" (Hch. 4:12).

3. La batalla es contra la inmoralidad, no solo la incredulidad

"Queridos hermanos, les ruego como a extranjeros y peregrinos en este mundo, que se aparten de los deseos pecaminosos que combaten contra la vida".

—1 Pedro 2:11

Muchos escépticos intentan ocultarse detrás de la fachada de que sus objeciones son meramente intelectuales cuando, en realidad, lo que está obrando es una lucha moral más profunda. La conclusión es que ellos se rehúsan a reconocer cualquier autoridad sobre la propia cuando se refiere a la parte moral, específicamente sus prácticas y preferencias sexuales. La Biblia está llena de advertencias en contra del comportamiento inmoral y las consecuencias que este trae. Hay una batalla interna dentro de cada uno de nosotros. Las Escrituras nos dicen que esta batalla es entre la naturaleza humana pecaminosa (nuestros deseos carnales) y el Espíritu y sus deseos. Pero estamos destinados a ganar esta batalla por el poder del Espíritu que está en nosotros como creyentes.

> "Los que viven conforme a la naturaleza pecaminosa fijan la mente en los deseos de tal naturaleza; en cambio, los que viven conforme al Espíritu fijan la mente en los deseos del Espíritu. La mentalidad pecaminosa es muerte, mientras que la mentalidad que proviene del Espíritu es vida y paz. La mentalidad pecaminosa es enemiga de Dios, pues no se somete a la ley de Dios, ni es capaz de hacerlo. Los que viven según la naturaleza pecaminosa no pueden agradar a Dios.
>
> Sin embargo, ustedes no viven según la naturaleza pecaminosa sino según el Espíritu, si es que el Espíritu de Dios vive en ustedes. Y si alguno no tiene el Espíritu de Cristo, no es de Cristo". (Ro. 8:5–9).

4. La existencia de un enemigo espiritual de Dios y sus propósitos

> *"El dios de este mundo ha cegado la mente de estos incrédulos, para que no vean la luz del glorioso evangelio de Cristo, el cual es la imagen de Dios".*
>
> —2 CORINTIOS 4:4

Desde el principio de la humanidad, ha existido una trampa que ha tentado, engañado y destruido a quienes caen en su poder. Este en realidad es Satanás. Lejos de ser un personaje ataviado con un traje rojo y un tridente, es descrito en otros lugares como un ángel de luz. Es decir, él viene para seducirnos y llevarnos en cautiverio, y a veces se viste para eso.

El ministerio de Jesús comenzó con la expulsión de demonios y la sanación de aquellos que estaban en atadura de este poder malévolo. Es crucial saber que Satanás no solo es omnipresente, sino que probablemente es un ser finito creado. Jesús nos dio la autoridad sobre sus obras malvadas y ha triunfado sobre él en vida, y en su muerte en la cruz. "Me refiero a Jesús de Nazaret: cómo lo ungió Dios con el Espíritu Santo y con poder, y cómo anduvo haciendo el bien y sanando a todos los que estaban oprimidos por el diablo, porque Dios estaba con él" (Hch. 10:38).

Una predicción aterradora

Cuando la gente cita la hipocresía de los creyentes como la razón para rechazar la verdad del cristianismo, no entienden que Jesús en realidad predijo que habría impostores e hipócritas que dirían su nombre.

> "Cuídense de los falsos profetas. Vienen a ustedes disfrazados de ovejas, pero por dentro son lobos feroces. Por sus frutos los conocerán. ¿Acaso se recogen uvas de los espinos, o higos de los cardos? Del mismo modo, todo árbol bueno da fruto bueno, pero el árbol malo da fruto malo. Un árbol bueno no puede dar fruto malo, y un árbol malo no puede dar fruto bueno. Todo árbol que no da buen fruto se corta y se arroja al fuego. Así que por sus frutos los conocerán" (Mt. 7:15-20).

Aunque no hay manera de garantizar que la gente siempre seguirá a Dios fielmente, se pueden tomar medidas para minimizar el riesgo de que fallen y se alejen. Esto nos pone en la situación en la cual todo este conocimiento sobre la veracidad de la existencia de Dios y su Hijo Jesucristo nos llama a actuar en lo que se ha denominado la Gran Comisión. Este es el último mandamiento que Cristo les dio a sus discípulos, difundir su evangelio por todo el planeta.

El mandamiento de hacer discípulos

"Por tanto, vayan y hagan discípulos de todas las naciones,
bautizándolos en el nombre del Padre
y del Hijo y del Espíritu Santo".

—MATEO 28:19

Steve Murrell fue uno de mis colegas y compañeros de habitación, que se mudó a Manila en 1984 para plantar una iglesia que buscaba llegar a los estudiantes universitarios. Al día de hoy, esa congregación ha crecido a más de ochenta mil miembros que se reúnen en quince lugares a lo largo de la ciudad. Esteve y su equipo han creado y modelado lo que en inglés se denomina las cuatro *E: Engage, establish, equip and empower* [participar, establecer, preparar y capacitar]. Esteve explica:

> "Hemos identificado cuatro principios que nos han servido de base a lo que creemos y practicamos sobre discipulado. Estos principios no son exclusivos de nuestro contexto, pero, como todos los principios, son ciertos en todos los tiempos y en todos los lugares. Algunas personas usan palabras y frases diferentes, pero el principio es el mismo. Las cuatro son esenciales. Si se elimina una, se rompe el principio de discipulado. Estos cuatros principios son: participar, establecer, preparar y capacitar".[6]

Cautivar a los no creyentes

Esto significa que aprendemos a acercarnos a la gente de forma fiel y efectiva, con el evangelio y las verdades poderosas de la fe cristiana. Este es un aspecto muy importante del ministerio, al que dedicaremos el último capítulo (10). Lo que discutiremos brevemente aquí es la prioridad que le dio Jesús a la tarea de involucrar a la gente que aún no cree. Las Escrituras se refieren a ellos como los incrédulos, los que dudan o los perdidos. Las sensibilidades modernas han hecho que muchos adopten un lenguaje menos ofensivo para describir a aquellos que aún no creen: precristianos, no alcanzados, los que buscan, etc. Independientemente de las palabras que use, la verdad es que hay gente que no conoce al Señor y que por lo tanto, sufrirá el juicio de separación eterna de Dios, el mandato de "ir a todo el mundo y hacer discípulos de todas las naciones" todavía está en vigencia.

La obra más importante en la que nos podemos involucrar es la de servir a otros y ayudar a llevarles la verdad del conocimiento de Dios, de Cristo y de la salvación. Como dijo Jesús: "Porque el Hijo del hombre vino a buscar y a salvar lo que se había perdido" (Lc. 19:10).

Sin importar lo exitosa o próspera que parezca ser la gente, hay poderes espirituales que cubren a miles de millones de personas en el mundo. A pesar de vivir la era más innovadora y con la tecnología más espectacular de la historia, parece que somos incapaces de reconocer nuestra profunda necesidad de Dios y de seguir sus caminos.

Una iglesia atractiva

Mencionamos al comienzo de este libro que hay una crisis en el cristianismo, especialmente en Occidente. La iglesia está perdiendo personas que se identifican como cristianos y hay una tendencia creciente de personas que afirman no tener ninguna afiliación religiosa. Aumenta la conciencia de que no hay un proceso definido para enseñar a la gente cómo comunicar su fe a los demás. Como hemos visto en capítulos anteriores, la iglesia experimentó un crecimiento dinámico en los primeros trescientos años. El claro, simple mensaje de las buenas nuevas, de que Jesús era el Mesías y fue resucitado de entre los muertos, comprobando así su identidad, impulsó a los creyentes a contárselo a los demás, independientemente de la persecución o resistencia que encontraran.

El llamado a predicar el evangelio es el mandamiento de proclamar la verdad de Dios a cada persona, en cada nación. Es una tarea de enormes proporciones. Debido a que esta instrucción fue dada por Jesús, debe ser la tarea principal de todo creyente, no solo a los pastores, evangelistas, o profesionales religiosos. De hecho, los estudios han demostrado que la mayoría de las personas que se convierten en cristianos lo hacen debido a la influencia de un familiar o un amigo. En última instancia, fueron capaces de ayudar a otros porque ellos habían recibido ayuda en una iglesia local. La iglesia es el lugar donde se llevan a cabo la formación y la preparación.

Jesús prometió edificar su iglesia y que las puertas del infierno no prevalecerían contra ella. Aunque los informes digan que la gente está abandonando la iglesia, Dios no lo hace. La iglesia sigue siendo su plan principal y su propósito en la tierra. Jesús dijo: "Yo te digo que tú eres Pedro, y sobre esta piedra edificaré mi iglesia, y las puertas del reino de la muerte no prevalecerán contra ella" (Mt. 16:18).

Hay muchos proyectos y programas maravillosos que forman parte de la congregación típica. A pesar de todas las grandes obras de servicio, a menudo se olvida la misión original y el encargo de Jesús de hacer discípulos de todas las naciones. Es por ello que hemos tratado de ayudar a traer esta conciencia y este enfoque, para ayudar a la iglesia a recuperar esta posición. Todo el mundo quiere sentir que forma parte de una gran iglesia. Con el fin de ayudar a comprender y recordar cómo sería este tipo de iglesia, debe existir un gran proceso de evangelización, uno que sea con propósito, repetible y trasferible.

En el próximo capítulo hablaremos en detalle sobre cómo tener un evangelismo con propósito, y sobre el proceso de formación apologética.

Sentar las bases

> "¿Y por qué me llamáis: 'Señor, Señor', y no hacéis lo que yo digo? Todo el que viene a mí y oye mis palabras y las pone en práctica, os mostraré a quién es semejante: es semejante a un hombre que al edificar una casa, cavó hondo y echó cimiento sobre la roca; y cuando vino una inundación, el torrente dio con fuerza contra aquella casa, pero no pudo moverla porque había sido bien construida".
>
> —Lucas 6:46–48

Cualquiera que haya visto la construcción de un edificio sabe la importancia que tiene cavar profundamente para sentar unas bases sólidas. Cuando las bases son débiles o están mal construidas, las tormentas de la vida pueden derribar el edificio fácilmente. Esto se ve en la forma en que la gente asume que todo lo que necesita es rezar una oración y pedirle a Jesús que entre en su corazón. Cuando los apóstoles predicaron el evangelio, la gente preguntó qué era lo que debían hacer. Les respondieron que debían arrepentirse (volverse) y creer. Steve Murrell está de acuerdo con este concepto: "Las bases sólidas, que resisten las tormentas, no solo se construyen con la doctrina de la Palabra, sino también con la disciplina de seguir a Cristo y su Palabra. Por ejemplo, no es suficiente con solo enseñar sobre la preeminencia de Cristo; también debemos desafiar a los creyentes jóvenes a practicar el arrepentimiento y vivir una vida diaria de sumisión a su Señorío, en todas las áreas de la vida".[7]

Una base sólida está conformada de arrepentimiento y fe. Charles Spurgeon dijo una vez que la conversión es como una moneda de dos caras. De un lado está el arrepentimiento, y del otro, la fe.[8] Si realmente nos volvemos a Cristo con fe, necesariamente debemos abandonar todo aquello en lo que confiamos. De hecho, el apóstol Pablo testificó que Cristo se le apareció en el camino a Damasco y le pidió declarar este tipo de mensaje (Hch. 26:17–18).

Steve Murrell y yo coescribimos *El libro morado*, una guía de estudio que ayuda a construir estas bases sólidas. Con más de un millón de ejemplares impresos en veintiséis idiomas, esta guía es una herramienta que ayuda a cavar bien profundo y sentar las bases de la fe en la roca sólida de Cristo. En el prefacio se nos da este encargo: "Debemos cavar profundo y arrancar todo lo que sea hostil a Cristo. Debemos escuchar sus palabras, en particular las que tratan sobre los propios fundamentos de la fe, y obedecer".[9]

Preparar a los creyentes

> *Él mismo constituyó a unos, apóstoles; a otros, profetas; a otros, evangelistas; y a otros, pastores y maestros, a fin de capacitar al pueblo de Dios para la obra de servicio, para edificar el cuerpo de Cristo".*
>
> —Efesios 4:11–12

Esto nos dice que el objetivo principal de los ministros profesionales, o a tiempo completo, es preparar a la gente para el trabajo del ministerio, no hacer todo el ministerio por sí solos. Esta es la razón por la que hacer discípulos implica formar y preparar individuos para ministrar. Esto cambia de manera espectacular el enfoque de quienes sirven como líderes.

Todo el tiempo escuchamos la frase: "Cada miembro es un ministro". Sin embargo, debido a nuestra cultura basada en el desempeño, a menudo tenemos poca tolerancia con lo desordenado que puede ser el proceso de preparación. En la iglesia pensamos que solo los ministros profesionales deben ministrar. La descripción bíblica del cargo de los ministros profesionales: apóstoles, profetas, evangelistas, pastores y maestros, es preparar a los "no profesionales" para el ministerio, y luego dejarlos trabajar. Cuando nos olvidamos de eso, nos olvidamos de una de las razones principales por las que Dios nos llamó a servir, en primer lugar.[10]

Preparamos a la gente ayudándola a descubrir sus propios dones, vocación y propósito. Ayudar a alguien a descubrir su propósito divino es vital para su crecimiento y bienestar emocional. Si tenemos un agudo sentido de propósito en la vida, por lo general tendremos la capacidad de enfrentar las luchas y los tiempos difíciles que a todos nos esperan. No es de extrañar que el libro de Rick Warren, *Una vida con propósito* se convirtiera en uno de los libros más vendidos de todos los tiempos.

También es importante ayudarlos a entender la Palabra de Dios. Es la Palabra de Dios la que los ayuda a vencer el pecado y la tentación, así como la que los lleva por el camino de la sabiduría. La esencia del proceso de preparación es ayudar a que la gente se vuelve hábil en el uso de las Escrituras, como una espada afilada que se utiliza en un conflicto. "Toda la Escritura es inspirada por Dios y útil para enseñar, para reprender, para corregir y para instruir en la justicia, a fin de que el siervo de Dios esté enteramente capacitado para toda buena obra" (2 Tim. 3:16–17).

Creo que uno de los grandes pastores de los Estados Unidos

es Dale Evrist, de Nashville, Tennessee. Todos los años, dirige a su congregación en la lectura de la Biblia, de principio a fin. Tiene un podcast diario de quince minutos llamado "Walking Through the Word" (Recorrer la Palabra), que ayuda a los creyentes a entender las verdades fundamentales de las Escrituras. Él me dijo en una entrevista: "No hay duda de que gran parte de la confusión que existe en los corazones y las mentes de quienes se hacen llamar cristianos, se aclararía por medio de la lectura constante de la Biblia. Es increíble la cantidad de engaños que pueden surgir cuando la gente se guía por sus propios sentimientos e instintos, en lugar de confiar en la verdad que trajo el universo a la existencia".[11]

También los preparamos enseñándolos a ministrar a otros. Es físicamente imposible que los millones de personas que necesitan ayuda espiritual y aliento puedan conseguirlos con solo escuchar sermones y podcasts, y leer libros. Con el tiempo necesitarán una persona real, que se siente con ellos y los ayude. La mayoría de las veces, es nuestra amistad y la voluntad de escuchar la que hace una gran diferencia. Obviamente, la gente tiene problemas graves que necesitan la atención de los principales líderes y ancianos, pero casi siempre hay aspectos generales de aliento e instrucción que todos los creyentes deben ser capaces de compartir con los demás.

Capacitar a los discípulos

"Ciertamente les aseguro que el que cree en mí las obras que yo hago también él las hará, y aun las hará mayores, porque yo vuelvo al Padre".
—JUAN 14:12

El último paso en este sencillo proceso de discipulado es el de capacitar a las personas para hacer lo que han sido llamados a hacer. Jesús tenía doce discípulos, que inicialmente lo siguieron y lo vieron realizar milagros y, literalmente, cambiar la vida de todas las personas que conoció; pero llegó el momento en el que Él les dio poder y los comisionó para que fueran e hicieran obras mayores de las que lo habían visto hacer a Él. Como dice Steve Murrell:

> Jesús no se conformó con que los discípulos fueran simple espectadores, sino que tenía la intención de capacitarlos para hacer lo que Él había estado haciendo. Llegó a decir que ellos harían obras incluso mayores, cuando Él hubiera regresado al Padre. Una cosa es seguir a Jesús, y otra muy diferente defenderlo como ministro. ¿Qué pensamientos pudieron haber pasado por las mentes de los doce, cuando Jesús les dijo: "Ok, ahora los envío para que hagan lo que yo he estado haciendo?".[12]

Imagínese conseguir un trabajo en el cual usted trabaje para el hombre y la mujer más acaudalados y sabios del mundo. Ellos lo entrevistan y le dicen que ven un gran potencial en usted y que lo quieren ayudar a desarrollarse y hacer de usted una persona exitosa. Usted les dirá lo que ha pensado que debería hacer con su vida, pero ellos le ofrecen una visión convincente de lo que mejor se adapta a sus talentos y habilidades. De hecho, ellos lo ayudan a ver áreas en su vida en las que usted no tenía ni idea que podía sobresalir. Además, le prometen guiarlo personalmente, para asegurarse de que todo lo que ellos han descrito se haga realidad. La mayoría de la gente pensaría que esto es un privilegio y un honor increíble, y que es absurdo no aprovechar este tipo de oportunidades.

Ahora imagine esto: el Creador del universo, el Dios omnisapiente, quiere tener una relación con usted. Él, obviamente, tiene el mejor conocimiento de sus fortalezas y debilidades, y se ofrece a ayudar a maximizar sus dones y talentos para ayudar a cambiar el mundo. ¿Usted ve esto como opresión y control, o como algo mucho más increíble que recibir la ayuda de la persona más inteligente o rica del mundo?

Esta es la mentalidad que le tenemos que inculcar a los demás. Dios usa a la gente para que lo ayude en el proceso derramar su sabiduría y su amor sobre su creación. Estoy muy agradecido por las muchas personas que han hecho una diferencia en mi vida, que han dejado su huella en mí y luego me han enviado para que vaya a hacer una diferencia.

Como escribió Joey Bonifacio de Manila, uno de los mejores líderes en empoderamiento que conozco: "Todo el mundo: hombres, mujeres, jóvenes, viejos, ricos, pobres, deberían ser discípulos que hacen discípulos. Esta es la esperanza de las naciones y la manera de transformar el mundo, una persona a la vez. Jesús prometió que estaríamos facultados para esta misión, cuando dijo: Ciertamente estoy con vosotros todos los días, hasta el fin de los tiempos".[13]

Resumen

Entender lo que significa ser un seguidor de Cristo es a la vez simple y un gran desafío, sobre todo en este breve resumen. Aunque las imágenes de aquellos que enfrentan amenazas contra sus vidas son una imagen clara de los desafíos que podemos enfrentar nosotros, también existe la imagen de una paz y una alegría indescriptibles. Esto es lo que me atrajo, un pueblo lleno del amor a Dios y a los demás. También está la promesa de poder ayudar a los demás. Jesús dijo: "Pero cuando venga el Espíritu Santo sobre ustedes, recibirán poder y serán mis testigos tanto en Jerusalén como en toda Judea y Samaria, y hasta los confines de la tierra" (Hch. 1:8).

Hemos examinado un sencillo proceso de cuatro pasos, que puede servirnos de guía para cumplir el mandamiento del Señor de hacer discípulos en todas las naciones. Está representado por cuatro palabras, a saber: participar, establecer, preparar y capacitar.

Estamos llamados a cautivar a los no creyentes con el evangelio, establecer fundamentos bíblicos en sus vidas, y enseñarles la Palabra de Dios, así como prepararlos para hacer la obra del ministerio, y darles la posibilidad de cumplir su propósito divino.

Steve Murrell, cuyos tres hijos han jugado al tenis en la universidad, ha pasado muchas horas en las gradas viéndolos practicar y jugar partidos interminables. Él relata la sabiduría de uno de sus entrenadores, que constantemente los animaba no cansarse nunca de los mismos viejos y aburridos golpes de tenis que estaban practicando:

> El entrenador Tom decía: "¿Quieres ganar? Entonces tienes que dominar los mismos aburridos movimientos. Arriba, abajo, arriba. Así es como se crea el efecto, y el efecto es nuestro amigo. Nada sofisticado. ¡Los mismos golpes aburridos!". Creo que dirijo a la iglesia del mismo modo que Tom enseña el tenis. ¿Quieres hacer discípulos? No se requiere nada sofisticado. Solo los mismos movimientos aburridos: participar, establecer, preparar, capacitar. Participar, establecer, preparar, capacitar. Participar, establecer, preparar, capacitar. Y eso es todo lo que hemos estado haciendo en Victory desde 1984. Los mismos movimientos aburridos.[14]

10

Defensores de la fe
Preparados para compartir el evangelio

Si los niños se consideran a sí mismos cristianos,
probablemente no sea porque han estudiado todos
los hechos y han llegado a un punto de convicción
intelectual, sino porque su familia es cristiana,
así que creen que ellos también deben serlo.[1]

—Bob Beltz

LA VISIÓN DISTÓPICA DEL MUNDO FUTURO QUE encontramos en novelas como *Los juegos del hambre, Divergente y Maze Runner: correr o morir*, predice una época en la que los gobiernos totalitarios habrán eliminado virtualmente todas las libertades individuales para garantizar una paz muy rígida y artificial, dominada por la idea orwelliana de un poder que todo lo ve y lo controla usurpando las libertades del individuo, en la que cualquier actitud o impulso que se oponga es eliminado tosca y rápidamente. Pero siempre aparece un héroe, que lucha contra todos los pronósticos y libera a la gente de la atadura y el control de un enemigo malévolo y sofocante. Normalmente, son los jóvenes los que saben la verdad, aprenden a combatir las fuerzas de la oscuridad y, contra todos los pronósticos, las vencen. J. R. R. Tolkien y C. S. Lewis crearon historias como *El Señor de los anillos y Crónicas de Narnia*, que narran los grandes retos y dificultades. Jóvenes reacios e improbables son llamados a dar un paso al frente y actuar con heroísmo y valentía en contra de las fuerzas del mal.

Las historias que hemos mencionado son inspiradoras y estimulantes, pero son solo eso, historias. Como seguidores de Cristo, esta lucha no es un cuento de hadas. La versión de la vida real de esta situación la podemos ver en el llamado cristiano a proclamar la verdad del evangelio y, cuando lo hacemos, liberamos a los cautivos de su atadura espiritual y controlamos fuerzas más insidiosas y engañosas que cualquiera que se haya aparecido en las películas. En esta guerra cósmica del bien contra el mal, no hay una posición neutral. Todos debemos decidir a cual bando apoyamos, en cual creemos y cómo podemos marcar la diferencia en nuestra generación.

Este llamado a cambiar el mundo cautivó mi imaginación durante mi último año en la universidad. No había ningún otro trabajo u oportunidad que latiera con más urgencia en mi corazón que la necesidad de hacer que la gente conociera a Cristo. Fue la transformación de mi escéptico hermano mayor, durante su tercer año de la escuela de derecho, lo que me demostró de forma dramática, la diferencia que la verdad de Cristo puede hacer en la vida de aquellos que parecieran estar más alejados de Dios. Recuerdo haber dicho: "Si Dios lo puede cambiar a él, puede cambiar a cualquiera".

Durante más de treinta años me he concentrado en alcanzar a los estudiantes universitarios. Hoy nuestro ministerio llega a cientos de campus universitarios, en más de sesenta países. Nos hemos inspirado en tantos otros que nos han precedido y que nos han mostrado el grado de apertura que los jóvenes tienen hacia una presentación creíble del evangelio, y la verdad de la fe cristiana. Cuando vemos las estadísticas de la cantidad de jóvenes que se están alejando de la fe, una vez que salen de sus casas para asistir a la universidad, nos damos cuenta de

cuan urgente es la necesidad de capacitar a tantos individuos como sea posible, tan rápido como sea posible.

Cada creyente debe participar en este proceso de aprendizaje

He tenido el privilegio de recibir la guía y la enseñanza de algunas de las mentes cristianas más brillantes del planeta. Siento gran humildad al estar en presencia de hombres y mujeres que han dedicado sus corazones y mentes a transmitir la verdad de la fe, utilizando su plataforma o su profesión académica. Por alguna razón, mucha de su gran sabiduría y sus escritos no llegaban a las bases, ni tenían el impacto que podían haber tenido sobre el creyente promedio. Es nuestra esperanza que este material ponga este importante conocimiento a disposición de los creyentes de todas las clases sociales.

Como mencionamos en el capítulo anterior, la primera función del discipulado es hacer que la gente participe en la verdad del evangelio. En este capítulo esperamos llevar todo lo que hemos expuesto en este libro (así como en el libro *Dios no está muerto*) a un enfoque práctico, para que la información y la revelación de sus verdades se puedan comunicar claramente a los demás.

La evangelización y la apologética están conectadas

La primera vez que escuché la palabra *apologética*, me sonaba como que los cristianos debían pedir disculpas por su mal comportamiento y su hipocresía[*]. Eso era todo lo que yo

---

[*] N. de T: en inglés, la palabra *apologetics* (apologética), tiene un sonido y escritura similar a la palabra *apology* (disculpa); de allí la relación que se hace en este texto.

había presenciado cuando de joven asistía a la iglesia. Cuando recuerdo algunas de las cosas terribles que aprendí mientras asistía y participaba en los eventos de la iglesia, todavía me enojo. Hasta había una colección de revistas pornográficas debajo de la escalera del salón de jóvenes de la iglesia a la que asistí en mis días de escuela primaria. Casi no había diferencia entre las vidas de las personas que asistían a la iglesia y las que no. Este tipo de experiencias convirtieron a mi hermano mayor en ateo, y simplemente me confirmaron que el estilo de vida inmoral que yo adoptaría unos años más tarde estaba bien y era aceptable.

Pero la apologética no tiene nada que ver con disculparse por las fallas de los individuos que se hacen llamar cristianos. Tiene que ver con explicar las razones de nuestra fe. Es decir, es defender nuestro punto de vista. La palabra griega *apología* aparece en 1 Pedro 3:15, cuando afirma: "Más bien, honren en su corazón a Cristo como Señor. Estén siempre preparados para responder a todo el que les pida razón de la esperanza que hay en ustedes". Como explicaremos en breve, la última parte de ese versículo reviste la misma importancia que la primera.

Recuerdo el efecto que tuvo en mí la lectura del libro *Evidencia que exige un veredicto*, de Josh McDowell, hace muchos años. El hecho de que existieran pruebas reales de la fiabilidad de la Biblia y la resurrección de Jesús, me dio suficiente confianza para acercarme a los estudiantes universitarios y tratar de desenmarañar los enredos de la incredulidad que los había atrapado. Puede que no supiera mucho, pero lo poco que sabía, por lo menos me mantenía a salvo de la marea de escepticismo que es tan común en un campus universitario.

Entonces descubrí versículos como 2 Corintios 10:3–5: "Pues aunque vivimos en el mundo, no libramos batallas como lo hace el mundo. Las armas con que luchamos no son del mundo, sino que tienen el poder divino para derribar fortalezas. Destruimos argumentos y toda altivez que se levanta contra el conocimiento de Dios, y llevamos cautivo todo pensamiento para que se someta a Cristo". Las fortalezas de las que se habla aquí son las fortalezas intelectuales que se encuentran en la mente de la gente. Nosotros estamos llamados a demoler esas fortalezas con el conocimiento de Cristo. Luego dice que debemos "llevar cautivo todo pensamiento" para que obedezca ese conocimiento. La razón por la que tenemos que llevar todo pensamiento cautivo es porque solo necesitamos un pensamiento equivocado para quedar atrapados.

Una y otra vez, en las conversaciones con creyentes y no creyentes, es consistente el testimonio de que vinieron a Cristo o se alejaron de Él a causa de algunos pensamientos que cambiaron su visión del mundo, casi de un día para otro. Ignorar la verdad de Dios nos hace susceptibles a casi todo tipo de engaños. El conocimiento de Dios, por el contrario, puede ser una fortaleza positiva, que nos llene de paz y coraje. Observar los vientos de cambio que arrasan la cultura occidental, causando una enorme confusión en las áreas de la ética sexual, e incluso, la identidad de género, es un testimonio del trágico desconocimiento de la verdad, que necesitamos para anclar nuestras vidas personales, así como nuestra sociedad.

La armadura completa de Dios

Por último, fortalézcanse con el gran poder del Señor. Pónganse toda la armadura de Dios para que puedan hacer frente a las artimañas del diablo. Porque nuestra lucha no es contra seres humanos, sino contra poderes, contra autoridades, contra potestades que dominan este mundo de tinieblas, contra fuerzas espirituales malignas en las regiones celestiales. Por lo tanto, pónganse toda la

armadura de Dios, para que cuando llegue el día malo
puedan resistir hasta el fin con firmeza.

—Efesios 6:10–13

Antes de ayudar a los demás, debemos estar preparados para enfrentar los problemas. Esta advertencia sobre el uso de la armadura de Dios, no es solo una buena lección de la escuela dominical. Muchos han tratado de ministrar a los demás sin haberse preparado para responder a las objeciones que puedan surgir. Además, esto no es solo una lucha intelectual, como indica el texto introductorio. Es un gran conflicto espiritual. Se necesita preparación para poder soportar los ataques que han causado que otros deserten y abandonen la fe. Es como entrar en un área contaminada por un virus mortal. Ves a los empleados del CDC (siglás en inglés para el Centro de Control de Enfermedades, usando sus trajes protectores para no contagiarse con el virus y otros agentes contaminantes que han devastado a otras personas. En cierto modo, la armadura de Dios es como ese traje protector. Los componentes defensivos, que aparecen en los versículos que siguen al pasaje de arriba (vv. 14–18), hablan sobre el yelmo de la salvación, la espada del Espíritu, y el escudo de la fe, para apagar todos los dardos de fuego del maligno.

Durante la redacción de este libro, así como del libro *Dios no está muerto*, pasé cientos de horas escuchando presentaciones de escépticos y leyendo los libros de los pensadores ateos más importantes de nuestros días. Como he estudiado minuciosamente sus escritos, me aseguré de que ninguna de las dudas o acusaciones contra la verdad de Dios quedara sin respuesta en mi propio corazón y mente. Fue una tarea difícil para mí escuchar innumerables comentarios, expresados con el solo propósito deliberado de desacreditar y amancillar la fe cristiana, y a continuación investigar a fondo para dar respuesta a todos esos argumentos. En ocasiones tuve que usar el escudo de la fe para combatir los sentimientos de duda que acompañaban estos escritos. Me dije a mí mismo que nadie es completamente objetivo. Seguramente yo no lo soy, y los escépticos tampoco. He hecho mi mejor esfuerzo por ser sincero y decir que mi motivación para escribir este libro fue ayudar a las personas a creer que Jesucristo es el Hijo de Dios. Como dijo el apóstol Juan: "Pero estas se han escrito para que ustedes crean que Jesús es el Cristo, el Hijo de Dios, y para que al creer en su nombre tengan vida" (Jn. 20:31).

En el capítulo 9, vimos lo que significaba ser discípulo de Jesús. Usted debe estar conectado a un grupo de creyentes, prepararse, ser entrenado y aprender a compartir las enseñanzas de Cristo en un entorno abierto y transparente, antes de poder salir a ayudar a otros. Jesús envió a sus discípulos de dos en dos. No debemos sentir vergüenza de admitir que necesitamos la ayuda de los demás en nuestras vidas. Con este tipo de bases sólidas, podemos ayudar a otros con confianza.

Cuando me hice cristiano, en la universidad, tuve el privilegio de contar con un pequeño grupo de amigos cristianos y una iglesia en el campus a la cual podía pertenecer. Ese pequeño grupo de personas fue un salvavidas para mí, en esos primeros días. Poder contar con otros individuos, con los cuales podía compartir mis luchas, y de los cuales podía aprender, me ayudó a crecer espiritualmente y a no desfallecer. Hubo muchos días en los que la fuerza y la ayuda de mis compañeros me impidieron caer y rendirme, debido a la constante oposición que enfrentaba en mi escuela. No solo pude sobrevivir, sino que tuve la oportunidad de empezar a ayudar a los demás. Fue gracias a este tipo de apoyo que pude llevar a muchos miembros de mi familia, así como a varios amigos míos de toda la vida, a abrazar la fe en Cristo.

Después de la graduación, inicié un ministerio para crear congregaciones cristianas en las universidades de todo el mundo. La esencia de estas comunidades se inspiró en las cosas de las que yo me había beneficiado, y de las experiencias que tuve en mis días universitarios. Este es el tipo de cosas que no se explican en los libros sobre la apologética. Por lo general, todos quieren comenzar presentando las pruebas de la existencia de Dios y las fallas de las teorías de los escépticos. Pero debemos ser firmes seguidores de Cristo, para luego ser sus mejores testigos ante los demás. El objetivo de nuestros esfuerzos es que los incrédulos abracen la fe en Cristo, y ellos necesitarán pertenecer a una comunidad de creyentes para poder crecer, y para ser protegidos y nutridos, mientras su fe se desarrolla. Si nunca hemos participado en una comunidad de creyentes como esta, es poco probable que influyamos en aquellos que estamos tratando de ayudar.

Por otro lado, el evangelismo y la apologética deben formar parte esencial de estas congregaciones. Es imposible crecer espiritualmente si no aprendemos a ayudar a otros abrazar esta fe. Es un fenómeno extraño, pero mientras más ayudamos a los demás, más se fortalece su fe. Saber esto me ha impulsado a dedicar gran parte de mi tiempo a ayudar a que las personas, al igual que a las iglesias, aprendan a compartir y defender la verdad de la fe cristiana.

El don que falta: Los evangelistas

Me di cuenta desde el principio de mi vida cristiana que mi llamado era para ser evangelista. Este don se menciona en las Escrituras como uno de los dones principales que Dios le ha dado a la iglesia para ayudar a los creyentes a crecer espiritualmente. "Él mismo constituyó a unos, apóstoles; a otros, profetas; a otros, evangelistas; y a otros, pastores y maestros, a fin de capacitar al pueblo de Dios para la obra de servicio, para edificar el cuerpo de Cristo. De este modo, todos llegaremos a la unidad de la fe y del conocimiento del Hijo de Dios, a una humanidad perfecta que se conforme a la plena estatura de Cristo" (Ef. 4:11-13). Estos son los hombres y mujeres que reciben dones de Dios para ejemplificar lo que es un evangelismo efectivo, y preparar a los creyentes para que se conviertan en comunicadores fructíferos del evangelio. Para tener una iglesia misional debemos tener este don, que Dios nos ha dado específicamente para materializar esto. Los evangelistas actuarán como entrenadores, que ayudan a mantener el impulso que se obtiene al poner en práctica estos principios.

Mi tesis doctoral en el Seminario Teológico Fuller fue sobre "El don del evangelista". Cuando se publicó en el año 2010, me dijeron que era la primera tesis doctoral en el mundo sobre ese don. Me quedé de piedra al enterarme de esto. Había cientos de tesis y estudios sobre la evangelización en sí, por supuesto, pero ninguno (que nosotros supiéramos) versaba sobre el don específico que Dios nos había dado para materializar el evangelismo. Como explicaré en unos momentos, el don del evangelista se le dio a la iglesia con el fin de preparar al pueblo de Dios para evangelizar. Si ese don no está en funcionamiento, el resultado será una falta de resultados en ese aspecto. Esto es exactamente lo que las estadísticas están demostrando.

Aprovecho el momento para hablar de los evangelistas, porque los que son apologistas suelen tener este don y vocación. Les apasiona ayudar a la mayor cantidad posible de gente a entender las premisas principales de la fe, y las razones por las cuales estas son confiables. Los apologistas también suelen ser profesores, pero la inmensa mayoría de ellos anhela que la gente conozca la verdad y reciba salvación.

Una de las iglesias más grandes del mundo se encuentra en Manila, Filipinas. Tienen una membresía de más de ochenta mil personas, con más de diez mil grupos pequeños que se reúnen durante la semana. El ministro principal de la congregación es Ferdie Cabiling. Él se hizo cristiano en el verano de 1984, cuando la congregación se estableció durante un programa de verano, el cual estaba conformado por cincuenta y nueve estudiantes estadounidenses y uno canadiense, quienes se reunieron en un viaje misionero de un mes. La congregación ha crecido de manera exponencial desde entonces, por muchas razones. En opinión de Ferdie, el crecimiento ha sido asombroso porque todas las congregaciones y los líderes de la ciudad se han concentrado en el evangelismo y la participación. Él dice: "Nuestra congregación nació porque los evangelistas vinieron y nos predicaron el evangelio. Esa misma pasión sigue estando presente entre nosotros. Como evangelista y líder, mi objetivo número uno es asegurarme de que nos mantenemos fieles al último mandamiento de Cristo de predicar el evangelio y hacer discípulos en todas las naciones".[2]

En los Estados Unidos también se produce un crecimiento notable cuando se identifica el don del evangelista y se moviliza para que funcione junto a los pastores y maestros en la iglesia local. De las iglesias más pequeñas a las más grandes, existe una diferencia considerable cuando los evangelistas son reconocidos y forman parte del equipo ministerial. A esto le llamamos "una iglesia atractiva", porque la gente que la conforma está preparada para ayudar a otros.

El proceso de participación

Esto nos lleva a deletrear, con la mayor claridad posible, los ingredientes que se necesitan para que el evangelismo y la apologética surjan de forma exitosa tanto en las iglesias como en las vidas de los creyentes comunes y corrientes. Solemos sistematizar la mayoría de las cosas importantes que aprendemos con el fin de poderlas repetir una y otra vez y lograr que, finalmente, se conviertan en una segunda naturaleza. Esto se ve claramente en nuestra educación inicial, donde los conceptos básicos del alfabeto y las matemáticas se nos presentan en lecciones repetibles y memorizables. De hecho, aprendí el alfabeto hebreo escuchando una canción de Barney (el dinosaurio púrpura) en un vídeo para niños. Una vez que algo es presentado sistemáticamente, también se hace más fácil de enseñar a otros. Es fundamental entender esto, cuando se trata de evangelismo y apologética. Hay demasiada información disponible sobre estos temas tan importantes, sin embargo, con todos los conocimientos disponibles, la mayoría de los cristianos prácticamente no tienen ni idea de cómo explicar por qué la fe cristiana es veraz. La mayoría cae en la posición de defender su "derecho a creer", pero no pueden demostrar que lo que creen es lo correcto.

He pasado años tratando de convertir el evangelismo y la apologética en algo simple y claro. Gran parte del tiempo, los mensajes sobre evangelismo se enfocan en el mandamiento de las Escrituras de predicar el evangelio a todas las naciones. Esto se debe enseñar. Pero la mayoría no propone claramente una manera de hacerlo. Es la falta de claridad en los procesos de entrenamiento la que hace que la mayoría de los cristianos sean ineficaces y sientan frustración cuando se trata de la evangelización, y aún más angustiados cuando deben presentar alguna prueba que de testimonio de su fe.

Los cristianos, en su mayoría, no saben cómo corregir y revertir las tendencias negativas cuando se trata de promover la causa de Cristo. Eso es debido a la enorme brecha que existe en la mayoría de lugares cuando se trata del evangelismo intencional y el proceso de apologética.

Si alguna vez ha jugado golf, sabe que unos pocos cambios menores pueden hacer una gran diferencia en su puntuación, lo que reduce sus niveles de frustración y le impide abandonar el juego. La mayoría ha renunciado a la evangelización, porque sienten una frustración similar, y simplemente asumen que este tipo de cosas deberían ser realizadas por profesionales de la religión. Si no cambiamos esta mentalidad, estamos luchando por una causa perdida. Será imposible llevar al mundo a los pies de Cristo si solo los ministros a tiempo completo participan en este proceso.

Todos los creyentes son importantes

Los principios que estamos a punto de mencionar pueden parecer simples, pero traen buenos resultados cuando se ponen en práctica fielmente. He intentado clarificar este proceso y reducirlo a cinco puntos esenciales. Son los ingredientes principales de la receta que puede convertir a cualquier persona en un testigo fiel, y a cualquier congregación en un lugar donde los no cristianos participen dinámicamente.

Para ayudar en la tarea de recordar estos ingredientes clave para lograr una evangelización eficaz, debemos recordar dos palabras básicas: *great* [grandioso] y *salt* [sal]. La palabra *grandioso* aplica al proceso en general que estamos recomendando y la palabra *sal,* a la dimensión que ha transformado el evangelismo de una carga incómoda a una experiencia disfrutable, incluso extraordinaria.

Utilizo la palabra *great* como un recurso mnemotécnico para este proceso de evangelización. La he tomado de un versículo que describe el ministerio de Juan el Bautista. Cuando el ángel Gabriel predijo su nacimiento y su rol como predecesor del Mesías, dijo: "Porque será grande [*great*] delante de Dios. No beberá vino ni sidra, y será lleno del Espíritu Santo, aun desde el vientre de su madre. Y hará que muchos de los hijos de Israel se conviertan al Señor Dios de ellos" (Lc. 1:15–16, RV1960). La grandeza de Juan estaría en su carácter y en su habilidad de hacer que la gente acuda a Dios. Esto nos recuerda las palabras de quienes los investigadores piensan fue el mismo ángel que visitó al profeta Daniel, más de quinientos años antes, el cual dijo: "Muchos de los que duermen en el polvo de la tierra serán despertados: unos para vida eterna, otros para vergüenza y confusión perpetua. Los entendidos resplandecerán como el resplandor del firmamento; y los que enseñan la justicia a la multitud, como las estrellas, a perpetua eternidad" (Dn. 12:2–3).

No se equivoque, Dios se preocupa por la gente que desea conocerlo y promete bendecir a aquellos que están dispuestos a ser sus instrumentos en este proceso. Es cierto que hay muchas otras maneras de agradar a Dios, pero creo que ninguna es más importante que comunicarles el evangelio a nuestros semejantes. Como dijo Jesús: "Porque el Hijo del hombre vino a buscar y a salvar lo que se había perdido" (Lc. 19:10).

Gospel [el evangelio]

Todo comienza con una comprensión clara del evangelio. Se ha escrito muchísimo sobre lo que significa y el impacto que ha tenido. Pero en este caso, estamos hablando de *memorizar* y *manejar* una definición clara de lo que es el evangelio. Si usted es capaz de articular claramente el evangelio en una conversación, usted será capaz de ofrecerle a una persona una oportunidad razonable de comprender y aceptar su mensaje.

A menudo, cuando le pedimos a un cristiano que nos diga lo que es el evangelio, obtenemos una gran variedad de respuestas. Si fueran las instrucciones para llegar a un lugar, probablemente se perderían. Hemos descubierto que cuando se enseña a la gente a articular claramente el evangelio, su confianza aumenta dramáticamente y también la probabilidad de que compartan el mensaje con alguien más.

El evangelio es la buena nueva de que Dios se hizo hombre en Cristo; Él vivió la vida que deberíamos haber vivido y sufrió la muerte deberíamos haber sufrido…en nuestro lugar. Tres días después, se levantó de entre los muertos, lo que demuestra que es el Hijo de Dios, y les ofreció el regalo de la salvación y el perdón de los pecados a todos los que se arrepientan y crean en él.

Si usted entiende el significado de esta definición, que es un resumen de los versículos relacionados con la esencia de la obra salvadora que Cristo cumplió por nosotros, entonces usted será capaz de ayudar a los demás, a la vez que se ayuda a sí mismo. Con esto quiero decir que en el evangelio está el poder de mantenerse a salvo, independientemente de la oposición espiritual, así como mantenerse firme frente a los argumentos intelectuales que puedan surgir en contra de la fe cristiana.

Dios se hizo hombre en Jesucristo. Dios entró en el mundo tomando la forma humana. Las religiones del mundo llaman a los hombres a ascender y preparar su camino hacia Dios. El cristianismo explica que Dios bajó hasta nosotros.

Él vivió la vida que nosotros deberíamos haber vivido.
Dios espera que mantengamos la ley moral. Cristo vivió una
vida perfecta. Su vida ejemplificó una vida completamente
rendida a Dios. Esta fue la vida que Dios quiso que todos los
hombres y mujeres viviéramos.

**Sufrió la muerte que nosotros deberíamos haber su-
frido…en nuestro lugar.** Esta es una verdad difícil de aceptar
para los escépticos, quienes creen que el mal debe ser casti-
gado. Si no hay consecuencias por infringir una ley, entonces
la ley deja de ser ley. Cristo llevó nuestro castigo, tomando
nuestro lugar, por medio de su muerte en una cruz romana.

Tres días más tarde, se levantó de entre los muertos. La
resurrección de Cristo de entre los muertos confirmó su identidad y demostró que su autoridad era real. También nos da
la esperanza de que hay vida después de la muerte. Además
demuestra su afirmación exclusiva de ser el verdadero camino
hacia Dios.

**Él ofrece salvación y perdón de los pecados a los que se
arrepienten y creen en Él.** En el regalo de salvación de Dios,
no solo recibimos el perdón de los pecados, sino que también
somos librados del poder del mal y sus consecuencias, tanto
en esta vida como en la siguiente. Arrepentirse significa abandonar nuestras malas obras y dejar de esforzarnos para ganarnos nuestra propia salvación. Al alejarnos del mal, nos
acercamos a Cristo y creemos. La promesa es sencilla: "Porque
tanto amó Dios al mundo, que dio a su Hijo unigénito, para
que todo el que cree en Él no se pierda, sino que tenga vida
eterna" (Jn. 3:16).

Reasons [Razones]

La *R* viene de *razones*, más específicamente, a las *razones para creer*. De esto se trata la apologética. Ya hemos mencionado el versículo clave en 1 Pedro 3:15, que nos llama a dar las razones de la nuestra esperanza. Si usted siente que no necesita la apologética, es probable que no esté involucrando a verdaderos no creyentes. Parece que somos muy buenos para hablar con los cristianos sobre la manera de ser mejores cristianos, pero nada buenos para explicarles a los no creyentes las razones que validan nuestra fe.

Este libro trata de recopilar todas las razones que tenemos para creer que Jesús es realmente el Hijo de Dios, y que fue resucitado para confirmarlo. También hemos explicado las razones que tenemos para creer que los registros del evangelio son confiables. En el primer libro, *Dios no está muerto*, se explicaron en detalle las pruebas fundamentales de la existencia de Dios. Una de las afirmaciones más importantes que podemos hacer es "la verdadera fe no es ciega". No vamos a Dios en contra de la razón, sino a través de ella. No es la falta de evidencia lo que nos impide creer en Dios, más bien todo lo contrario: la abundancia de pruebas nos deja sin excusas. Esto incluye el principio del universo, el origen de la vida y la moral, y el testimonio de Dios en la historia, a través de Jesucristo.

Hay tantos recursos increíbles en el área de la apologética, que es difícil saber por dónde empezar. El clásico de C. S. Lewis, *Mero cristianismo* sigue siendo considerado uno de los libros más vendidos, aún después de sesenta años. *La razón de Dios*, de Timothy Keller, es otra obra clásica escrita por uno de los pastores y maestros más respetados de Estados Unidos. Muchos investigadores increíbles, como el Dr. Gary Habermas (que escribió el prólogo de este libro); el Dr. Hugh

Ross, astrofísico; y el Dr. John Lennox, matemático y filósofo de Oxford, han escrito libros excelentes que hablan de los desafíos intelectuales más formidables. Sus obras también se dirigen a los jóvenes que luchan con las dudas y los temores. Considere este libro una imprimación para profundizar aún más en las ideas expresadas en los libros que aparecen en la sección de notas.

Otras personas valiosas, que están ayudando a preparar a la iglesia, son el Dr. Stephen Meyer, doctor de Cambridge, que es uno de los principales partidarios del Movimiento del Diseño Inteligente; el Dr. William Lane Craig, filósofo y teólogo, cuyos debates son vistos por millones de personas en YouTube; el Dr. Brian Miller, Doctor en Física, que fue una parte vital de este proyecto; el Dr. Frank Turek, un excelente polemista por derecho propio (y uno de mis favoritos); y J. Warner Wallace, un detective de casos sin resolver, que siendo ateo se convirtió al cristianismo después de concluir que los evangelios eran, realmente, hechos recopilados por testigos oculares confiables. También se incluye en esta lista a la estrella en ascenso Mary Jo Sharp, que inspira a las mujeres a ser las voces líderes en esta área vital del ministerio. Todos estos, y muchos más, se han dedicado a ayudar a empoderar a las personas de todas las edades y niveles educativos, para convertirlas en defensoras de la fe.

También necesitamos ayudar a la gente a entender las razones por las que la fe cristiana es verdadera, en comparación con las otras religiones y filosofías, que compiten por los corazones y las mentes de miles de millones de personas en el mundo de hoy. Espero que este libro le haya ayudado a entender por qué Jesucristo es, de hecho, la revelación final de Dios a la humanidad y el camino verdadero hacia la salvación y la paz.

Empathy [Empatía]

La empatía debe darse en los términos de la evangelización. La empatía tiene que ver la compasión, la misericordia, y, en definitiva, el amor de Dios hacia los demás. El corazón de este proceso es tener un corazón para la gente. En un mundo en el que el rencor y la ira son expresiones comunes a la hora de defender lo que nos apasiona, tener este tipo de empatía no es tarea fácil. De hecho, necesitamos una verdadera obra de gracia sobrenatural en nuestros corazones. Es tan importante, que el Dr. Sean McDowell, de la Universidad Biola, me dijo en una entrevista que su objetivo principal era enseñar civilidad y dignidad a quienes se dedican a la apologética. "Si usted es dueño de la verdad, entonces no hay necesidad de ser iracundo o impaciente con los demás. Debemos exponer nuestras razones con la amabilidad y el respeto que la gente hecha a imagen de Dios merece".[3]

Como el apóstol Pablo le dijo a Timoteo:

> "Y un siervo del Señor no debe andar peleando; más bien, debe ser amable con todos, capaz de enseñar y no propenso a irritarse. Así, humildemente, debe corregir a los adversarios, con la esperanza de que Dios les conceda el arrepentimiento para conocer la verdad, de modo que se despierten y escapen de la trampa en que el diablo los tiene cautivos, sumisos a su voluntad".
>
> —2 Tim. 2:24–26

Claro, hay buenas personas a las que no les importa saber de Dios o de la evangelización. Su carácter alegre les viene fácilmente y sin esfuerzo. Pero son la excepción y no la regla. Cuando usted comienza a hablarle a la gente del evangelio y de las pruebas que apoyan la veracidad de la fe cristiana, como mínimo le está dando entrada a una discusión potencial o incluso, en algunos casos, a una batalla.

El recuerdo de la enorme batalla que tuve que enfrentar antes de convertirme en seguidor de Cristo es lo que me hace sentir más empatía por los necesitados. Cuando hablo con gente que parece estar muy alejada de Dios, y muchas veces no está interesada en saber sobre estas cosas, me acuerdo de cómo era yo. No es muy difícil hacer surgir mi sentido de empatía por su antagónica disposición.

Cuanto más leo las escrituras, más veo al mismo Jesús acercarse con compasión a las personas más inesperadas. Para los más religiosos, fue un escándalo verlo en ciertos lugares con personas que eran consideradas impuras e intocables.

Un entrenador asistente del equipo de fútbol profesional de mi ciudad natal, los Titanes de Tennessee, era muy conocido por su carácter iracundo y su tenacidad. De hecho, había aparecido en la portada de una revista deportiva una vez, cuando era jugador, y en la leyenda se hacía la pregunta de si era demasiado despiadado para la NFL. Su esposa vino a nuestra iglesia y experimentó un encuentro milagroso con Jesús. Anteriormente había trabajado en Hollywood como escritora, y a menudo se burlaba de los cristianos por su extraño comportamiento. Su testimonio ahora es: "Yo solía burlarme de ellos; ahora soy uno de ellos". Sin embargo, su marido se mantuvo distante de cualquier diálogo real sobre asuntos espirituales.

Empecé a acercarme a este hombre y pude ver que detrás de la dureza, había una increíble sensibilidad y el deseo de conocer a Dios. Él sentía que había hecho demasiadas cosas malas como para poder llegar a ser un buen cristiano algún día. Después de mucha oración, lo invité a que me acompañara en un viaje a Israel. Me sorprendió que aceptara. Desde el momento que aterrizamos, quedó completamente cautivado. Decía cosa como:

"¡Todo esto es real!", dando a entender que los eventos y lugares mencionados en la Biblia era ciertos. Después de unos días de recorrer la ciudad de Jerusalén, nos fuimos a la región de Galilea, donde Jesús pasaba la mayor parte de su tiempo y su ministerio. Este hombre, que había sido tan rudo en el exterior, pidió ser bautizado en el mar de Galilea. Lo que parecía apropiado era el hecho de que lo bautizamos en el mismo lugar donde Jesús echó una legión de demonios en los cerdos. Cuando se enteró de la historia, dijo: "Este es el lugar donde toda mi ira se acaba". Él todavía es entrenador de la NFL, y los que le rodean se maravillan con la diferencia que Cristo ha hecho en su vida. Esta historia es similar a muchas otras, cada una con el dolor y la angustia que fueron superados por el amor de Dios.

Sean miembros de su familia, compañeros de clase o extraños que se encuentra en su trabajo, usted siempre tiene la oportunidad de mostrar el amor de Dios de una manera práctica. Recuerde, no hay nadie demasiado perdido o demasiado lejos de Dios que su amor no pueda alcanzar. O, como diría Corrie ten Boom, quien sufrió a manos de los nazis en un campo de concentración y vio su querida hermana morir a causa de los abusos: "No hay huecos tan grandes que puedan ser más grandes que su amor".

Cuando seguimos a Jesús, estamos en comisión no solo para mantener un conjunto de reglas, sino para copiar su ejemplo de amor y compasión hacia el mundo que nos rodea. Cuando les transmitamos a otros el evangelio y las razones que tenemos para creer, esta compasión y misericordia llenan nuestras palabras y acciones. Jesús dijo: "Pero vayan y aprendan lo que significa: 'Lo que pido de ustedes es misericordia y no sacrificios'. Porque no he venido a llamar a justos sino a pecadores" (Mt. 9:13).

Approach [Aproximación]

En el proceso de evangelización, inevitablemente llega el momento en el que te acercas a alguien para compartir el evangelio. Esto es lo que mucha gente teme, debido a la incomodidad potencial que generalmente se ha asociado con el evangelismo personal. La palabra *aproximación* es un sustantivo que se define como "una forma de lidiar con algo; el acto de hablar con alguien por primera vez acerca de algo, por lo general, una propuesta o petición". Como verbo, "acercarse a (alguien o algo); hablar con (alguien) por primera vez acerca de algo, por lo general con una propuesta o solicitud". Esta palabra, *aproximación*, es una excelente descripción de la mentalidad que necesitamos en el evangelismo. La gran pregunta es, *¿cómo podemos acercarnos a la gente con el evangelio?*

Todos hemos visto métodos torpes, bruscos y groseros. La mayoría de nosotros nos estremecemos cuando vemos a otros hacerlo, como la persona en un avión que le da testimonio a un compañero de viaje en voz alta, perturbando al resto de los pasajeros. Nosotros necesitamos no solo estar preparados para explicar las razones de la esperanza que hay en nosotros, sino también para hacerlo con gentileza y respeto. Independientemente del método que utilicemos para anunciar el evangelio a otros, debemos incluir ese tono en nuestro diálogo.

Podemos ver en las Escrituras y en nuestra propia experiencia lo fácil que es convertir simple conversaciones en intercambios significativos, que puedan conducir a la presentación del evangelio.

Jesús mismo mantuvo conversaciones bastante normales con la gente, que llevaron a un diálogo más profundo acerca de su propia identidad y propósito. Las oportunidades para iniciar conversaciones y hacer preguntas a los demás son prácticamente infinitas. Si usted está dispuesto a escuchar primero a los demás, antes de tratar de compartir su historia y su punto de vista, seguramente logrará que lo escuchen con más atención.

Un buen proceso de evangelismo siempre debe enseñar a la gente a contar con un método inteligente para empezar una conversación sobre el evangelio. En las zonas donde haya ocurrido un desastre o tragedia, nos podemos acercar simplemente suministrando agua, alimentos, o cualquier tipo de ayuda. "El más importante entre ustedes será siervo de los demás" (Mt. 23:11). Servir a los demás implica satisfacer las necesidades más profundas de los demás, lo cual es, básicamente, lo que ofrece Cristo. A través de los años, he visto los métodos más variados y creativos para aproximarse a los no creyentes y explicarles el evangelio.

El método de aproximación correcto por lo general toma en cuenta el contexto de la gente que ha de recibir el mensaje. Esto produce empatía y la comprensión que se necesita para hablar inteligentemente sobre la situación de alguien. Cuando vamos a otras naciones para compartir el amor de Cristo, conocer los antecedentes o las razones de la incredulidad de la gente puede hacer una gran diferencia. Para ser eficaces en una nación como Filipinas, necesitamos utilizar un método de aproximación diferente al que utilizamos en el campus en Berkeley, California.

Tomemos por ejemplo al pueblo judío. Siento que tenemos una deuda profunda con ellos, tanto espiritual como moralmente. La deuda espiritual deriva del hecho de que prácticamente todas las cosas de las que nosotros como cristianos disfrutamos tienen su origen en la fe judía, y están relacionadas con la tierra de Israel. Desde los profetas y los autores del Antiguo Testamento, hasta los evangelios del Nuevo

Testamento, las cartas de Pablo, y nuestro Salvador Jesucristo, todos eran judíos. Sentimos una abrumadora sensación de gratitud por este hecho.

También existe una enorme deuda moral. Durante siglos, el pueblo judío ha sido perseguido y expulsado de un país tras otro. Sus perseguidores principales se hacían llamar cristianos, a pesar de que sus acciones traicionaron la mismísima esencia de los mandamientos y las enseñanzas de Jesús. El mandamiento más especial de Cristo es amar a nuestros enemigos. Esto no inspiraría a nadie a planificar un daño o castigo para nadie, mucho menos para el pueblo que les dio a los cristianos lo que más aprecian. El mensaje de Cristo crucificado y resucitado debe ser un mensaje liberador, no una excusa para oprimir o dañar a nadie.

Al explicarle a un judío mi cristianismo y las razones por las cuales me preocupo por ellos como pueblo, siempre tengo en mente estas cosas que acabo de mencionar. Albergo la esperanza de que, independientemente de su país u origen étnico, el evangelio sea la mejor noticia que alguien haya escuchado.

Tools [Herramientas]

He descubierto que existen varias cosas que llamamos "herramientas", que pueden ayudar a la gente a transmitir el evangelio de manera consistente y eficaz. Nos ayudan a superar los obstáculos de la gente que no está dispuesta a entablar una conversación. Películas como *Dios no está muerto* han sido utilizadas para ayudar a iniciar una conversación sobre temas espirituales. Probablemente la herramienta más eficaz de la historia es *Jesús, la película*, la cual ha sido vista por más de mil millones de personas y traducida a cien idiomas y dialectos.

Una herramienta sencilla que hemos desarrollado y que

está siendo utilizada en el evangelismo personal es "The God Test" (La prueba de Dios).[4] Se compone de dos series de diez preguntas; una para los que dicen que creen en Dios y otra para los que dicen que no. Este método para romper el hielo se basa en el enfoque *salt* que mencionamos anteriormente. Ha sido traducido a muchos idiomas y ahora está disponible gratis en la App Store en Android o iPhone.

Miles de personas de todas las edades han sido entrenadas para utilizar "The God Test", y están dando testimonio de cómo esta herramienta simplifica la experiencia del evangelismo y la convierte en algo realmente divertido que les gusta practicar. Las preguntas de "The God Test" nos ayudan a recordar y recuperar fácilmente el contenido apologético que sea aplicable. El solo hecho de leer muchos libros y escuchar debates en YouTube no garantiza que seamos capaces de comunicar el mensaje de forma efectiva y pertinente a una persona no cristiana. La prueba de Dios contiene algunas de las preguntas claves que la gente que no cree en Dios debe responder para dar sentido a nuestra existencia y nuestro sentido universal de lo que es correcto e incorrecto. Si seguimos el método *salt*, primero debemos escuchar lo que la gente responde a las preguntas que estamos haciendo, y luego esperar pacientemente la oportunidad de hablar. Hemos descubierto que si respetamos a los demás, escuchándolos primero, por lo general nos devuelven la misma cortesía. Muchos ateos nos han agradecido sinceramente la oportunidad de tener una conversación significativa, sin todo el drama y la tensión que suele acompañar a este tipo de actividad.

Frans Olivier, en Ciudad del Cabo, ha utilizado "The God Test" para entrenar por lo menos diez mil personas en los últimos dos años. Más de cuatro mil tomaron la decisión de seguir a Cristo. "Nuestra forma de pensar sobre el evangelismo cambió drásticamente, gracias a "The God Test". Ahora la evangelización es una parte normal de la experiencia cristiana, y no el temido servicio de unos pocos".[5]

Peter Dusan, un pastor del campus de la Universidad Estatal de Texas, utilizó "The God Test" de forma igualmente efectiva, entrenando a cientos de estudiantes para que constantemente compartan su fe con otros. En una semana, se llevaron a cabo más de mil pruebas de Dios con los estudiantes en el campus. Cuando entrena a la gente para que utilice esta herramienta, dice: "Si alguien me observa compartir mi fe con otros, tiende a pensar que mi efectividad se debe a mi atrevimiento y mi autoconfianza. Si me ven con una herramienta como "The God Test", sienten que también lo pueden hacer".[6]

El Dr. Bill Bright, fenecido fundador de la Cruzada Estudiantil, desarrolló las "Cuatro Leyes Espirituales", que ayudó a decenas de miles de jóvenes a involucrar a otros con el evangelio. Como resultado, millones de personas han entregado su vida a Cristo. Podría enumerar otras herramientas excepcionales, desde seminarios multimedia a bandas de rock cristianas, que han sido instrumentos que el Espíritu de Dios utiliza para captar la atención de la gente. Dada la enorme creatividad que marca la era en que vivimos, hay un sinnúmero de herramientas que se pueden desarrollar para ayudar a iniciar conversaciones que tienen un significado eterno.

Resumen

El objetivo de este libro ha sido proporcionar evidencias de que Jesucristo es el verdadero Hijo de Dios, el Mesías prometido y Salvador del mundo. Al ser esto cierto, es una noticia que se debe compartir con los demás. De esto se trata el evangelismo. Una parte de esto está conformada por un área llamada apologética, que se enfoca en exponer las razones que demuestran que esta historia es verdadera. Según las Escrituras es nuestro deber estar preparados para explicar esas razones, pero debemos hacerlo con dulzura y respeto. Siempre mostramos nuestro carácter al hablarles de Jesucristo a los demás, no solo el contenido de nuestro mensaje.

En este capítulo hemos enseñado un sencillo proceso de evangelización, representado por la palabra en *great* [grandioso]. Es el acrónimo en inglés para *Gospel* [Evangelio], *Reasons* [Razones], *Empathy* [Empatía], *Approach* [Aproximación] y *Tools* [Herramientas]. Estos cinco pasos conforman una guía clara para quienes desean convertirse en testigos eficaces de Cristo. Cuando estos principios se enseñan en las congregaciones locales, y el don de evangelista está en funcionamiento junto a los pastores y maestros, el resultado es una iglesia atractiva. Esta es una congregación dinámica, que está impactando literalmente al mundo, para la gloria de Cristo y su evangelio.

Epílogo

Más allá de una
duda razonable

EL OBJETIVO DE ESTE LIBRO ES AYUDAR AL LECTOR A tener una visión clara de las pruebas de que Jesús vivió e hizo y dijo todas las cosas que se describen en los Evangelios. Él es el Mesías prometido, no un mito pagano. Nuestra esperanza es que todos puedan comunicarles claramente estas evidencias a los demás. Cada capítulo fue escrito para ayudarlo a recordar las pruebas clave que confirman el hecho de que el Jesús de la historia es realmente el Cristo de la fe. Al final, usted debe estar en capacidad de entablar una conversación y presentar el evangelio claramente.

Si Jesús es el Mesías, el Hijo de Dios y Salvador del mundo, su mensaje debe ser el faro que guía de nuestras vidas. Sin importar nuestro llamado u ocupación, el evangelio debe ser nuestra prioridad. Debemos identificar y eliminar todos los obstáculos que se atraviesen en el camino. El hecho de que enfrentemos tal resistencia para enfocarnos en lo que Él se enfoca, nos demuestra que en el universo existe una fuerza que nos adversa y se nos opone. Estar comprometidos con Cristo significa que tenemos un enemigo mortal, que se dedica a la tarea de detenernos y desacreditar nuestros esfuerzos.

Hace más de treinta y cinco años, estaba agobiado por el temor y las dudas. La religión no era suficiente para enfrentar esas fuerzas que dominaban mi vida. Yo oraba, asistía a la iglesia, le pedía ayuda a Dios, y a final me sentía un poco tonto por mis esfuerzos débiles e inútiles. Entiendo perfectamente por qué la gente que atraviesa temporadas de intensa búsqueda espiritual termina frustrada y desilusionada. Retrocediendo en la historia, podemos ver experiencias similares en las vidas de Agustín de Hipona (conocido como San Agustín) y John Wesley, fundador de la iglesia metodista, por solo nombrar unos pocos.

Agustín vivió en el siglo V y fue criado por una madre cristiana. Pero su influencia no fue suficiente contra el poder seductor de la filosofía de Maniqueo, que defendía el consentimiento de la inmoralidad sexual. En sus *Confesiones*, Agustín relató su viaje para salir de la oscuridad de la incredulidad, debido al enorme poder que tenían sus pecados sobre su alma. Habló de los enemigos de la fe cristiana que rechazaban y se burlaban de las Escrituras, lo cual nos recuerda la lucha que libramos en nuestros días. Pero el reparó en la vaciedad de sus respuestas e incluso, de sus vidas. Debido a la superficialidad de quienes se oponían al evangelio, Agustín decidió escuchar con sinceridad a quienes le podían aclarar las dificultades que encontraba al examinar las Escrituras. Escribió en sus *Confesiones*: "Cada vez estoy más convencido de que los problemas complicados y las calumnias inteligentes que los mentirosos han trazado en contra los libros divinos, pueden ser anulados".[1]

Era su conocimiento de la historia de eventos pasados lo que le daba la credibilidad que le otorgó la objetividad necesaria para abrirse a la verdad de los eventos que se relatan en las Escrituras:

> Entonces, Señor, poco a poco tocaste mi corazón, de
> la forma más tierna y misericordiosa, y lo calmaste.

Consideré las innumerables cosas que creí sin haberlas
visto, los hechos que ocurrieron cuando yo no estaba
presente, tales como los eventos de la historia de las naciones, muchos hechos relacionados con lugares y ciudades que yo nunca había conocido, muchas cosas que
aceptaba por haberlas escuchado de mis amigos, algunas de físicos, algunas de otro tipo de gente. Si no
creyéramos en lo que nos dicen, no haríamos absoluta-
mente nada en esta vida.[2]

Después de considerar la vaciedad y las contradicciones
en los documentos de los filósofos y los cínicos, y de haberlas
comparado con la verdad y pureza de las Escrituras, escribió:

"Tú me convenciste de que el problema no eran quienes
creían en tus libros, que estableciste con tan grande
autoridad en todas las naciones, sino quienes que no
creían en ellos. Y que así no debía dar oídos a los que tal
vez me dijeren: '¿Cómo sabes que estos libros, escritos
por seres humanos, fueron inspirados por el Espíritu de
un Dios completamente confiable?' Ese era un tema en
el cual la fe tenía una enorme importancia".[3]

Él llegaría a experimentar un momento dramático cuando
superó las dudas y las acusaciones a la verdad de las Escrituras
y la historia del evangelio, lo cual abriría su corazón y per-
mitiría que el Espíritu Santo operara una transformación en
él. La fe no se trata solo de conocer un conjunto de verdades
sobre Dios, sino de seguir los pasos para recibir la obra de su
Espíritu en nuestras vidas.

Cuando pienso en la lucha que hay que emprender para hallar la fe, y para alejar las dudas de la mente y los deseos del
corazón, me animo cuando leo como Agustín fue capaz de
vencer este golpe mortal y convertirse en uno de los líderes,

pensadores y campeones de la iglesia más grandes de la historia.

John Wesley, el otro individuo que mencioné, vivió en el siglo XVIII y tuvo un impacto tan enorme en el mundo, que aún se puede sentir en nuestros días. Sin embargo, antes de que esto ocurriera, tuvo muchas dudas, un profundo temor, y una ansiedad debilitante originada por su falta de fe. Wesley intentó vencer estas dudas sofocantes involucrándose en actividades religiosas.

Viajó de Inglaterra a los Estados Unidos y se dedicó incansablemente a la divulgación del evangelio. A pesar de todo su esfuerzo, manifestó sentirse perdido. En el año 1737, escribió en su diario:

> "Fui a los Estados Unidos para convertir a los indios, pero, ¿quién me convierte a mí? ¿Quién me librará de este corazón malvado y engañoso? Tengo una buena religión de verano. Puedo expresarme correctamente, y creer en lo que digo cuando no hay peligro a mi alrededor. Pero cuando la muerte me ve directamente a los ojos, mi espíritu se constriñe. ¡Por eso digo que la muerte es ganancia!".[4]

Unos días más tarde, escribió:

> "Hace casi dos años y cuatro meses que dejé mi país natal para enseñarles a los indios georgianos la naturaleza del cristianismo. ¿Pero qué he aprendido yo mientras tanto? Por qué yo (quien menos sospechaba), que fui a los Estados Unidos a convertir a otros, nunca me convertí a Dios. No estoy loco, aunque hable como uno; sino que hablo con verdad y sobriedad; ¡ojalá quienes aún sueñan puedan despertar y darse cuenta de que son exactamente como yo!".[5]

Wesley no tenía dudas factuales sobre si la historia de la muerte y resurrección de Jesús era cierta, o si las Escrituras eran ciertas, sino un tipo de duda más emocional o psicológica. Existen muchas personas como él, que parecen estar atrapados en lo que respecta a ir más allá de un simple conocimiento intelectual de Dios y disfrutar las sus promesas, de la misma manera que podríamos disfrutar una comida, en vez de quedarnos parados en la puerta del restaurant observando el menú.

Esta historia nos lleva a conocer una nueva dimensión de la fe. La fe comienza cuando creemos que las pruebas de lo que Cristo y las Escrituras dicen son ciertas; pero luego avanza al plano de experimentar realmente las promesas que Dios nos hace. Esto incluye la salvación, un nuevo nacimiento, el Espíritu Santo en nosotros, y la victoria sobre el miedo y la duda, que plaga la mente y molesta el alma. Fue este tipo de fe la que me libró de las garras de la oscuridad mental y espiritual, cuando estudiaba tercer año en la universidad.

De hecho, me ocurrió lo mismo que a Wesley. Él sabía lo que decía la Biblia sobre la importancia de tener fe en Dios. "En realidad, sin fe es imposible agradar a Dios, ya que cualquiera que se acerca a Dios tiene que creer que él existe y que recompensa a quienes lo buscan" (Heb. 11:6). El problema era cómo alcanzar ese tipo de fe. Me parecía que esa fe era algo que solo algún tipo de gente especial poseía, no yo. Me preguntaba lo mismo que Wesley: *¿Cómo puedo evitar que las dudas inunden mi mente?*

Como puede ver, siempre hay momentos de duda. Como explicamos anteriormente, el cristianismo es real más allá de toda duda razonable, no de toda duda posible. Lo que necesitaba era no concentrarme en las posibles razones por las que mis temores y dudas pudieran ser ciertos, sino en la razonabilidad de la historia cristiana, y luego actuar en las promesas que Dios me había hecho. De hecho, la mayoría de estas promesas son para "cualquiera". "Porque tanto amó Dios al mundo, que dio a su Hijo unigénito, para que todo el que cree en Él no se pierda, sino que tenga vida eterna" (Jn. 3:16).

Después está la fe que mueve montañas. Esta, también, está a disposición de cualquiera. "Tengan fe en Dios —respondió Jesús—. Les aseguro que si alguno le dice a este monte: 'Quítate de ahí y tírate al mar', creyendo, sin abrigar la menor duda de que lo que dice sucederá, lo obtendrá" (Mc. 11:22–23). El libro de Romanos nos da instrucciones sobre este tipo de fe:

"Porque 'todo el que invoque el nombre del Señor será salvo'.

Ahora bien, ¿cómo invocarán a aquel en quien no han creído? ¿Y cómo creerán en aquel de quien no han oído? ¿Y cómo oirán si no hay quien les predique? ¿Y quién predicará sin ser enviado? Así está escrito:

'¡Qué hermoso es recibir al mensajero que trae buenas nuevas!'.

Sin embargo, no todos los israelitas aceptaron las buenas nuevas. Isaías dice: 'Señor, ¿quién ha creído a nuestro mensaje?'. Así que la fe viene como resultado de oír el mensaje, y el mensaje que se oye es la palabra de Cristo" (Ro. 10:13–17).

Cuando reafirmamos la oportunidad para cualquiera, es necesario decir que la fe viene por escuchar la Palabra de Cristo. El secreto es lo que escuchamos una y otra vez. Si constantemente escuchamos a los ateos y a los escépticos denigrar la fe, nos contaminaremos eventualmente. No me mal interprete, yo he pasado innumerables horas leyendo y escuchando las objeciones a la fe. Sin embargo, llega un momento en que ya hemos escuchado suficientes críticas y tomamos la decisión de escoger a quienes vamos a escuchar. De hecho, escribir este libro me llevó a consultar los escritos de muchos escépticos que estaban inmersos sin ninguna vergüenza ni descanso en la tarea de desacreditar el evangelio, y persuadir a la mayor cantidad de gente posible para que no crea en él. Al final, solo fortalecieron mi determinación de compartir con la mayor cantidad de gente posible el mensaje de que Jesús es el Salvador prometido y el Mesías del mundo. Esto solo lo puedo lograr si la gente escucha el evangelio. Como dicen las Escrituras: "La fe viene como resultado de oír".

Mientras más personas escuchen el evangelio, más oportunidades hay de que crean en él. Es así de simple. De la misma manera, mientras más yo escuche el evangelio, más se fortalece mi fe. Es un fenómeno sorprendente que nuestra fe se fortalezca más mientras más la compartamos con los demás. Es por ello que el evangelismo, o compartir nuestra fe con otros, hará tanto por usted como por aquellos que la escuchan.

Esto fue lo que el propio John Wesley aprendió de su mentor, Peter Bohler, hace casi trescientos años. Mientras seguía siendo acosado por las dudas, se acercó a Bohler y le pidió el secreto para encontrar una fe real y por ende, una paz verdadera. Era un problema tan grave que Wesley consideró abandonar el ministerio de tratar de ayudar a otros si no lograba superar sus propias dudas. Él registró en su diario el diálogo que tuvo con su mentor: "De inmediato me vinieron esas palabras a la mente: 'abandona la prédica. ¿Cómo les puede predicar a otros quien no tiene fe?'. Le pregunté a Bohler si él pensaba que debía abandonarla o no. Él me respondió: 'En lo absoluto'. Yo le pregunté: '¿Pero qué voy a predicar?'. Él respondió: 'Predica la fe hasta que la tengas, y luego, cuando la tengas, predicarás la fe'".[6]

Le dijeron que predicara la fe hasta que la tuviera. Esto significa invertir tiempo en recitar las promesas de Dios y en lo que las Escrituras dicen sobre darle lugar al miedo y a la duda. Si podemos inculcarle a otros la fe por medio de nuestras palabras, ¿por qué no podemos animarnos a nosotros mismos con estas palabras que dan vida? Eso fue exactamente lo que Wesley comenzó a hacer. El resultado fue un impacto dramático en el mundo a través de la formación de miles de congregaciones, que ahora conforman la iglesia metodista. Como Bohler predijo, cuando Wesley halló la fe por medio de su prédica, fue capaz de predicarla con mayor fuerza y convicción.

Que Dios nos depare una multitud de hombres y mujeres que vayan más allá del estudio académico de Jesucristo y se entreguen totalmente a comunicar su Palabra en este mundo desesperado y necesitado. No hay una causa mayor, ni un momento mejor, que ahora.

Sobre el autor

RICE BROOCKS ES EL COFUNDADOR DE LA FAMILIA DE iglesias *Every Nation*, que cuenta en la actualidad con más de mil iglesias y cientos de ministerios universitarios en más de sesenta países. También es el pastor principal de la iglesia *Bethel World Outreach* de Nashville, Tennessee, una iglesia multicultural y con múltiples sedes.

Rice es egresado de la Universidad Estatal de Misisipi y tiene un Master del Seminario Teológico Reformado de Jackson, Misisipi, así como un doctorado en misiología del Seminario Teológico Fuller de Pasadena, California.

Ha escrito varios libros, entre ellos *Dios no está muerto, Every Nation in Our Generation* (Cada nación en nuestra generación*)* y *The Purple Book: Biblical Foundations for Building Strong Disciples* (El libro morado: Fundamentos bíblicos para desarrollar discípulos fuertes*)*. Rice vive en Franklin, Tennessee, con su esposa Jody y sus cinco hijos.

Notas

Introducción: La cosa más maravillosa

1. "America's Changing Religious Landscape", Pew Research Center, 12 de mayo de 2015, www.pewforum.org/2015/05/12/americas-changing-religious-landscape/.
2. Richard Dawkins y Rowan Williams, arzobispo de Canterbury, "Nature of human beings and the question of their ultimate origin" (La naturaleza de los seres humanos y la pregunta sobre su origen), discurso en la Universidad de Oxford, 23 de febrero de 2012, video en YouTube, 11:00, puesto por "Anglican08", 24 de febrero de 2012, https://www.youtube.com/watch?v=HfQk4NfW7gO.
3. "It Is a Thing Most Wonderful", palabras de William Walsham How (1823–1897), 1872.
4. "We've a Story to Tell to the Nations", palabras de H. Ernest Nichol (1862–1928), 1896.

Capítulo 1: ¿Hombre, Mito o Mesías?

1. Albert Schweitzer; W. Montgomery (trans.) *The Quest of the Historical Jesus,* (Minneapolis: Fortress Press, 2001; orig. 1910), 6.
2. SNL Transcripts http://snltranscripts.jt.org/86/86heaven.phtml.
3. Blaise Pascal, *Pascal's Pensées* (Radford, VA: Wilder Publications, 2011), p. 61.
4. Michael Shermer, "God's Number Is Up", *Scientific American*, julio de 2004, http://www.michaelshermer.com/2004/07/gods-number-is-up/.
5. Lawrence Krauss, Krauss discute su libro *A Universe from Nothing* (Un universo de la nada), The Colbert Report, 21 de junio de 2012, video de Comedy Central, 5:00, http://www.cc.com/video-clips/e6ik91/the-colbert-report-lawrence-krauss.
6. Stephen Hawking y Leonard Mlodinow, *The Grand Design* (New York: Bantam, 2010), 5.
7. Charles Darwin, *The Descent of Man*, 2nd ed. (Rand McNally & Company, 1874), 133-4.

8. J. Ed Komoszewski, M. James Sawyer, Daniel B. Wallace, *Reinventing Jesus: How Contemporary Skeptics Miss the Real Jesus and Mislead Popular Culture* (Grand Rapids: Kregel, 2006), p. 16.
9. W.J. Prior, "The Socratic Problem" in ed. Hugh H. Benson, *A Companion to Plato* (West Sussex, UK: Blackwell, 2006), 25-35.
10. Reza Aslan, *Zealot: The Life and Times of Jesus of Nazareth* (Nueva York: Random House, 2013), p. 35.
11. John Veitch, *The Meditations and Selections from The Principles of Rene Descartes* (Sacramento, CA: BiblioLife, 2009), p. 130.
12. Albert Schweitzer, *The Quest of the Historical Jesus*, p. 478.
13. Craig S. Keener, *The Historical Jesus of the Gospels* (Grand Rapids: Wm B. Eerdmans, 2012), pp. 15–17.
14. Stephen T. Davis, *Risen Indeed: Making Sense of the Resurrection* (Grand Rapids, MI: Eerdmans, 1993), p. 192.
15. Michael Grant, *Jesus: An Historian's Review of the Gospels* (NY: Simon & Schuster, 1995), p. 182.
16. Will Durant, *The Story of Civilization. Part III: Caesar and Christ* (Nueva York: Simon & Schuster, 1944).
17. N. T. Wright, *The New Testament and the Victory of God*, t. 2, (Minneapolis, MN: Fortress Press, 1996), p. 110.
18. San Agustín, *Confessions of St. Augustine*, 1. 1.
19. Richard J. Evans, *In Defense of History* (Nueva York: WW Norton, 1999), p. 219.
20. Gerald O'Collins, *Easter Faith: Believing in the Risen Jesus* (Mahwah, NJ: Paulist Press, 2003), p. 34.

Capítulo 2: Los hechos mínimos

1. Michael Licona, en la obra de Lee Strobel, *The Case for The Real Jesus: A Journalist Investigates Current Attacks on the Identity of Christ* (Grand Rapids: Zondervan, 2007), 112.
2. Gary Habermas, "The Minimal Facts Approach to the Resurrection of Jesus: The Role of Methodology as a Crucial Component in Establishing Historicity", 2 de agosto de 2012, http://www.garyhabermas.com/articles/southeastern_theological_review/minimal-facts-methodology_08-02-2012.htm.
3. Michael R. Licona, *The Resurrection of Jesus: A New Historiographical Approach* (Downers Grove: InterVarsity Press, 2010), p. 28.
4. Paul L. Maier, *In the Fullness of Time: A Historian Looks at Christmas, Easter, and the Early Church* (San Francisco: Harper Collins, 1991), p. 197.
5. Craig S. Keener, "Assumptions in Historical Jesus Research: Using Ancient Biographies and Disciples Traditioning as a Control," *Journal for the Study of the Historical Jesus* 9 (2011), 30.

6. Richard Dawkins, "Has Science Buried God," 2008 Richard Dawkins vs. John Lennox debate auspiciado por la Fixed Point Foundation, Dawkins admite que Jesús existió, video YouTube, 0:39, colocado por "fusion channel", 12 de abril de 2014, https: //www.youtube.com/watch ?v=Ant5HS01tBQ.

7. Bart D. Ehrman, *Did Jesus Exist? The Historical Argument for Jesus of Nazareth* (Nueva York: HarperOne, 2012), pp. 6–7.

8. William Edward Hartpole Lecky, *History of European Morals, from Augustus to Charlemagne* (Nueva York: D. Appleton and Company, 1897), 2:8–9.

9. Flavio Josefo, *Antigüedades judías*, 18.63–64.

10. Cornelio Tácito, *Anales*, 15.44.

11. Luciano of Samosata, *The Works of Lucian of Samosata*, trans. H. W. Fowler (Digireads.com), p. 472.

12. Jacob Neusner (trans.), *The Talmud of Babylonia: Sanhedrin* (Tampa: University of South Florida, 1984), p. 43A.

13. John T. Carroll y Joel B. Green, *Death of Jesus in Early Christianity* (Peabody, MA: Hendrickson Publishers, 1995), p.166. Ver también p. 21, en donde la muerte de Jesús es considerada una "certeza virtual".

14. Gary Habermas y Michael Licona, *The Case for the Resurrection of Jesus* (Grand Rapids: Kregel, 2004), p. 70.

15. Gary Habermas, "The Minimal Facts Approach to the Resurrection of Jesus: The Role of Methodology as a Crucial Component in Establishing Historicity", 2 de agosto de 2012, http://www.garyhabermas .com/articles/southeastern_theological_review/minimal-facts -methodology_08-02-2012.htm.

16. N. T. Wright, *The Resurrection of the Son of God* (Minneapolis, MN: Fortress Press, 2003), 3:686–696.

17. *Digesta Iustiniani: Liber 48* (Mommsen & Krueger), 48.24.3, visitada el 13 de abril de 2014, http://droitromain.upmf-grenoble.fr/Corpus/d -48.htm.

18. Flavio Josefo, *The Works of Josephus: Complete and Unabridged*, trad. William Whiston, ed. actualizada (Peabody: Hendrickson Publishers, 1987), p. 798.

19. Craig A. Evans, "Getting the Burial Traditions and Evidence Right", en *How God Became Jesus: The Real Origins of Belief in Jesus' Divine Nature—A Response to Bart D. Ehrman*, ed. Michael F. Bird (Grand Rapids, MI: Zondervan, 2014), 76; pp. 71–93.

20. Correspondencia personal con Craig Keener del 19 de agosto de 2015.

21. Luke Timothy Johnson, *The Writings of the New Testament: An Interpretation* (Philadelphia, PA: Fortress Press, 1986), pp. 96–97 (itálicas en el original).

22. Josefo, *Antigüedades judías*, 20.9.1.

23. Sean McDowell, "Did the Apostles Really Die as Martyrs for Their Faith?" *Biola* Magazine, otoño 2013, http://magazine.biola.edu /article/13-fall/did-the-apostles-really-die-as-martyrs-for-their-f/.
24. Craig S. Keener, *Acts: An Exegetical Commentary* (Grand Rapids: Baker, 2012), 1:271–304.
25. Gary R. Habermas, *Evidence for the Historical Jesus: Is the Jesus of History the Christ of Faith?* e-book, rev. ed. (junio 2015), 16: www .garyhabermas.com/evidence.
26. "Evidence for the Resurrection: Minimal Facts Approach", *Ratio Christi—Campus Apologetics Alliance*, http://ratiochristi.org/uah /blog/post/evidence-for-the-resurrection-minimal-facts-approach.
27. Eusebio, *Church History*, 2.25.8.
28. Habermas y Licona, *The Case for the Resurrection of Jesus* (Grand Rapids: Kregel, 2004), p. 65.
29. Josefo, *Antigüedades judías*, 20.200.
30. Robert L. Web, "Jesus' Baptism: Its Historicity and Implications", Bible.org, 2 de agosto de 2005, https://bible.org/article/jesus-baptism -its-historicity-and-implications.
31. Por ejemplo: E. P. Sanders, *Jesus and Judaism* (Philadelphia: Fortress, 1985), p. 11.

Capítulo 3: Los evangelios son confiables

1. F. F. Bruce, *The New Testament Documents—Are They Reliable?* (Grand Rapids: Eerdmans, 1981), pp. 90–91.
2. Michael R. Licona, *The Resurrection of Jesus: A New Historiographical Approach* (Downers Grove: InterVarsity Press, 2010), p. 176.
3. Reza Aslan, Zealot: *The Life and Times of Jesus of Nazareth* (Nueva York: Random House, 2013), xxvi.
4. Si desea información adicional, vea F. F. Bruce, *The Canon of Scripture* (Downers Grove: InterVarsity Press, 1988); y Richard Bauckham, *Jesus and the Eyewitnesses* (Grand Rapids: Wm. B. Eerdmans, 2006). Sin embargo, Bauckham presenta un punto de vista distinto sobre la autoría de Juan.
5. Ireneo, *Tratado contra las herejías*, 3:1:1.
6. Eusebio, *Church History*, libro 3, capítulo 39.
7. Bauckham, *Jesus and the Eyewitnesses*, p. 155.
8. Eusebius, *Church History*, libro 3, capítulo 39.
9. James Patrick Holding, *Trusting the New Testament* (Maitland, FL: Xulon Press, 2009), http://www.tektonics.org/ntdocdef/mattdef.php.
10. Ireneo, *Tratado contra las herejías*, 3.1.1.
11. *Ibíd.*, 3.14.1.
12. Eusebio, *Church History*, 6.14.5–7.
13. Quinto Tertuliano, *Against Marcion*, 4.5.

14. Eusebio, *Church History*, 6.25.6.

15. Ireneo, *Tratado contra las herejías*, III.1.1; II.22.5; III.3.4. Ver también Keith Thompson, "Who Wrote the Gospels?" Answering Islam: A Christian-Muslim Dialog, http://www.answering-islam.org/authors /thompson/gospel_authorship.htm.

16. Brent Nongbri, "The Use and Abuse of P52: Papyrological Pitfalls in the Dating of the Fourth Gospel", *Harvard Theological Review*, 2 de agosto de 2005, 98:23–52, http://journals.cambridge.org/action /displayAbstract?fromPage=online&aid=327943.

17. Daniel B. Wallace, "Daniel B. Wallace on the New Testament Documents", *Apologetics* 315 (blog) 8 de julio de 2012, http://www.apologetics 315.com/2012/07daniel-b-wallace-on-new-testament.html.

18. Jona Lendering, "Alexander the Great: the 'good' sources", Livius.org, http://www.livius.org/aj-al/alexander/alexander_z1b.html.

19. Robin Seager, *Tiberius* (Malden, MA: Wiley-Blackwell, 2005), pp. 232–242. La cita más antigua citada comúnmente es Veleyo Patérculo, que es contemporáneo de Tiberio. Sin embargo, una preocupación de sus escritos es su parcialidad extrema.

20. John W. Wenham, *Christ and the Bible* (Grand Rapids: Baker, 1984), especialmente p. 187; Craig Bloomberg, *Can We Still Believe the Bible?: An Evangelical Engagement with Contemporary Questions* (Grand Rapids: Brazos Press, 2014), 27.

21. Craig S. Keener, *Acts: An Exegetical Commentary* (Grand Rapids: Baker, 2013), 3:289–294.

22. Mark D. Roberts, *Can We Trust the Gospels?: Investigating the Reliability of Matthew, Mark, Luke, and John* (Wheaton, IL: Crossway, 2007), p. 64.

23. *Ibíd.*, p. 157.

24. *Ibíd.*, 133.

25. Keener, *Acts*, 2:216.

26. Robin Schumacher, "The Gospel According to Bart Ehrman," Apologetics 315 (blog) 8 de julio de 2013, http://www.apologetics315.com /2013/07//the-gospel-according-to-bart-ehrman.html.

27. Mark Shea, "Discrepancies in the Gospels," © 2007, Mark-Shea.com, http://www.mark-shea.com/ditg.html.

28. J. Warner Wallace, *Cold Case Christianity* (Colorado Springs: David C. Cook, 2013).

29. Craig Blomberg, *Historical Reliability of the Gospels* (Downers Grove: InterVarsity Press, 1987), pp. 203–204.

30. *Ibíd.*, p. 248.

Capítulo 4: La crucifixión

1. La palabra griega usada en los Evangelios también incluye la muñeca y el antebrazo.
2. Los detalles médicos e históricos de la mueste de Jesús son descritos en el siguiente artículo: William D. Edwards, MD; Wesley J. Gabel, MDiv; Floyd E. Hosmer, MS, AMI "On the Physical Death of Jesus Christ", *JAMA*, 1986, 255:1455–1463.
3. Ann Gauger y Douglas Axe, *Science of Human Origins* (Seattle: Discovery Institute Press, 2012), pp. 45–84.
4. *Ibíd.*, pp. 105–122.
5. Para un argumento detallado, ver C. S. Lewis, *Mero cristianismo*.
6. Para un tratamiento detallado de este tema, ver Brian Dodd, *The Problem with Paul* (Downers Grove: InterVarsity Press, 1996) o Craig Keener y Glenn Usry's *Defending Black Faith: Answers to Tough Questions About African-American Christianity* (Downers Grove: InterVarsity Press, 1997).

Capítulo 5: La resurreción

1. Gary Habermas, "My Pilgrimage from Atheism to Theism: An Exclusive Interview with Former British Atheist Professor Antony Flew". Disponible en: www.deism.com/antony_flew_Deism_interview.pdf.
2. Karl Popper, *The Logic of Scientific Discovery* (Nueva York: Routledge, 1959).
3. William Lane Craig y Sean McDowell, "Should Christians apologize for their faith?", Fervr, 24 de febrero de 2013, htpp://fervr.net/bible/should-christians-apologize-for-their-faith.
4. N. T. Wright, *The Resurrection of the Son of God: Christian Origins and the Question of God* (Minneapolis: Fortress Press, 2003), 3:6.
5. Wolfhart Pannenberg, *Jesus God and Man* (Philadelphia, PA: Westminster Press, 1977), p. 109.
6. Joseph W. Bergeron y Gary R. Habermas, "The Resurrection of Jesus: A Clinical Review of Psychiatric Hypotheses for the Biblical Story of Easter", *Irish Theological Quarterly* 80, no. 2 (2015): pp. 157–72 (cita en la p. 171).
7. Matt Slick, "Jesus only appeared to have died on the cross—Swoon theory," CARM, https://carm.org/swoon-theory.
8. Lee Strobel, *The Case of Easter: A Journalist Investigates the Evidence for the Resurrection*, Kindle ed. (Grand Rapids:Zondervan, 2009), Kindle locations 279-,).
9. Bart Ehrman's *How Jesus Became God* (Nueva York: Harper Collins, 2014), p. 164.
10. Dr. George Wood, entrevista en persona con el autor, 20 de junio de 2015. Juneau, Alaska.

11. Clement, *Letter to the Corinthians* 42.1–4.
12. Gary Habermas, "Video Debates and Lectures with Dr. Gary. R. Habermas", http://garyhabermas.com/video/video.htm.

Capítulo 6: Disipar los mitos

1. J. Ed Komoszewski, *Reinventing Jesus: How Contemporary Skeptics Miss the Real Jesus and Mislead Popular Culture* (Grand Rapids: Kregel, 2006), p. 237.
2. Para una crítica más completa, ver: James Patrick Holding, "Horus and Osiris vs Jesus", *Tekton Apologetics*, tektonics.org/copycat/osy.php.
3. Stephen J. Bedard, "Exposing the Spirit of the Age: A Response to the Zeitgeist Movie", *The Poached Egg*, 9 de abril de 2013, www .thepoachedegg.net/the-poached-egg/2013/04/exposing-the-spiritof -the-age-a-response-to-the-zeitgeist-movie.html.
4. Bart D. Ehrman, *Did Jesus Exist?: The Historical Argument for Jesus of Nazareth* (Nueva York: Harper Collins, 2012), p. 5.
5. J. Ed Komoszewski, *Reinventing Jesus: How Contemporary Skeptics Miss the Real Jesus and Mislead Popular Culture* (Grand Rapids: Kregel, 2006), p. 234.
6. *Ibíd.*, p. 318.
7. Jonathan Z. Smith, "Dying and Rising Gods", *Encyclopedia of Religion*, 2a ed. Lindsay Jones, (Detroit: Macmillan, 2005 [original: 1987]), 4:2535. Ver también www.toughquestionsanswered.org /2012/10/08/what-are-the-parallels-between-jesus-and-thedivine -men-of-the-ancient-world-part-3/#sthash.6UROLnmR.dpuf.
8. Un ejemplo clásico es Karen Armstrong, *History of God: The 4000-Year Quest of Judaism, Christianity and Islam* (Nueva York: Random House, 1993).
9. James D. G. Dunn, *A New Perspective on Jesus: What the Quest for the Historical Jesus Missed* (Acadia Studies in Bible and Theology). (Grand Rapids: Baker, 2005), p. 44.
10. *Ibíd.*, 50.
11. William Lane Craig, *Reasonable Faith: Christian Truth and Apologetics* (Wheaton, IL: Good News Publishers, 2008), p. 391.
12. Craig S. Keener, *The Historical Jesus of the Gospels* (Grand Rapids: Eerdmans, 2009), p. 333.
13. Bart D. Ehrman, *Did Jesus Exist? The Historical Argument for Jesus of Nazareth* (Nueva York: HarperOne, 2012), p. 26.
14. Richard Carrier, *On the Historicity of Jesus: Why We Might Have Reason for Doubt* (Sheffield, UK: Sheffield Phoenix Press, 2014).
15. Alan Anderson, "The Alleged Parallels Between Jesus and Pagan Gods", *Examiner.com*, 29 de julio de 2012, http://www.examiner.com /article/the-alleged-parallels-between-jesus-and-pagan-gods.

16. Michael J. Wilkins, *Jesus Under Fire: Modern Scholarship Reinvents the Historical Jesus* (Grand Rapids: Zondervan, 1995), p. 138.

17. Fitzedward Hall (trad.), *Vishnu Puran: A System of Hindu Mythology and Tradition*, (Amazon: Ulan Press, 2012), 4: 294, https://archive.org.

18. Prayson Daniel, "Refuting Krishna Myth Parallelism to Christianity", *With All I Am*, 26 de abril de 2011, https://withalliamgod.wordpress .com/2011/04/26/refuting-krishna-myth-parallelism-to-christianity/.

19. William Joseph Wilkins, *Hindu Mythology, Vedic and Puranic* (Boston: Elibron, 2005), 217–8.

20. Benjamin Walker, *The Hindu World: An Encyclopedic Survey of Hinduism* (Nueva York: Praeger, 1983), 1:240–241.

21. Jack Finegan, *Myth and Mystery: An Introduction to the Pagan Religions of the Biblical World* (Grand Rapids: Baker, 1989), pp. 203–207.

22. Ronald Nash, *The Gospel and the Greeks: Did the New Testament Borrow from Pagan Thought?* (Phillipsburg, NJ: P&R Publishing, 2003), p. 137.

23. Gary Lease, "Mithraism and Christianity: Borrowings and Transformations", en Wolfgan Haase, ed., *Aufsteig und Niedergang der Romischen Welt*, (Germany: Walter de Gruyter & Co., 1972), 2:1316.

24. J. Ed Komoszewski, *Reinventing Jesus: How Contemporary Skeptics Miss the Real Jesus and Mislead Popular Culture* (Grand Rapids: Kregel, 2006), p. 226.

25. Ronald Nash, "Was the New Testament Influenced by Pagan Religions?", *Christian Research Journal* (Winter 1994):8.

26. Bart D. Ehrman, *Did Jesus Exist? The Historical Argument for Jesus of Nazareth* (Nueva York: HarperOne, 2012), p. 25.

27. Los primeros cristianos jamás afirmaron que Jesús nació el 25 de diciembre.

28. Para más respuestas a estos paralelismos paganos, ver: Gregory A. Boyd, *The Jesus Legend: A Case for the Historical Reliability of the Synoptic Jesus Tradition* (Grand Rapids: Baker, 2007).

Capítulo 7: Jesús el Mesías

1. Dr. Stephen Meyer, entrevista telefónica con el autor, 15 de junio de 2015.

2. Richard Dawkins, *River Out of Eden: A Darwinian View of Life* (London: Orion Book, 2004), p. 133.

3. Sam Harris, *Free Will* (Nueva York: Simon & Schuster, 2012), p. 5.

4. Marvin Olasky y John Perry, *Monkey Business: The True Story of the Scopes Trial* (Nashville: Broadman, 2005), p. 160, http://historical thinkingmatters.org/scopestrial/1/sources/48/fulltext/.

5. Craig S. Keener, *The Historical Jesus of the Gospels* (Grand Rapids: Wm B. Eerdmans, 2012), p. 257.

6. William Lane Craig, *On Guard: Defending Your Faith with Reason and Precision* (Colorado Springs: David C. Cook, 2010), p. 199.

7. John Weldon, John Ankerberg, y Walter G. Kaiser, *The Case for Jesus the Messiah* (Bellingham, WA: ATRI Publishing, 2011), p. 223.

8. Para más información, ver: Dr. Michael Brown, "Reveals the Real Messiah", *Ask Dr. Brown*, http://realmessiah.askdrbrown.org.

9. Michael L. Brown, *Answering Jewish Objections to Jesus: General And Historical Objections* (Grand Rapids: Baker, 2000), 3:49–85.

10. Charles Spurgeon, "God with Us", Metropolitan Tabernacle, 26 de diciembre de 1875, Spugeon Gems, http://www.spurgeongems.org/vols19-21/chs1270.pdf.

11. El cálculo exacto de la aparición del Mesías ha sido debatido, pero el hecho es que el tiempo esperado cae dentro del período de tiempo general aceptado para el ministerio de Jesús.

12. Craig, *On Guard*, p. 195.

13. Para información más detallada vea Richard Bauckham, *God Crucified: Monotheism and Christology in the New Testament* (Grand rapids: Eerdmans, 1999); y Larry W. Hurtado, *Lord Jesus Christ: Devotion to Jesus in Earliest Christianity* (Grand Rapids: Eerdmans, 2000).

14. Tal vez tomado de "He Is", letra y música de Jeoffrey Benward y Jeff Silvey.° 1994 Birdwing Music, ASCAP/Shepherd's Fold Music (BMI). Todos los derechos reservados.

15. David Limbaugh, *The Emmaus Code: Finding Jesus in the Old Testament* (Regnery Publishing, 2015); Kindle version: Location 380-383.

Capítulo 8: Los milagros

1. Hwa Yung, en Craig S. Keener, *Miracles: The Credibility of the New Testament* (Grand Rapids: Baker, 2011), p. 264.

2. Craig S. Keener, Miracles: The Credibility of the New Testament (Grand rapids: Baker, 2011), 264.

3. Rice Broocks, *Dios no está muerto* (Lake Mary: Casa Creación, 2014), capítulos 4 y 5.

4. John Lennox, *Miracles: Is Belief in the Supernatural Irrational?* (Amazon Digital Services, 2013), Kindle, pp. 354–357.

5. Bart D. Ehrman, *Jesus: Apocalyptic Prophet of the New Millennium* (Oxford: Oxford University Press, 1999), pp. 197– 200.

6. Gerd Theissen y Annette Merz, *Historical Jesus: A Comprehensive Guide* (Minneapolis: Augsburg Fortress, 1996), p. 290.

7. Josefo, *Antigüedades judías*, 18.63–64.

8. Marcus Borg, *Jesus, A New Vision: Spirit, Culture, and the Life of Discipleship* (San Francisco: Harper Collins, 1987), p. 61.

9. Ireneo, *Tratado contra las herejías*, 2:31:2–4.

10. Atanasio, *Letters* (354 d. C.), 49:9.

11. William Lane Craig, "The Problem of Miracles: A Historical and Philosophical Perspective", www.reasonablefaith.org/the-problem-of-miracles-a-historical-and-philosophicalperspective#ixzz3hV2icvH9.
12. Keener, *Miracles*, p. 155.
13. C. G. Brown, "Study of the Therapeutic Effects of Proximal Intercessory Prayer (STEPP) on Auditory and Visual Impairments in Rural Mozambique". *Southern Medical Journal*, septiembre de 2010, t. 103, no 9, http://www.ncbi.nlm.nih.gov/pubmed/20686441. Por más información, ver: Candy Gunther Brow, *Testing Prayer: Science and Healing* (Cambridge, MA: Harvard University Press, 2012).
14. Blaise Pascal, *Pensées—Enhanced Version* (Grand Rapids: Christian Classics Ethereal Library, 2009), p. 128.
15. Keener, *Miracles*, p. 532.
16. *Ibíd.*, p. 570.
17. Richard Casdorph, *The Miracles: A Medical Doctor Says Yes to Miracles!* (Nueva York: Logos International, 1976).
18. Para un resumen de las sanidades, ver: *Is There a God?*, "Ten Healing Miracles", http://is-there-a-god.info/life/tenhealings.shtml.
19. Gary R. Habermas, *The Risen Jesus & Future Hope* (Washington, DC: Rowman & Littlefield, 2003), p. 61.

Capítulo 9: Seguir a Jesús

1. Joey Bonifacio, *The LEGO Principle: The Power of Connecting to God and One Another* (Lake Mary, FL: Charisma House, 2012), p. 100.
2. "Daily News on Wars in the World and on New States", www.warsintheworld.com.
3. Deborah Alcock, *Lessons on Early Church History* (Londres: Church of England Sunday School Institute, 1879), p. 56.
4. Bob Beltz, *Cristianismo real* (Lake Mary, FL: Casa Creación, 2007), Cap. 7.
5. Dietrich Bonhoeffer, *The Cost of Discipleship* (Nueva York: SCM Press Ltd, 1959), p. 33.
6. Steve Murrell, *WikiChurch: Making Discipleship Engaging, Empowering, and Viral* (Lake Mary, FL: Charisma House), p. 90.
7. *Ibíd.*
8. Charles Spurgeon, "Faith and Repentance Inseparable", Metropolitan Tabernacle, 13 de julio de 1862, The Spurgeon Archive, http://www.spurgeon.org/sermons/0460.htm.
9. Rice Broocks, *The Purple Book: Biblical Foundations for Building Strong Disciples* (Grand Rapids: Zondervan, 2009), p. 10.
10. Murrell, *WikiChurch*, p. 130.
11. Dale Evrist, entrevista telefónica con el autor, 20 de junio de 2015.
12. Murrell, *WikiChurch*, pp. 155–156.

13. Joey Bonifacio, *The LEGO Principle*, p. 202.
14. Steve Murrell, *WikiChurch*, p. 7.

Capítulo 10: Defendores de la fe

1. Bob Beltz, *Real Christianity* (Ventura, CA: Regal, 2006), 20.
2. Ferdie Cabiling, entrevista en persona con el autor, 10 de agosto de 2015, Manila, Filipinas.
3. Dr. Sean McDowell, entrevista en persona con el autor, 27 de mayo de 2015, Apologetic Leadership group gathering, Biola University, La Mirada, California.
4. Para más información vea "The God Test", http://www.thegodtest.org.
5. Frans Olivier, entrevista telefónica con el autor, 14 de junio de 2015.
6. Peter Dusan, entrevista telefónica con el autor, 15 de junio y 12 de octubre de 2015.

Epílogo: Más allá de una duda razonable

1. San Agustín y Henry Chadwick (trad.), *The Confessions* (Oxford: Oxford University Press, 1991), p. 93.
2. *Ibíd.*, p. 95.
3. *Ibíd.*, p. 96.
4. John Wesley, *The Journal of John Wesley* (Grand Rapids: Christian Classics Ethereal Library, 2009), Kindle, pp. 757–761.
5. *Ibíd.*, Kindle, pp. 812–819.
6. *Ibíd.*, Kindle, pp. 938–943.